Allitera Verlag

edition monacensia
Herausgeber: Monacensia
Literaturarchiv und Bibliothek
Dr. Elisabeth Tworek

Martha Schad, geboren 1939 in München, studierte Geschichte und Kunstgeschichte an der Universität Augsburg. Sie lebt heute als freie Historikerin und Autorin in Augsburg. Martha Schad hat sich einen Namen gemacht mit Büchern wie »Die Frauen des Hauses Fugger«, »Bayerns Königinnen«, »Bayerns Königshaus«, »Stalins Tochter«, »Frauen gegen Hitler«, »Kaiserin Elisabeth und ihre Töchter«.

Martha Schad

WEIBERHELD UND WEIBERFEIND

Ludwig Thoma und die Frauen

Allitera Verlag

Weitere Informationen über den Verlag und sein Programm unter:
www.allitera.de

November 2016
Allitera Verlag
Ein Verlag der Buch&media GmbH, München
© 2016 für diese Ausgabe: Landeshauptstadt München / Kulturreferat
Münchner Stadtbibliothek
Monacensia Literaturarchiv und Bibliothek
Leitung: Dr. Elisabeth Tworek
und Buch&media GmbH, München
Satz und Umschlaggestaltung Johanna Conrad, Augsburg
unter Verwendung einer historischen Fotografie von Marietta de Rigardo (links)
und von Maidi Liebermann von Wahlendorf, 1917 (rechts).
Mitte: Porträt Ludwig Thoma, 1911.
ISBN 978-3-86906-890-9
Printed in Germany

Inhalt

VORWORT 7

ERSTER TEIL

DIE FAMILIE
Mutter und »Pflegemutter« – Schwestern und Schwägerinnen 13
  Die »Viktorl« · »Ludwig macht mir so viel Verdruß« · »Liebe Mama – Du siehst, es geht alles gut« · Das Sterben der Mutter · Das »Weibervolk« · Unterstützung der Geschwister · Die Schwägerinnen Jenny und Gertraud · Trauer um die »Pflegemutter« · Berthas »Säsonghotel«

VERLEGERSGATTIN DAGNY BJÖRNSON-LANGEN – »DIESE DURCHGEISTIGTE, WUNDERVOLLE FRAU« 44
  »herzliche Grüße von Ihrem enfant terrible« · »Warum kriege ich nie mehr eine Zeile von Frau Langen?« · »bitte Sie zu glauben, daß ich Ihren Schmerz teile«

LITERARISCHE MITARBEITERINNEN BEIM »SIMPLICISSIMUS«
Clara Viebig, Mia Holm und andere »aufgestapelte Schundgeschichten« . . 55

WEIBERHELD ODER WEIBERFEIND?
Hanna Sachs – »Also blieb noch die Ehe« 58
Frau G. – »Die Sache hat mich zum Weiberfeind gemacht« 62
Madame Adrienne de Lancy – »Graziöse, liebenswürdige Luder« 65
Hedwig Xylander – »Vergnügt im fremden Neste« 68
Frau Ehrmann – »Besuch von Frl. Zanoli« 71

ZWEITER TEIL

DIE GROSSE LIEBE SEINES LEBENS: MARION
Maria Trinidad de la Rosa – Marietta de Rigardo
»Ich bin doch mehr eine Europäerin als eine Südseeinsulanerin« 75
Tänzerin im Kabarett ihres Mannes G. D. Schulz in Berlin · »Ich liebe sie von ganzem Herzen« · »Ich nahm die Frau eines Andern« · »bloß daß es keine Madeln nicht gibt im Gefängnis« · Mariettas Scheidung
Der »Kuhhandel« um Marietta 99
Marion Thoma, die Ehefrau –
»An ihr ist gar nichts verbildet und kaputt erzogen« 103
Umzug in das Haus auf der Tuften · »Frau Doktor« – die Hausfrau · »Komm bald, liebstes Kätzlich« · Der »lockere Lebenswandel« Marions · Ganghofer als »Eheberater« · »Ich habe Respekt vor Marion«
Geschieden und doch unzertrennlich –
»wir sind bessere Freunde als seit langem« 120
»Mein liebstes Mädl, heute habe ich das eiserne Kreuz erhalten« · »Weine keine Tränen in mein Glück«
Der weitere Lebensweg von Marion –
»Ich wünsche Dir […] ein festes Glück« 131

DIE GELIEBTE: MARIE LIEBERMANN VON WAHLENDORF
»Du mußt die meine werden, die liebe stolze Frau« 139
Maidis Ehemann: Willy Liebermann von Wahlendorf –
»Er kannte den Einfluß seines berühmten Namens auf Frauen« 146
Maidi von Liebermanns Sohn Edgar – »Habe doch Sehnsucht nach Bubi« . . 153
Scheidungspläne in Stuttgart 155
Maidi von Liebermann zwischen zwei Männern –
»Mein Leben wird zur Sackgasse« 156
Eifersucht auf Marion – »die schlechte Frau« 162
»Außerdem hoffe ich ja der jüdischen Rasse mein Liebstes zu verdanken« . 165
Der Bogen ist überspannt –
»Reden wir denn noch von unserer gemeinsamen Zukunft?« 171
Ludwig Thomas Krankheit und Sterben –
»Jetzt, mein Mädel, nehm' ich kurzen Abschied« 175

DRITTER TEIL

VON THOMA BEWUNDERT UND VEREHRT

Friederika Lang – »Deine getreue alte Riccl« 183
Thinka Ganghofer – »Dieses zierliche, blonde Wiener Mädel« 193
Helene Taschner und die »Taschnermäderln« Maja und Wuschi 200
Anna Herzenstein – »Sie hätte fast ein Trumm von meinem Herzen
von mir weggerissen!« 207
Lena Christ – »Leben Sie wohl, verehrter Gönner« 213
Dora Stieler – »die ganz prachtvolle Gedichte macht.
Sehr viel bessere, als ihr Papa« 218
Asta Nielsen – »die Göttliche« 223

VON THOMA VERACHTET UND VERHÖHNT

Rosa Luxemburg – »diese giftige, kleine polnische Jüdin« 225
Amalie Mettenleitner. Ein Beitrag zur Frauenbewegung –
»Bertha von Suttner schrieb ihr einen warmgefühlten Dankesbrief« . . . 226
Constanze Hallgarten – »sogar kommunistischen Rotzbuben überlästig« . 230
Clara Zetkin – »Ein russisches Mannweib« 233
Luise Zietz – »Frau ist keine Bezeichnung für diesen Abhub« 235
Mathilde Wurm – »Vertreterin des deutschen Volkes – pfui Teufel!« . . . 237
Kreszentia Mühsam – »Verlassene Strohwitwe und edle Dulderin« . . . 238
Else Lasker-Schüler – »scheint zu besitzen nichts von der Sprache Deutsch« . 242

VIERTER TEIL

LUDWIG THOMAS TESTAMENT

»Als Haupterbin setze ich ein Frau Maria genannt Maidie von Liebermann« . 249
»Ich glaub' der Thoma wär' mit mir zufrieden« 254
Maidi von Liebermanns Tod 260

ANHANG

Die Ludwig-Thoma-Medaille 262
Literatur 264
Anmerkungen 270
Bildnachweis 282

VORWORT

In der Galerie »Neue Meister« in Dresden ist das Slevogt-Gemälde »Marietta de Rigardo« zu bewundern. Wenige wissen, dass es die spätere Ehefrau des Dichters Ludwig Thoma zeigt, eine exotische Schönheit. In seinen »Erinnerungen«, 1919 verfasst, erwähnte er selbst diese Ehe mit keinem Wort, da, wie er vorgibt, »das Weibliche« in seinem Leben keine Rolle spielte.

Walther Ziersch, der 1928 die Liebesbriefe Ludwig Thomas an seine Frau Marion herausgegeben hat, stellte fest, dass zwar schon viel über ihn geschrieben worden sei, aber etwas noch fehle: »Ein großes höchst wichtiges Kapitel: Ludwig Thoma und die Frauen.« Otto Gritschneder ist der Meinung in seinem Buch »Angeklagter Ludwig Thoma«: »[...] das Verhältnis zu Marion und zu Frauen überhaupt wäre wieder eine eigene Geschichte und gäbe ein neues Buch aus dem widerspruchsvollen Leben und Treiben unseres Ludwig Thoma.«

Was wusste man bisher von seiner Einstellung zu Frauen? Eigentlich nur, dass ihn bürgerliche und solide Frauen kaum interessierten. Es zog ihn zu verheirateten, außergewöhnlichen Damen hin. Thoma wusste sehr wohl um die Wirkung seines berühmten Namens auf Frauen. Einer, der Thoma kannte, formulierte: »In puncto Frauen war Ludwig Thoma kein Menschenkenner! Eine hysterische und eifersüchtige Köchin, eine extravagante Tänzerin und später eine kühl berechnende Freundin lieferten Thoma ein unstetes Leben.«

Ludwig Thoma sah noch 1902 bei einer Eheschließung selten die Liebe, dafür fast immer die Vernunft als das treibende Moment. Die monogamische Ehe, »in der Kirche als die einzige Form der geschlechtlichen Sittlichkeit verkündet«, habe der echten Sittlichkeit ebenso viel geschadet wie genützt. Mit dem 6. Mai 1905 änderte sich Thomas bisherige Einstellung zur Ehe. Er sah darin sein »Ideal.«

So wurde diese Arbeit geschrieben im Hinblick auf die Frauen, mit denen der Dichter lebte, die er liebte, verklärte, hasste und verhöhnte – von der wenig zärtlichen, starken Mutter bis zu seiner letzten großen Liebe, Maidi von Liebermann, und somit ist fast eine neue, etwas andere Ludwig-Thoma-

Biografie entstanden: der Lebenslauf eines Dichters, dem in seinem Werk – wie er selbst schreibt – keine einzige »richtige Liebesszene« gelungen ist.

Das vorliegende Buch hätte in dieser Form nicht entstehen können ohne die große Freundlichkeit von Edgar Willy Liebermann von Wahlendorf, dem Sohn von Maidi von Liebermann, der mir erlaubte, die Briefe seiner Mutter an Ludwig Thoma einzusehen. Erst mit diesen Briefen konnten die letzten drei Lebensjahre des so früh verstorbenen Dichters richtig beleuchtet werden. So gilt mein herzlichster und an erster Stelle ausgesprochener Dank dem Kosmopoliten Edgar Willy Liebermann von Wahlendorf. Auch bei seiner Tochter Irmin darf ich mich bestens für die wichtigen Gespräche bedanken.

Weitere Nachkommen von Frauen, die in Thomas Leben eine Rolle spielten, lernte ich kennen, so Antonie Fischer-Taschner, eines der »Taschnermäderln«, dann Helga Schmid, Augsburg, eine Nichte der Dora Stieler, sowie Dr. Bernhard Horstmann, München, einen Enkel der Thinka Ganghofer, und Florian Lang, Oberammergau. Ihnen allen sei herzlich gedankt.

Dem Allitera Verlag danke ich für das erneute Vertrauen in meine Arbeit. Ein Dankeschön an meinen Mann darf auch nicht fehlen.

Martha Schad, Augsburg, November 2016

ERSTER TEIL

Ludwig Thomas Mutter, Katharina Thoma, geborene Pfeiffer.

DIE FAMILIE

Mutter und »Pflegemutter« – Schwestern und Schwägerinnen

Am 21. Januar 1867, einem bitterkalten Wintertag, wurde um 11 Uhr vormittags Ludwig Thoma in Oberammergau im Haus des Schnitzwarenverlegers Lang geboren und nur drei Stunden später von Pfarrer Joseph Aloys Daisenberger getauft. Taufpatinnen waren die Verlegerswitwe Maria Lang und deren Schwester Theresia, beide Schwestern von Ludwigs Mutter Katharina, geborene Pfeiffer.[1] Die Familie Pfeiffer war schon seit drei Generationen in Oberammergau ansässig; ursprünglich stammte sie aus der Gegend von Steingaden.

Katharinas Eltern waren Maria Katharina, geb. Neuner und Martin Pfeiffer, Posthalter und Schwabenwirt in Oberammergau. Die älteste Tochter Maria wurde 1850 die Ehefrau des königlichen Posthalters und Schnitzwarenverlegers Eduard Lang.

Über die Kinder- und Jugendjahre von Katharina ist nichts überliefert. Was Ludwig Thoma später für einen Brief hielt, worin seine Mutter »als sechzehnjähriges Mädchen ihre Eltern um Beisteuer zu einem Sommerkleid bittet«, war eine »Briefsteller-Übung, die mit roter Tinte durchgebessert wurde«.[2]

Es ist allerdings bekannt, dass Katharina in München bei Grodemange – »Grodemange's Weinhandlung Restaurant« –, einem renommierten Gasthaus, kochen gelernt hatte. Mit 15 Jahren verlor sie ihren Vater und mit 21 Jahren ihre Mutter. Damals übernahmen Katharinas Schwester Maria und deren Mann Eduard Lang den in »Alte Post« umbenannten »Schwabenwirt« in Oberammergau. Das Gasthaus verkauften sie nach einiger Zeit und zogen in das 1775 gegründete Verlegerhaus »Georg Lang sel. Erben«. Und in diesem Haus kam Ludwig Thoma zur Welt. Das unter seinem Vetter Guido Lang aufgestockte Haus – heute eines der schönsten bemalten Häuser Oberammergaus – trägt eine Erinnerungstafel an Ludwig Thoma.

Ludwig Thomas Mutter verlobte sich mit dem Jäger Max Thoma am 19. Juli 1855 und heiratete ihn zwei Jahre später. Der Vater hatte damals nach

Pflicht und Brauch bei König Max II. um eine Audienz nachgesucht und Ludwigs Mutter erzählte ihm noch viele Jahre später etwas verlegen, dass der König ihm zur Wahl der Gattin Glück gewünscht und gesagt habe, er sehe wohl, dass seine Revierförster einen ausgezeichneten Geschmack verrieten. Der König kam fast alljährlich nach Ammergau und da mochte es wohl geschehen sein, dass ihm beim festlichen Willkommen die Töchter des Schwabenwirts Blumensträuße überreichen durften.

In seinen 1919 abgeschlossenen »Erinnerungen« weiß Thoma zu berichten, dass die Schwabenwirtstöchter neben ihrer Arbeit immer noch Zeit fanden, »ihren Geist zu bilden, und wenn sie nicht allzuviel lasen, so lasen sie ganz gewiß nie einen seichten Roman«![3]

Das junge Paar zog ins Forsthaus in Piesenhausen bei Marquartstein, dann nach Partenkirchen. Als Ludwig geboren wurde, wohnten die Thomas im Forsthaus in der Vorderriß. Da ein Wochenbett dort, noch dazu im Winter, eine für Mutter und Kind gefahrenvolle Situation darstellte, entschloss sich Katharina Thoma, ihre Niederkunft in Oberammergau bei ihrer verwitweten Schwester Maria, »an der sie mit allen Fasern ihres Herzens« hing, zu erwarten. Außerdem gab es in Oberammergau schon seit 1838 eine vorbildliche ärztliche Versorgung.[4] In der Vorderriß wirkte Thomas Vater als Oberförster.

Die verwitwete 46-jährige Katharina Thoma mit ihren Kindern in Traunstein, um 1885. V. l. n. r.: Katharina (17 Jahre), davor Luise (13), Bertha (12), Ludwig (18) und Marie (25). Die beiden ältesten Söhne Max und Peter waren damals in Australien.

Die ersten bleibenden Kindheitseindrücke knüpften sich für Ludwig Thoma an den kleinen Kreis von Menschen, welcher dort in enger Gemeinschaft lebte. Dieser bestand aus den Eltern und den Geschwistern Max (1858–1911), Maria (1860–1897), Peter (1864–1924), Katharina (1868–1958), Aloisia, gen. Luise (1872–1892); der im Jahr 1865 geborene Franz wurde nur 22 Tage alt. Des Vaters Jagdgehilfen sahen in Ludwig ein »Wunderkind«, denn seine Eltern lehrten ihn frühzeitig lesen und schreiben. Im Jahr 1873 ließ sich Thomas Vater auf eigenen Wunsch als königlicher Parkmeister nach Forstenried versetzen. Dort kam am 10. Dezember 1873 die Tochter Bertha zur Welt. Am 26. September des folgenden Jahres erlag Max Thoma in Forstenried einem Herzschlag. Seine Frau hielt sich damals zur Erholung von der schweren Geburt der Tochter bei ihrer Schwester in Oberammergau auf. Den Sterbenden hielt Viktoria Pröbstl im Arm, die ihm auch die Augen zudrückte.

Die »Viktorl«

Wer war nun diese Viktoria Pröbstl? Ludwig Thoma selbst war für sie um einen Titel verlegen, der ihre Wirksamkeit richtig bezeichnen könnte: »Stütze der Hausfrau sagte man damals nicht, und es klänge mir zu fremdartig; ›Kinderfräulein‹ paßte nicht zur Bescheidenheit unseres Hauses und würde ihrer Tätigkeit nicht gerecht. So will ich sie, wie ehedem im Leben, die alte Viktor heißen.« Sie war die Tochter eines Handelsgärtners und Bürgermeisters von Schongau, kam zur Familie Thoma, als Ludwig zwei Jahre alt war, und starb 34 Jahre später, 1893, in einem von Ludwig Thoma gemieteten Haus in Allershausen.

Viktoria Pröbstl, genannt »Viktorl«; Pflegemutter von Ludwig Thoma.

Die Viktor, eine angehende Dreißigerin, war nicht ganz frei von altmädchenhafter Empfindlichkeit, doch so lebenstüchtig, dass sie für die ganze Familie zur unentbehrlichen Beraterin und Helferin wurde. Ihr Tagebuch, in das sie oft ein gefühlvolles Gedicht aus Zeitschriften und Büchern abschrieb, weist eine erstaunliche Formulierungsgabe auf. Sie besaß eine ausgesprochene Neigung für schöne Literatur. Hin und wieder litt sie unter Weltschmerz. Sie schloss mit dem Jagdgehilfen Thomas Bauer eine dauerhafte Freundschaft; eine Ehe wurde nicht daraus.

Nachdem Familie Thoma von der Vorderriß nach Forstenried umgezogen war, kehrte Viktoria zu ihrem kranken Vater nach Schongau zurück. Doch als sich Katharina Thoma mit der Tochter Bertha im März 1874 zur Erholung nach Oberammergau begeben hatte, sprang Viktoria vorübergehend als »Pflegemutter« in Forstenried ein. Wieder in Schongau, erreichte sie im September die Nachricht von der Hauslehrerin Mathilde Kemptner, dass der Herr Parkmeister krank sei. Viktoria wollte in Oberammergau »FrObf« [= Frau Oberförster, d. Vf.] besuchen, die sie aber nicht empfangen konnte, da sie so schwach war. Beim nächsten Besuch fand sie Frau Thoma sehr krank vor. Darauf entschloss sie sich, wieder nach Forstenried zu reisen. »HrP« [= Herr Parkmeister, d. Vf.] und die Kinder empfingen sie voll Freude, was Fräulein Mathilde eifersüchtig aufhorchen ließ. Zwei Tage nach ihrer Ankunft starb Max Thoma. Viktoria vertraute ihrem Tagebuch an, dass sie die Kinder nicht verlassen werde, denn »Ludwig ging mir nicht mehr von der Stelle«, er brauchte sie so sehr.

Mit dem Tod des Vaters brach eine sehr schwere Zeit für die Mutter und ihre sieben Kinder an. Von nun an waren sie erst einmal »auf vielfache Hilfe von Vormündern und Verwandten angewiesen«, die sich erstaunt zeigten, dass keinerlei Vermögen da war, von dem die Thomas hätten leben können. Die tatkräftige Viktorl löste den Haushalt in der Dienstwohnung in Forstenried auf und brachte die Kinder nach Oberammergau zur Mutter, um dann allein ins Schongauer Elternhaus zurückzukehren. In ihr Tagebuch schrieb sie:

Der Abschied von Fr P u Kinder fiel mir unendlich schwer, besonders Kathi u Ludwig weinten bitterlich. [...] *Als ich zur Thür hinaus streckte sie* [= Frau Thoma, d. Vf.] *beide Arme nach mir aus. Ich ging früh ½ 6 Uhr.*

*Tant Paulus welche Ludwig und Luischen in die Pfalz mitnimmt, wird mit Frl M[athilde] um ½9 Uhr abgereißt sein. Wie schmerzlich mag erst der Abschied von den Kindern gewesen sein?*⁵

Von nun an wurde Ludwig »zwischen Verwandten und Seminaren hin- und hergeschoben, fühlte sich als Außenseiter und Benachteiligter, erlebte die Vorrechte der Besitzenden und Anerkannten«.⁶ Wie schon im Tagebuch von Viktor erwähnt, kamen Ludwig und Luise in die Obhut von Tante und Onkel Albert Paulus, dem Leiter der Vermessungsstelle in Landstuhl in der damals noch bayerischen Pfalz. Ludwig war noch keine sieben, sein Schwesterchen gerade zwei Jahre alt. Es gibt ein Foto aus dieser Zeit, das die sichtlich verschüchterten Kinder zeigt; sie »muten wie ein städtisch gekleidetes Hänsel- und Gretel-Paar an ...«.⁷ Aus Landstuhl, wo Ludwig die Volksschule besuchte, ist ein Brief vom Dezember 1874 an die Mutter erhalten, der wohl unter Mithilfe der Tante Paulus entstanden sein dürfte:

Liebe Mama
Mir gefällt es sehr gut in Landstuhl. Ich habe gar kein Heimweh. Es ist sehr schön. Auf der Reise habe ich viel gesehen, besonders in Ludwigshafen, wo der Rhein war, und da habe ich Schiffe gesehen welche beleuchtet waren. Der Herr Lehrer ist mit mir sehr freundlich und streng. Es hat mich sehr gefreut liebe Mama als ich gehört habe daß es dir besser ging.
Viele Grüße und Küsse an Mutter Großmutter und Tante meinen Geschwistern und allen, auch an dich viele Grüße und Küsse von Deinem dankbaren Sohn Ludwig

Zum Jahreswechsel 1875 bekam dann Viktor einen sehr ausführlichen Brief Ludwigs aus Landstuhl. Er zählte ihr die vom Christkind erhaltenen Geschenke auf:

[...] *eine Photographie vom lieben seeligen Papa und der schönen Rieß, dan ein Polzrohr mit Polzen dan den kleinen Maler welches eine Mappe mit Zeichnungsvorlagen und Farben ist; ferner Soldaten Bilderbögen, ein Lesebuch und einen Ballen, so wie eine Sparbüchse wo ich jeden Kreuzer hineinlege. Das Markstück vom Herrn Posthalter habe ich auch gefunden.* [...] *An*

*Weihnachten habe ich viel an den lieben Papa gedacht. Gelt liebe Viktor, wie können wir uns freuen, daß es nun der lieben Mama wieder besser geht; Gott gebe daß es von recht langer Dauer ist und uns dadurch unsere liebe Mama recht viele Jahre erhalten bleibt. Viele Grüße von Bettchen, welche recht gut mit mir ist; auch ich grüße und küsse dich herzlich, und bleibe
Dein Dich liebender Ludwig*

Der achtjährige Ludwig Thoma mit seiner zweijährigen Schwester Luise, die so verloren wie »Hänsel und Gretel« wirken. Das Geschwisterpaar wurde 1874, kurz nach dem Tod des Vaters, zu Verwandten nach Landstuhl in der Pfalz gegeben.

Viel später schrieb Ludwig Thoma über seine Kindheit: »Ich habe mit 9 Jahren schon in die ›Studi‹ fahren müssen, allein, unter fremde Leute. Man hat mich nicht lang gefragt, ob's mir gefiel.«[8] In den »Lausbubengeschichten«, in denen viele Episoden seines jungen Lebens Eingang fanden, begegnet immer wieder das Motiv der Trennung des Kindes von der Mutter beziehungsweise vom Elternhaus. Zeit seines Lebens scheint Thoma diese frühkindliche Erfahrung nie verwunden zu haben.

Katharina Thoma pachtete nach ihrer Genesung 1875 den neuerbauten Gasthof »Zur Kampenwand« in Prien am Chiemsee. Es gelang ihr, die gute Viktorl dorthin zu holen.

»Ludwig macht mir so viel Verdruß«

Im Herbst 1876 wechselte Ludwig an die Studienanstalt Neuburg an der Donau. Da die Vermögensverhältnisse der Mutter noch immer als »höchst trostlos« galten, hätte er in Neuburg eine Dreiviertelfreistelle erhalten. Doch schon im Juni 1877 wurde »der kgl. Oberförsters Wtt.« vom Direktorat mitgeteilt, dass sich Ludwig dieser Freistelle nicht würdig erweise, da er nur wenig Mühe aufwende, um vorwärts zu kommen! Katharina Thoma schämte sich deswegen sehr vor Ludwigs Vormund, »Oberappellathionsrat« Decrignis. Ein erneutes Bittgesuch der Mutter an das königliche Staatsministerium für Kirchen- und Schulangelegenheiten in München wurde abgelehnt. Somit hatte die Mutter für Ludwig nun 700 statt 150 Mark Schulgeld zu bezahlen.

1877/1878 befand sich Ludwig Thoma in der Studienanstalt Burghausen und zum Schuljahr 1878/79 am Wilhelmsgymnasium in München. Hier wurde er bei entfernten Verwandten in der Frauenstraße 2/III untergebracht, dem Postassistenten a. D. Wilhelm Ruppert und dessen Frau sowie dem zum Haushalt gehörenden Premierleutnant a. D. Peter Geißler, die als »Onkel Joseph, Tante Minna und Onkel Wilhelm« in Thomas »Erinnerungen« beziehungsweise in die Lausbubengeschichte »Onkel Franz« eingegangen sind. Da aber Thomas Neigungen zu »Kindereien« zu sehr ausgeprägt waren,

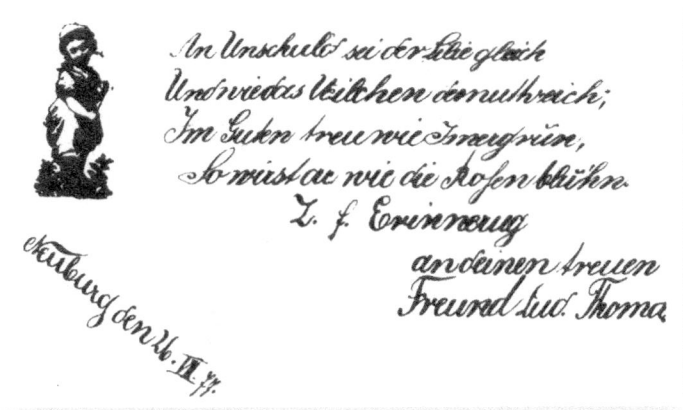

Eintrag des zehnjährigen Ludwig Thoma in das Poesiealbum einer Mitschülerin.

wollten die Verwandten ihn wieder los werden. Die Mutter gab dann den Gymnasiasten beim königlichen Professor a. D. Hubert Merk – der »Hauptmann Semmelmaier« in »Tante Frieda« – in der Rumfordstraße 24 / IV re. in Pension. Ein »paar Verliebtheiten« fielen auch in diese Münchner Zeit. Thoma, nun in der Pubertät, wusste selbst, dass er »kein Schmuck für die Familie« war. Voller Verzweiflung beklagte sich die Mutter im Mai 1884 bei ihrem nach Australien ausgewanderten ältesten Sohn Max:

Ludwig macht mir so viel Verdruß u. Kummer ich muß augenblicklich eine andere Wohnung für ihn nehmen da ihn Onkel nicht mehr behält, daß mir Ludwig so viel Herzleid anthun kann, wie schön könnte er es haben, er hätte es Viel besser als Ihr es hattet, nun lohnt er es mit solchen Undank, in der Classe geht es gerade so, doch Viel darf nicht kommen, ist es auch vorbei, was anfangen ich wüßte keinen Rath u. ein Bursche der lügt nascht u. roh ist taugt ja nirgends Etwas. Wie oft sage ich ihm welch unsäglicher Schaden es für die Schwester dann ist, den kein Mann hat Lust in solch eine Familie zu kommen und wär weiß was schon am See die Ursache war, wie schwer ich mich halte wen so Etwas ist, wie oft habe ich den lieben Gott gedankt, daß wir so in Achtung da waren, aber wenn Ludwig so fort macht, wie weit wird er kommen u. man wird dan auch uns meiden, ich habe ihm schon oft gesagt, mein Max, wen da wäre wie würde er es Dir sagen, u. erst lieb Papa seel. wen er wüßte welch Undank ich von Ludwig hätte.

Dieser Brief der Mutter ist ein vernichtendes Urteil über den 17-jährigen Sohn, bar jeder Milde und jeden Verständnisses. Genaugenommen hatte die Mutter mit ihrem 1880 nach Australien ausgewanderten Sohn Max während dessen Lehrlingszeit viel größere Probleme: Er log und stahl, flog aus zwei Lehrstellen. Schließlich hatte er das Glück, dass er als Vertreter der Schnitzwaren Verleger Lang nach Australien gesandt wurde. Zwei Jahre später folgte ihm sein Bruder Peter. Beider Tätigkeit in Australien blieb ohne Erfolg. Jetzt aber sollte ausgerechnet Max den jüngeren Bruder zur Raison bringen und ihm auf Wunsch der Mutter »einen recht bösen Brief schreiben«.

In München steigerten sich die »Orientierungsschwierigkeiten« des 18-jährigen Schülers Ludwig. Es kam zu einem Eklat bei Professor Merk, was auch mit dessen Frau zusammenhing. Keiner schien Ludwig zu verstehen, am wenigsten aber die Mutter. Wieder einmal hatte er von ihr einen vorwurfsvollen Brief erhalten, auf den er mit einer heftigen Rechtfertigung reagierte:

Liebe Mama!
Deinen lieben Brief habe ich erhalten u. daraus ersehen, daß Du über meinen nicht sehr entzückt warst; deswegen gehe ich aber von meiner Aussage durchaus nicht zurück.
Einen Brief von Dir zu lesen, auf das hin dem Vormund zu sagen, man »könne« mich nicht mehr haben, über mich in einer Weise loszuziehen, die wirklich wunderbar ist, mir zu drohen, alles, was sie überhaupt von mir wissen, dem Rector zu sagen aus dem Grunde, weil ich nicht mehr komme, ist eine »Gemeinheit«, die ihresgleichen sucht, u. die wenigstens ich zu würdigen weiß, Herr Vormund [Ludwig von Raesfeldt, d. Vf.] hat mir offen alles wieder gesagt u. hat mich gefragt, was ich darauf zu sagen habe. Nun, wenn ich Dir sage, daß er mir bei der Charakteristik Merks Recht gegeben, so kann Dir das genügen. Er ist eben ein Mann u. läßt sich nicht durch das Gefasel u. den Salbader eines Menschen, wie Merk's rühren. Nie habe ich geglaubt, daß der Professor »ein so miserabler Kerl« ist; [...] Wie ich erfahren mußte, trischt die Merk in einer Weise über unsere Familie, die wirklich empörend ist. Peter, erzählte sie allen ihren Bekannten, habe dem Pfarrer die Hostie ins Gesicht geworfen, sei dann, um dem Zuchthause zu entgehen, nach Australien geschickt worden. Ich mußte mir es erzählen lassen von einer Frau, die mir ihr »Mitleid« über dies Familiendrama aussprach. Prost! Da hast Du die lieben guten Professors. Ich habe das Maul gehalten gegen sie, weil ich gebunden bin u. werde es auch ferner thun, aber ein gutes Wort ihnen noch zu geben, dazu bringt mich kein Teufel. –
Ich muß mich überhaupt wundern, daß Du Dich auf ein paar frömmelnde u. scheinheilige väterlich aussehende Worte Merks rühren u. lenken läßt. Da hat »der Kerl« freilich leichtes Spiel. Wenn er es wagt u. will mir so väterlich kommen, dann speie ich ihn an. [...] Wahrscheinlich wird er Dir wieder sehr besorgt schreiben u. Du über seine väterliche Zuneigung entzückt sein. Mama! Mama! Ich will nichts gesagt haben, aber wenn Du weniger leeren Worten glauben würdest, könnte es Dir nicht schaden. Von Anfang warnte ich Dich zu vertraut mit den Leuten zu sein; Du scheutest Dich nicht zu sagen, daß

es Peter u. Max nicht gut gehe, siehe die Früchte Deiner Vertrauensseligkeit! Nicht wahr wäre es, sagte die Merkin, daß meine Brüder ein Geschäft hätten, bei irgend einem Handwerker wären sie untergebracht »die Taugenichtse«. – Auch Herrn Rector muß sie oder er die schöne Fabel von Peter erzählt haben, denn dieser sagte zu mir »Sie haben ja zwei verunglückte Brüder«? Und als ich sagte: Wie so? meinte er, sie hätten nichts getaugt. […] Um wieder auf Deinen Brief zu sprechen zu kommen, so will ich Dich bitten, mir keine Vorwürfe wegen Merks zu machen, ich weiß selbst, was ich ihnen gegenüber zu thun habe, u. das ist, daß ich sie ignoriere, auch beim Fortgehen, ich nehme da keine anderen Gründe dagegen an, das thue ich, ist so sehr wenig. – Auch bin ich am Schlüsse des Jahres nicht gesonnen, kummervolle Briefe zu schreiben, ich habe Grund zur Lustigkeit u. bin auch lustig; heute gieng ich auf die Haidhauser Dult, damit Du weißt, wo ich am Sonntag war; kasteien u. Stubensitzen thue ich nicht. Überhaupt begreife ich Deinen ganzen Brief nicht, Kummer!! Ich glaube, Du bist es so gewöhnt, mir immer von Deinem Kummer zu schreiben, daß Du nicht mehr anders kannst. Meinen möchte man es. Das ist zum Wahnsinnigwerden. Am Ende des Jahres, wo man gewiß weiß, daß man aufsteigen darf, von Kummer zu reden. Bist Du denn so ganz anders als andere Leute? Die freuen sich, daß das Jahr gut zu Ende ist u. Du hast Kummer!! Nun, ich kann nicht helfen, mehr kann ich nicht thuen, als Dir beweisen, daß Du keinen Grund dazu hast. Also, wenn ich Dich bitten darf, so sei so gut u. versalze mir nicht die ganze Freude aufs Wiedersehen, die jetzt schon ziemlich abgekühlt ist, denn als Kind kann u. will ich mich nicht behandeln lassen. Das hätten wir jetzt hoffentlich abgemacht. […] Nochmals möchte ich Dich bitten, nicht wieder an Kummer u. derlei Dinge (?) zu denken ... Grüße an alle, besonders An Dich von Deinem Dich liebenden
Sohn Ludwig
Mir that es selbst weh, Dir so schreiben zu müssen Mama, aber Du hast mich durch Deinen Brief gezwungen.

München, 26. Juli 1885

Die Mutter war »Inhalt und Motivation«[9] seines Lebens, wie es dieser Brief deutlich zeigt. Thoma kämpfte selbst als 18-Jähriger noch vergeblich um die Liebe der Mutter, die ihm jedes Lob versagte und sich voll Selbstmitleid bei ihrem Sohn stets nur beklagte.

Ludwig Thomas Brief steht allerdings im krassen Gegensatz zu den Schilderungen seiner Schulzeit in seinen »Erinnerungen«. Dort kann man sich des Eindrucks nicht erwehren, dass Thoma »ein Leben lang bestrebt ist, den Eindruck eines geradezu idealen Muttererlebnisses zu erwecken«.[10] In Wirklichkeit jedoch bestand eine gestörte Mutterbeziehung, die ihren Ursprung darin hatte, dass der »untröstliche und ungetröstete Bub«[11] nach dem frühen Tod des Vaters auch noch die Trennung von der Mutter zu verkraften hatte. Thoma kehrte im Grunde genommen erst als Erwachsener wieder heim zur Mutter. In den wenigen Wochen der Sommerferien – die Hauptsaison für den Gastbetrieb – blieb ihr kaum Zeit für Zuwendungen an ihren Sohn. Selbst wenn er ein Schuljahr erfolgreich hinter sich gebracht hatte, war sie nicht mit ihm zufrieden, sondern ermahnte ihn, noch fleißiger zu sein, um noch bessere Noten zu bekommen. Sie reagierte immer gereizter auf ihn und zeigte »die klassische Fehlhaltung von Erwachsenen, die den Kindern zu einem geordneten Lebensweg und sich selbst zum Ausgleich unerfüllter Hoffnungen verhelfen wollen«.[12]

Während in den »Lausbubengeschichten« die gute Mutter Thoma in stiller, duldender Liebe ihre unendliche Milde ausbreitet, reagierte Ludwig Thomas eigene Mutter in Wirklichkeit stets ohne jedes Verständnis auf dessen Streiche. Auf der anderen Seite war die äußerst tüchtige Frau als Mutter von heiratsfähigen Töchtern, als Witwe und Gastronomin ganz besonders auf die Achtung ihrer Umgebung angewiesen.

»Liebe Mama – Du siehst, es geht alles gut«

Im August 1886 legte Ludwig Thoma schließlich sein Abitur in Landshut ab. Er kehrte heim nach Traunstein, wo seine Mutter 1883 den Gasthof »Zur Post« gepachtet hatte. Ausnahmsweise mit sichtlichem Stolz und großer Erleichterung holte die Mutter zusammen mit ihren vier Töchtern den Sohn am Bahnhof ab: »So hatten nun die Bürger dieser Stadt Gelegenheit, mich in Farbenpracht mit dem pede libero stolzieren zu sehen und der braven Frau Oberförster zu dem Erfolge ihres Sohnes Glück zu wünschen.«

Allzuviel sprach Ludwig damals nicht, da er von der mehrere Tage dauernden Abiturfeier in Landshut stockheiser war. Dies wiederum veranlasste die Viktor, ihm zu sagen, dass er doch »sehr versoffen« aussähe. Sie gab sich damals etwas gekränkt, da sie als »Hüterin des Hauses« ihn nicht auch schon am Bahnhof hatte begrüßen dürfen. Doch dann meinte sie zu Ludwig, dass nun für ihn der Weg zum Beruf des Vaters offenstünde und er möglicherweise eines Tages Oberförster in der Vorderriß werden könnte.

Ludwig Thoma ging damals tatsächlich an die Forstakademie nach Aschaffenburg, wechselte aber bereits nach zwei Semestern zum Studium der Rechtswissenschaft nach München und Erlangen. Er wollte lieber Anwalt werden. Mit großer Genugtuung schrieb er seiner Mutter am 5. Februar 1893 aus München:

Liebe Mama,
Soeben kommt Goes [= ein Studienkollege Thomas, d. Vf.], daß ich als Praktikant bei dem berühmten Dr. Loewenfeld, Rechtsanwalt und Privatdozent, aufgenommen werde. Hurrah! Es ist so ziemlich hier die feinste Anwaltschaft. Du siehst, es geht alles gut.

Anstatt sich über diesen Erfolg ihres Sohnes zu freuen, hatte die Mutter jedoch wieder nur Ratschläge parat. Sie warnte Ludwig vor dem »Strudel der Münchner Vergnügungen«. Doch der inzwischen immerhin 26-jährige Sohn teilte ihr mit, dass er den Abend lediglich entweder im »Café Heck« oder in der »Nürnberger Wurstküche« verbringe. Er esse dort zu Abend und trinke ein paar Glas Bier. Der Viktor gestand er, dass die »Wurstküche« fast so gut sei wie ihre Küche, das Hofbräuhaus-Bier schmecke einmalig. Doch wegen dieser Genüsse musste er sich nun wiederum von Viktor und seiner Schwester Maria ganz abscheulich den Kopf waschen lassen. Sie waren der Meinung, dass der ewig unter Geldnot leidende Praktikant lieber Brot und Käse essen solle statt Fleisch.

Ein schlimmer Schicksalsschlag traf die Familie am 21. Juli 1892: Ludwigs Schwester Luise verstarb im blühenden Alter von 20 Jahren. Sie arbeitete damals in der Poststelle im Gasthof der Mutter in Traunstein. Als ganz junges Mädchen, etwa 13 Jahre alt, war sie in die Poststelle nach Oberammergau gekommen und hatte dort wohl bei ihrer Tante Maria gewohnt. Am 23. Oktober 1886 erwähnte Ludwig Thoma jedoch in einem Brief an Oberforstrat Ludwig von Raesfeldt: »Luise wird jetzt bis auf Weiteres in Traunstein bleiben, da sie etwas kränklich ist und sehr aufmerksamer Pflege bedarf.« Wann sie wieder nach Oberammergau zurückkehrte, ist nicht bekannt. Zum Jahreswechsel 1889 erhielt »Fräulein Loischen« einen entzückenden Brief ihres »Brüderchens« Ludwig:

Traunstein, 31.[12].89

An Wohlgeboren
Fräulein Loischen Thoma
Postadjunctin oder sowas ähnliches
in Oberammergau
bei Kohlgrub

Liebes Luischen!
Dein Briefchen haben wir erhalten u. hat uns sehr gefreut.
Daß das liebe Christkindchen sich so gut eingestellt hat freut mich sehr.
Ich wünsche Dir alles Gute zum neuen Jahr, vor allem daß Du nicht noch süßer wirst, sonst bleibst Du einmal pappen. An Tantchen, Idchen, Guidchen, Clärchen und Röschen recht viele Grüße und alles Gute zum Neuen Jahr, ebenso der Frau Bäschen.
Freu Dich recht an den vielen Messerchen und Tellerchen und Eierbecherchen, Büchelein und Geldbeutelchen, schmiere den Telegraphendraht ordentlich, befleißige Dich im Markenpappen und Stempeln und leite wie bisher den Weltverkehr zwischen Murnau und Oberau, womit ich bin
Dein Brüderchen   Ludwig
NB! Mir hat das Christkindchen gebracht: Ein Westchen, ein Jäckchen, Cigarrelein und einige Märkchen.

Das Sterben der Mutter

1893 arbeitete Thoma als Konzipient in der Kanzlei des Rechtsanwalts Xaver Hardt in Traunstein. Wenn er mit der Mutter über kommende Zeiten sprach, überlegten sie sich, wo er sich einmieten sollte, und wie viele Zimmer man brauchen würde, denn es galt für ihn als ausgemacht, dass die Mutter dann die Wirtschaft aufgeben und zu ihm ziehen werde. Die Mutter war damals wegen eines Herzleidens in Behandlung und ihr Sohn machte sich große Sorgen um sie:

20. Juli 1893
Die Hauptsache ist aber, liebe Mama, daß Du auch in Seebruck nach den Vorschriften des Herrn Dr. Leonpacher lebst und nicht gleich so scharf an-

packst. Es müßte ja auch ohne Dich gehen, und Käthl wird ja gewiß alles tun, um Dich zu ersetzen.
Ich möchte Dir und Peter hier nochmals ans Herz legen, daß Ihr für Kahnfahrten, Baden der Fremden etwas thut und nicht die Hütten unversperrt und vernachlässigt laßt.
Ich habe in Schliersee Gelegenheit gehabt zu sehen wie sehr die Leute darauf schauen. Nimm mir diese Zwischenbemerkung nicht übel, ich sage es nur in Euerem Interesse. Du selbst sollst auch Kahn fahren, liebe Mama. So viel Zeit wird Peter übrig haben, daß der Dich täglich 1–2 Stunden fährt.

In dieser Zeit kam es zu einem Rechtsstreit zwischen der Mutter Thoma und einem Bauern. Thoma schaltete sich sofort in das Geschehen ein – wie es endete, ist nicht bekannt – und befriedigte damit ein wenig die Sehnsucht nach »Genugtuung und Bewährung« vor der Mutter.[13]

Im Mai 1894 erhielt er von seiner Schwester Marie alarmierende Nachrichten über den Gesundheitszustand der erst 63-jährigen Mutter. Er schrieb darauf seiner Schwester am 1. Juni:

Ist den wirklich gar keine Hoffnung mehr auf Besserung? Ich kann den Gedanken nicht ertragen und laufe wie im Traume herum. Wenn nur Mama nicht leiden muß. Das wäre schrecklich. Ich kann verstehen, was Du ausstehst, welche Qualen Dir der Anblick unserer lieben guten Mama macht. Ich werde Dir das auch nie vergessen. Ein Trost muß es uns doch immer bleiben, daß wir Mamale zeigen durften, wie sehr wir sie lieben.

Einen Tag später, am 2. Juni 1894, verschied die Mutter.
Thoma hatte einige Tage vor ihrem Ableben nach einem Besuch bei ihr in Seebruck seinem Tagebuch anvertraut:

Und doch muß ich zu Gott beten, daß er Mama bald sterben läßt. Sie leidet so sehr und dann weint sie herzzerbrechend. Ich gehe aus dem Zimmer, weil ich es nicht hören kann ... Die letzten Nächte waren schrecklich.

Thoma stilisierte den Tod der Mutter. Diese Sicht ging in sein Erstlingswerk »Agricola« (1897) und 15 Jahre später in sein Volksstück »Magdalena« ein.

Dieser Tod der Mutter, um deren Zuneigung und Anerkennung Thoma immer gekämpft hatte, war ein bitterer und einschneidender Moment in seinem Leben; »man muß nicht nach der glatten Formel von der starken Mutterbindung greifen«,[14] um dies zu erklären. In Thomas »Erinnerungen« steht dazu zu lesen:

Kein Erlebnis hat einen so nachhaltigen Eindruck auf mich gemacht wie Krankheit und Tod meiner Mutter, und in der Erinnerung an jene Tage, die ich an ihrem Krankenbette zugebracht habe, ist mir erst ganz das Verständnis für die schlichte Größe aufgegangen, die in ihrem mutigen Ertragen des Unabänderlichen lag [...].
Ihre altbürgerliche Art zeigte sich in der ruhigen Anordnung der Dinge, die nach Brauch und Sitte bei ihrem Begräbnisse beobachtet werden sollten und die, wie sie annehmen konnte, uns nicht mehr so bekannt waren wie ihr. Sie gab uns an, wer im Hause beschenkt werden müsse, was die Leichenfrau und die Träger und die Totengräber zu erhalten hätten, und als wir sie davon abbringen wollten, sagte sie, das müsse auch richtig gemacht werden, und man dürfe nicht ängstlich verstecken spielen.
Das abgeklärte, von Sentimentalität freie Gefühl, das sie dabei leitete, zeigte uns noch einmal ihren zugleich gütigen und tüchtigen Sinn, den sie oft im Leben bewiesen hatte ...

Was die Religion betraf, so hatte sich die Mutter ihren eigenen Grundsatz zurechtgelegt, nämlich dass man sich aus den Lehren der Kirche das viele Gute und Schöne entnehmen und sonst nicht nachgrübeln und kritisieren sollte. Sie hat nach ihrer Religion gelebt und fasste das Wesen des Christentums in dem Satz zusammen, »daß man niemandem weh tun dürfe«. Um religiöse Meinungen anderer hat sie sich ihr Leben lang nicht gekümmert, ganz im Gegensatz zu einer sich gegen jeden Zwang auflehnenden Natur, der alten Viktorl.

Dass Thoma auch Jahre nach dem Tod seiner Mutter immer noch nicht über den Verlust hinweggekommen war, zeigt ein Brief, den er im Januar 1919 an seine damalige Geliebte, Maidi von Liebermann, schrieb:

Wie lange Jahre litt ich – und das ist keine Redensart – an dem Verluste mei-

ner lieben Mutter. Mitten in eine Freude hinein klang ihre müde Stimme: »Muß ich sterben, Kind?« und dann wars aus mit Freuen und Sorglossein. Ist Dirs nie aufgefallen – aber Du kennst ja nicht viel von mir – aber vielleicht fällt es Dir noch auf, daß ich immer wieder eine sterbende Mutter (im Vöst, Magdalena) schilderte? Und ich glaube, nicht eine richtige Liebesszene? Darüber denke einmal nach, Schatz. Von niemand mehr, als vom Künstler gilt das: Wes das Herz voll ist, geht der Mund über. Jedes Schaffen kommt unbewußt aus dem Tiefsten heraus, aus Eindrücken, die nach vielen Jahren wieder wach werden. Ja, fast alles geht auf die Kindheit zurück, weil da die Eindrücke in das weiche Gemüt sich am stärksten einprägen [...].

Nachdem Maidi von Liebermann Thomas Manuskript »Erinnerungen« gelesen hatte, war sie der Meinung, er habe über seine Mutter und seine Geschwister zu wenig berichtet. Von den noch lebenden Geschwistern wollte Thoma zwar nach wie vor nichts schreiben, die Ausführungen über den Lebensweg der Mutter ergänzte er im August 1919 dann noch.

Auch als Thoma die ersten Sprossen der Leiter zum schriftstellerischen Ruhm erklommen hatte und im Januar 1903 zur Premiere der »Lokalbahn« am K. K. Hofburgtheater nach Wien reiste, dachte er daran, »wie es wohl meiner Mutter zumute gewesen wäre, wenn sie mich vor dem berühmten Theater der alten Kaiserstadt unmittelbar vor der Aufführung meines Stückes gesehen hätte. Wie ein unglaubwürdiges Glück wär's ihr vorgekommen, wie eine märchenhafte Fügung des Schicksals, das den Buben aus der Vorder-Riß in dieses marmorne Prachtschloß geführt hatte. Und war's auch nicht ganz so wundersam, wie sie es empfunden hätte, merkwürdig war es doch, und das Erreichen eines Zieles war es doch.«

Durch den Tod der Mutter 1894 änderte sich auch das Leben von Ludwigs Geschwistern. Die Mutter hatte den gepachteten Gasthof »Zur Post« in Traunstein ab 1883 zusammen mit Thomas Schwestern geführt. Als ihr zweitältester Sohn Peter 1892 aus Australien – er war 1882 seinem Bruder Max dorthin gefolgt – zurückgekehrt war, kaufte sie zusätzlich den »Gasthof zur Post« in Seebruck am Chiemsee für 65 000 Mark. Peter und seine Schwester Luise übernahmen die Posthalterei und betrieben mit der Mutter zusammen die Gastwirtschaft. Die Schwestern Käthi und Bertha bewirtschafteten nach wie vor das Gasthaus in Traunstein. Es ist nicht mehr nachzuvollziehen, warum die Geschwister 1896 den Gasthof in Seebruck verkauften und den Pachtvertrag in Traunstein auflösten. Wahrscheinlich waren sie unfähig, ohne die tüchtige Mutter die Gastwirtschaften zu betreiben.

Peter war damals 30 Jahre – er wanderte erneut nach Australien aus –, Marie 34, Katharina 26, und Bertha 21 Jahre alt, und alle waren unverheiratet. Dazu kam noch die knapp 70-jährige Viktor. Und nun lagen sie dem 29-jährigen Ludwig auf der Tasche, der sich gerade entschlossen hatte, Anwalt in Dachau zu werden. Er übernahm mit der Fürsorge für die Geschwister eine selbstauferlegte Verpflichtung. Sie hielten ihm nämlich des Öfteren vor, dass die für sein Studium angefallenen Kosten ihre eigene Ausbildung verhindert hätten. Allerdings hatten die Schwestern Katharina und Bertha als junge Mädchen die »Lehr- und Erziehungsanstalt der Englischen Fräulein« in Altötting beziehungsweise Aschaffenburg besucht.

Im Oktober 1894 war die Entscheidung für eine Anwaltskanzlei in Dachau gefallen. Voll Überschwang informierte Thoma seine Schwester Marie:

München 16. Oktober 1894
Liebe Marie!
Morgen erfolgt mein Einzug in Dachau; ich stehe nun zum erstenmal in eigenen Schuhen und muß das Schwimmen probieren. Was hätte wohl Mamale gesagt, und welche Segenswünsche hätten meinen Anfang begleitet. […] Ich werde, wenn die Praxis sich macht, im November 1–2 Tage zu Dir kommen. Diesmal stelle ich eine Bitte an Dich. Kaufe auf meine Kosten – ich schicke Dir sofort das Geld – ein Schwein und lasse es suren und räuchern. Ich habe mir ausgerechnet, daß ich um das Dreifache billiger lebe, wenn ich öfter zu Hause esse, und lieber ist es mir auch. Lasse es so herrichten wie damals im November 91. Du wirst vielleicht lächeln über meine Bitte, aber ich fange halt jetzt meinen eigenen Hausstand an.

Das »Weibervolk«

Ab September 1895 konnte Thoma es sich leisten, die Viktorl nach Dachau zu holen, damit sie ihm den Haushalt führe. Sie kam mit Freuden. War es ihrer Meinung nach zwar keine Stelle wie einstens beim Oberförster in der Vorderriß, so war es doch immerhin eine im ersten selbstständigen

Haushalt des »Herrn Doctor«, den sie schon als Kind auf dem Arm getragen hatte. In Dachau galt sie als »d'Frau Mutter« des Rechtsanwalts, die sie ja altermäßig hätte sein können. Neben der Hausarbeit betätigte sie sich auch als »Empfangsdame« in der Kanzlei. Da sie grundsätzlich für die kleinen Leute eintrat, war sie für die ratsuchenden Klienten so vertrauenserweckend, dass sie bei Abwesenheit des Rechtsanwalts gleich die Vorgespräche führte. Thoma ließ von ihr auch Schreibarbeiten ausführen, was sie als besondere Auszeichnung ansah. Zum Viktorl gesellten sich in Dachau dann auch noch Thomas Schwestern Marie und Bertha sowie die Haushaltshilfe Liesl.

Für Thoma begann nun eine »stille, liebe Zeit«: umsorgt von vier Frauen. Seine häusliche Situation schilderte er seinem Freund, Assessor Frankl, wie folgt:[15]

Nach längerer Pause fühle ich den Drang in mir, Ihnen ein Lebenszeichen zu geben. [...] Wenn in unserem stillen Wohnzimmer in Dachau die alten Bekannten Revue passieren, es geschieht das fast alle Tage, so marschieren Sie stets an der Tete. Die weiblichen Bestandteile meines Hauswesens geben Ihnen wohl ab u. zu einen der anderen Halbgötter z. B. Huber, Dr. Jäger, Hardt an die Seite; für gewöhnlich marschieren jedoch Sie allein voran, der gemischte Haufen hinterdrein. – Wir leben sehr ruhig; ich habe mich wieder in die Rolle des einzigen Hahnes im Hühnerhofe, selbstredend ohne weitere Vergleiche, eingelebt u. fühle mich erstaunt, wie wohl einem so viel Fürsorge tut. Als pater familias gehe ich pünktlich jeden Abend aus, während das Weibervolk sich mit lausteigen vergnügt. Unsere Gespräche haben ihren Mittelpunkt in mir, so daß jegliche Frage erst gelöst erscheint, wenn ich das Maul aufgetan habe. Der kleine Krieg zwischen Victors u. Marie ist im Erlöschen begriffen u. ist nur mehr ein kleines Plänkeln, welches seine Richtung auf meinen Beifall nimmt. Die alte Viktorl hat reichliche Gelegenheit, die sämtlichen Erlebnisse aus ihrem nur anscheinend ruhigen Leben zu erzählen. Sie begann damit am 3. September, u. obwohl sie jeden Tag eine Reihe von sich gibt, ist sie heute doch noch nicht fertig, ja es scheint nicht einmal, als ob irgend eine merkliche Verringerung dieser Fülle eingetreten wäre. Die Verwandten u. Bekannten von Victorl müssen eine ganz erstaunliche Vielseitigkeit besessen haben, da auf jede Situation des täglichen Lebens, der häuslichen Arbeit irgend ein Sinnspruch der Familie Pröbstl citiert werden kann.

Die beschriebene Idylle mit dem »Weibervolk« darf allerdings nicht darüber hinwegtäuschen, dass sich der inzwischen 29-jährige »brummige Junggeselle, Wirtshäusler und Leseratz« nach einer Ehefrau sehnte. Er hatte zwar in seiner Münchner Zeit einige Affären gehabt, doch in Dachau schien es für ihn schwierig zu sein, junge Damen kennenzulernen. So gab er 1896 Bekanntschaftsanzeigen auf oder antwortete auf Heiratsannoncen in Zeitungen. Unter dem 13. Dezember notierte er im Tagebuch:

Reger Briefverkehr mit Wien. Reizend mit Frl. Ida. Pikante schl[anke] Wiener Dame; ebenso Frl. Magda. Frau Martha, eine sehr j[unge]. Wittwe schreibt sehr energisch; elegisch ein Frl. Reder. Ich versuche noch Annäherung an e[ine] g[ewisse] Renee, R. W. bis jetzt ohne Erfolg.[16]

Und sechs Tage später, am 19. Dezember, findet sich der Eintrag: »Die Wienerinnen bombardieren mich mit Briefen.«

Unterstützung der Geschwister

Schon Anfang 1896 hatte sich der Personenstand des Haushalts geändert. Die beiden Schwestern waren nach München gezogen. Sie wurden spielend von Viktorl ersetzt. Die »moderne Scheherezade« ließ nun sämtliche Schongauer Märchen an der Haushaltshilfe Liesl aus. Thoma fühlte sich als untaugliches Objekt für die Schönheit von Viktorls Erzählungen, denn er verfolgte eine Geschichte, die er schon drei- bis viermal erzählt bekommen hatte, beim fünften Mal nicht mehr mit der gebührenden Spannung.

Viktorls Bewunderung für ihren Schützling wuchs ins Unermessliche, als dieser an einem strahlenden Maitag zur Feier des 25. Jahrtags des Frankfurter Friedens auf dem Marktplatz in Dachau eine Ansprache an die Veteranen hielt. Sie stand an einem Fenster des Zieglerhauses und vergoss Tränen der Rührung und hatte nur den einen Wunsch, dass dies alles Thomas Mutter noch hätte miterleben dürfen.

Die beiden Schwestern konnten inzwischen unter denkbar günstigen Verhältnissen eine »Pension« in München erwerben. Thoma freute sich, dass sie damit auf eigenen Füßen stehen konnten. Sie hatten dort mit vornehmen Leuten zu tun, »die sie gleichstehend mit größter Liebenswürdigkeit behandeln. Bertha hat reizenden Anschluß gefunden u. wird die diversen Traunsteiner u. Seebrucker Ecken abschleifen, was dann einen prächtigen Edelstein abgeben wird.«[17]

Marie und Bertha hatten in der Arcisstraße 41 das Erdgeschoss und den ersten Stock gemietet. Somit waren die beiden Frauen nur Zimmervermieterinnen, betrieben also keine gewerbliche Pension. Das ganze Unternehmen dauerte nur ein knappes Jahr. Marie erkrankte so schwer, dass sie in die nahegelegene Privatheilanstalt »Josephinum« gebracht wurde, wo sie am 15. Juni 1897 mit knapp 37 Jahren verstarb.

So ganz klar ist die Geschichte mit der Pension nicht. Denn einmal schrieb Thoma, dass er seiner älteren Schwester Marie eine Pension gekauft und nach deren Tod »ziemlich alles« verloren habe, ein anderes Mal teilte er seiner Cousine Ricca Lang mit, Viktoria Pröbstl habe ihr »kleines Vermögen« an Maria geliehen und nicht mehr zurückbekommen.

Bertha war nach dem Tod der Schwester kurze Zeit Haushälterin bei einem Apotheker in der Liebigstraße und führte dann ab Oktober 1897 zusammen mit Viktorl ihrem Bruder Ludwig den Haushalt, der inzwischen in München in der Augustenstraße 19/1 im Gartenhaus wohnte. Er hatte am 1. April 1897 seine Kanzlei in Dachau aufgegeben und sich für München entschieden. Dies wiederum konnte Viktorl beim besten Willen nicht verstehen. Sie litt sehr darunter, dass der »Herr Doctor« mit seinem sorgenfreiem Leben in Dachau nicht zufrieden sein wollte. »Die Jahre in Dachau brachten Ludwig Thoma ein geistiges Kapital ein, an dem der Dichter und Satiriker sein Leben lang zehrte.«[18]

Die große Freude des Jahres 1897 war für Thoma das Erscheinen seines ersten Buchs mit dem Titel »Agricola. Bauerngeschichten«. Die Schriftstellerei begann ihm schon seit 1896 mehr Freude zu bereiten als die Anwaltstätigkeit. Thoma entdeckte sein »Phäakengemüt«, und wenn er nicht auf seine Geschwister hätte Rücksicht nehmen müssen, hätte er längst schon alles leichten Herzens aufgegeben, um Schriftsteller zu werden, was er dann ja auch im September 1899 tat. Nach dem Verkauf seiner Rechtsanwaltspraxis zog er in zwei möblierte Zimmer in der Lerchenfeldstraße 5. Für Viktor und seine Schwester Bertha mietete er ein kleines Haus in Allershausen und unterstützte beide mit monatlich 180 Mark.

Seine 31-jährige Schwester Katharina verheiratete sich am 22. Juni 1899 mit dem aus Langenstadt, königliches Bezirksamt Kulmbach, stammenden protestantischen Adam Hübner (*27. Mai 1868), der als Stationskommandant in Allershausen lebte. Als Trauzeugen fungierten die Gendarmen Georg Kammerl und Johann Küspert. In der Standesamtsurkunde wurde als Wohnsitz von Katharina Thoma vor ihrer Eheschließung Schwarzenbach an der Saale angegeben. Offensichtlich war sie dort »in Stellung« gewesen und hatte in Franken ihren Mann kennengelernt. Die verwitwete Kathi starb 1958, kurz vor ihrem 90. Geburtstag, im Krankenhaus in Egenhofen bei Fürstenfeldbruck.[19]

Die Schwägerinnen Jenny und Gertraud

Max Thoma kam am 18. Juli 1901 mit seiner englischen Frau Jenny, den vier Buben sowie Bruder Peter nach Deutschland zurück. Die Heimreise hatten Ludwig Thoma und die gute Viktoria Pröbstl mit ihren letzten Ersparnissen finanziert. Ludwig Thoma brachte die Heimkehrer erst einmal bei Viktor Pröbstl und Schwester Bertha in Allershausen unter. Doch das ging gründlich schief, da Viktor in Jenny eine »drohende Gefahr für ihre oberherrliche Gewalt in Allershausen« sah. Viktor schuftete von morgens um 6 Uhr an, und Bertha half so fleißig, dass sie gleich »etliche 10 Pf[und].« abgenommen hatte. Es dauert nicht lange, da hatten Viktor, Bertha, aber vor allem die in Allershausen lebende Käthi, den Bruder mit seiner Familie so verärgert, dass Ludwig Thoma nun seine Cousine Ricca Lang in Oberammergau bat, für Max und dessen Familie dort eine Bleibe zu finden, was dann auch geschah. Thoma, der damals in Berlin weilte, machte in einem Brief vom 27. November 1901 seinem Herzen über die ganze Angelegenheit Luft und Schwester Käthi kam dabei gar nicht gut weg:

> *Daß Max Dir nicht schreibt, ist mir nicht recht – aber lb. Viktorl, sei mir nicht böse, wenn ich Dir was sage. Ich schrieb es auch an Käthi. Es wäre vieles anders geworden, wenn Käthi nicht schon die ersten 8 Tage mit ihrer Krittelei angefangen hätte. Max kam mit hochgespannten Erwartungen und Gefühlen herüber und fand sofort strenge Kritik und Tadlerei …*
> *Mit der Zeit, altes Viktorl, wird das schon sich bessern und glätten, aber ich verstehe, daß Max etwas bitter gegen Käthi ist. Ich gebe Dir auch darin*

recht, daß Jenny nicht die Perle aller Hausfrauen ist. Ich selbst habe immer Besorgnis gehabt, daß Du mir zu viel arbeitest und ich habe mich im Stillen geärgert, wenn Jenny sich bedienen ließ. – Aber ich sah darin bloß einen Anlaß, recht bald eine Änderung herbeizuführen. Reden und kritisieren bessert die Sache nie wenn in Gottesnamen die Mutter seiner vier Buben nicht Tag für Tag wie ein Schulmädel an alle möglichen Pflichten erinnern. Denke doch einmal nach, wie fürchterlich empfindlich Käthl ist gegen jeden noch so harmlosen Scherz auf ihren Adam.
Was hätte sie gesagt, wenn Max ihren Mann mit so offenbarer Abneigung und Feindseligkeit angeschaut und angeraunzt hätte, wie Käthl dies der Jenny tat. Ich habe auf Nadeln gesessen, wenn Käthi im Lehnstuhl saß und Jenny bei jeder Gelegenheit mit ihren Blicken durchbohrte und halblaute Randbemerkungen machte, die Max recht wohl hörte. Er schwieg. Und gerade das war für ihn das Schlimmste.
Er fühlte sich als Bettler behandelt. Wenn er unsere Hilfe nicht gebraucht hätte, würde er sich mit Käthi schon verstanden haben.

Max und Jenny fühlten sich nicht wohl in Deutschland. Thoma meinte, dass die Sehnsucht seines Bruders nach Australien »lediglich das Heimweh von Jenny ist«; dazu hatte Thoma eine seltsame Erklärung:

Wenn Jenny Heimweh hat, ist es begreiflich; ihre Pflicht ist, dies Max zu verbergen u. sich in der Heimat ihres Mannes u. ihrer Kinder, die drüben gar keine Zukunft hatten, einzugewöhnen.
In dem Punkt gibt es bei mir keine Anwandlungen von Weichheit. Max hat seiner Frau die schönsten Lebensjahre geopfert, er hat Jahre lang in den unangenehmsten Verhältnissen gedient, alles weil er J. heiratete. Nun mag sie einigermaßen abtragen, indem sie ihm die alte Heimat wohnlich macht.

Daran, dass es Max in Australien beruflich zu nichts gebracht hatte, war ganz sicher nicht seine Frau schuld. Der unverheiratete Peter lebte dort auch nur als Gelegenheitsarbeiter.

Im Juni 1902 mietete sich Thoma mit seinem gesamten Familienclan beim Sixt-Bauern in Finsterwald zur Sommerfrische ein. Thoma gefielen seine vier »australischen« Neffen sehr. »Ich fühle mich ordentlich stolz als

Onkel dieser verflucht guten Rassenhunde [...] wundervolle stramme Bengels [...].« Doch schon am 3. August verließ Max mit seiner Familie wieder die Heimat und wanderte nach Austin bei Winnipeg in Manitoba / Kanada aus; später zogen sie nach San Diego in Kalifornien.

In einer für Thoma schwierigen Zeit, seinem vergeblichen Ringen um Maidi von Liebermann, heiratete sein 55 Jahre alter Bruder Peter am 26. November 1919 Gertraud Günther, die protestantische, berufslose Tochter des in Leipzig lebenden Telegrafensekretärs Max Günther.

Schon Anfang November 1919 hatte Thoma Maidi mitgeteilt, dass er bei Peters Hochzeit nicht dabei sein werde. »Ich will mit diesen Leuten nichts zu thun haben. – Sächsische Ratzen.« Er bekräftigte sogar ein weiteres Mal, dass er von der Hochzeit keine Notiz nehmen werde:

Das ist hart, Maidi, oder sieht hart aus. Ich mag nicht lügen u. will keine Berührung mit dieser Familie.
Ich nehms bitterer als ich Dir sagen möchte.
18 Jahre habe ich Peter als erwachsenem Menschen ein Heim gegeben, nie merkte er, daß es mir zu viel war ... Und jetzt als alter Kerl heiratet er diesen Firmling, diesen Schulfratzen, und setzt sich einfach hin als Ehemann.
Er wird u. soll erfahren, daß man mit dem Leben nicht Schindluder treibt.
Von der Familie kommt mir nie jemand auch nur zum flüchtigsten Besuch ins Haus. Ricca [= Ehefrau von Thomas Cousin Guido, d. Vf.] sagte mir heute am Telefon, daß Peter erst heute seine Dummheit besiegelt. Er soll liegen, wie er sich bettet.

Peters Frau war am 3. November 1899 in Markdorf bei Überlingen geboren und somit 35 Jahre jünger als er. Sie lebte vor ihrer Heirat zusammen mit ihrer Schwester zur Untermiete bei Familie Kleinmeyer in Tegernsee. Dorthin zog auch Peter nach seiner Verheiratung. Nur ein paar Tage nach der Hochzeit, am 7. Dezember 1919, kam ihr Sohn Maximilian zur Welt.

Die Ehe von Peter und Gertraud hielt nur bis zum 7. April 1924. An diesem Tag meldete er sich in Tegernsee wieder ab und zog erneut nach Rottach, wo er bereits am 22. Mai des gleichen Jahres verstarb, erst 59 Jahre alt. Er ruht unweit seines Bruders Ludwig am Friedhof von Rottach-Egern.

Gertraud Thoma stand mit Maidi von Liebermann in Kontakt.

Am 30. März 1924 sandte sie ihr folgendes Dankesschreiben:

Erlaube mir ihnen meine Rechnung zu schicken, deren Begleichung Sie übernehmen wollen. Haben Sie tausend Dank im voraus, und ich versichere Ihnen hiermit nochmal, daß ich Ihre Großmut in der Weise nicht wieder in Anspruch nehmen will. Gnädige Frau, Sie verhelfen mir durch Ihre Güte und Entgegenkommen zum Beginn eines neuen Lebens. Ich will jetzt gern arbeiten, um mir Ihr Vertrauen u. Ihre Zuneigung wiederzugewinnen. Bübchen läßt Ihnen durch mich Alles Gute wünschen!
Trude Thoma

Gertraud Thoma verließ Tegernsee am 23. September 1925 und zog mit ihrem Kind nach München. Sie verschied dort am 25. März 1976. Ihr Sohn Max starb am 8. Juli 1988 ebenfalls in München.

Trauer um die »Pflegemutter«

Zum Jahresende 1902 zog Trauer in die Herzen der Thoma-Familie ein. Die »liebe, herzensgute Pflegemutter« Viktoria Pröbstl schloss am 21. November ihre Augen für immer. Drei Tage vorher hatte sie noch an der Seite »ihres Herrn Docta« die Uraufführung der »Lokalbahn« im königlichen Residenztheater in München erlebt und das anschließende Festbankett im Hotel »Vier Jahreszeiten« so sehr genossen, dass sie bis morgens um 5 Uhr mitfeierte. Nach diesem für sie einmaligen Erlebnis erkrankte sie an Herzwassersucht, von der sie sich nicht mehr erholte. Thoma übernahm die Kosten, die für die ärztliche Behandlung angefallen waren, ebenso wie die der Beerdigung. Da er gerade in großer Geldnot war, bat er seinen Verleger Langen um Hilfe. Doch dieser zögerte, was Thoma unendlich ärgerte. Langen hatte immerhin schon 25 000 Bücher von Ludwig Thoma gedruckt und die erbetenen 500 Mark waren für diesen eine Kleinigkeit. Thoma reagierte entsprechend heftig auf Langens Brief:

Glauben Sie, daß der Meßner von Allershausen, der noch mehr von der Hand in den Mund lebt wie Sie, oder daß die Leichenfrau und die Sargträger sagen: in Paris lebt der Verleger Albert Langen. Da hat es keine Noth … Wenn ich –

wo alle Leute mich im Erfolg sehen – nicht einmal das zalen kann, was jeder Taglöhner als Ehrenschuld sofort tilgt, wenn ich dadurch bei den nächsten Bekannten in Mißkredit komme«, so überlege er sich ernsthaft, einen anderen Verleger zu suchen. Dann wäre er innerhalb 24 Stunden seine finanziellen Sorgen los und könnte »obendrein den Vorwurf abwälzen, daß ich mich und das Andenken meiner alten Pflegemutter in den Augen der kleinen Dörfler heruntersetze.«[20]

Der Tod der geliebten »Pflegemutter« fand in Thomas Tagebuch Eingang:

Die alte Viktor ist nicht mehr gesund geworden. Am Freitag 21. Nov. Abends 10 h 10' verschied sie sanft und resignirt, wie sie gelebt hatte. Um 4 h kam ich hinaus, sie hatte immer nach mir verlangt, und dem Pfarrer gesagt, sie wolle auf mich warten mit dem Sterben. Wir tranken Caffee zusammen; sie versuchte, mir noch ihre Freude über meine Ankunft zu zeigen. Aber die Züge ihres alten lieben Gesichtes gehorchten ihr nicht mehr. Am 24. haben wir sie begraben, und ich bin jetzt allein. Die Kindererinnerungen sind tot; ich habe niemand mehr, der mir davon erzählt. So uneigennützige Liebe kann ich nicht mehr finden und was noch kommt, wird einsam sein.

In Thomas Lustspiel »Witwen« (1901) trägt die Haushälterin Gertraud deutliche Züge von Viktoria Pröbstl, der er damit ein literarisches Denkmal setzte.

Berthas »Säsonghotel«

Im Mai 1905 hatte Thoma seine spätere Frau Marion kennengelernt und sie im September von Berlin zu sich nach München in die Franz-Joseph-Straße 9/11 geholt. Jetzt mit Marion wollte er jedoch den »Pfarrerhaushalt« mit Schwester Bertha nicht mehr weiterführen. Es war »nischt«. Doch damit verlor Bertha ihre Tätigkeit, was Thomas Freund Ignaz Taschner in Berlin sehr beunruhigte. Thoma meinte: »Das Schicksal meiner Schwester darf Helene u. Dich nicht beunruhigen. Ich lasse sie nicht im Stiche. Freilich verlange ich, auch zu ihrem Vorteile, daß sie was thun soll. Lernt sie was, bes. Ordnung, dann kann ich ihr vielleicht bald eine selbständige Sache

Ludwig Thoma auf einem Faschingsfest der »Simplicissimus«-Künstler in München 1906: Am Boden vorne sitzend Verleger Albert Langen; unter den sitzenden Damen: Helene Taschner (ganz links), Frau Paul (in der Mitte), Marion (ganz rechts); die Herren hinten stehend (v.l.n.r.); Ignatius Taschner, Ferdinand von Rezniček, Eduard Ziegler (?), Rudolf Wilke, Hans Casper Gulbransson, Eduard Thöny, Joseph Wackerle, Ludwig Thoma, Bruno Paul, unbekannt, unbekannt, Eduard Beyrer.

verschaffen.« Schließlich konnten die Taschners Bertha eine Stelle in einem Haushalt in Berlin vermitteln, die sie jedoch nur kurze Zeit inne hatte.[21]

Lieber Nazi,
daß Bertha ihre Stellung so bald verlor, hat mich überrascht. Ich hoffe, daß sie nicht schuld daran ist. Nicht wegen des Geldes, aber wegen der Zukunft von Bertha überhaupt. Ich habe immer die Befürchtung, daß sie nirgends aushält; sie fängt Alles mit Eifer an, aber, u. s. w.
Ich bin Dir u. Helene herzlich dankbar, daß ihr euch um sie angenommen habt. Sie soll euch aber nicht zur Last fallen u. wenn sie herunten was anfangen will, frisch zugreifen.
Das Faullenzen thut kein gut. Wenn sie noch Geld zur Reise braucht, soll sie schreiben.
Dich u. Helene bitte ich auch um Bekanntgabe eurer Auslagen. Ich will

Bertha schreiben, wenn ich dazukomme. Aber ich habe so verdammt wenig Lust zu väterlichen Briefen u. auch keine rechte Zeit.

Diesen Brief schrieb Thoma am 27. Februar 1906; nur zwei Monate später gingen folgende Neuigkeiten über Bertha nach Berlin:

München 7.5.1906
Bertha will jetzt in Kochel ein Sommerhotel mit »dirigieren«. Das Mädel macht mir viel Nachdenken. Es liegt in ihrer Art, alles anzufangen und nichts durchzuführen.
Natürlich lasse ich sie schwimmen, aber ich glaube, daß ich nie die Freude habe, sie etwas tüchtiges schaffen zu sehen. Ihr Probieren kostet damisch Geld; die 70 M[ar]k an euch habe ich nicht vergessen. Ich sende es Helene bei der besten Gelegenheit.

Sehr erstaunt war Thoma, dass Bertha das Sommerhotel länger als nur ein paar Tage als Arbeitsplatz ansah. Doch dann war wieder Schluss, denn:

Bertha ruht z. Zt. in Finsterwald aus. Sie hat merkwürdigerweise 3 1/2 Monate in Kochel ausgehalten u. ist darauf wahrscheinlich so stolz, wie Einer, der das ganze Anno 70 mitgemacht hat. Sie plant, wie mir scheint, nächstes Jahr selbst ein Säsonghotel zu pachten. Mir soll es recht sein; bloß Geld riskiere ich nicht. Indem eine solche Spekulation diverse Bedenken erregt. Wenn Bertha eine Sommerwirtschaft hat, denkt sie dabei nur an den Winter, den sie hinterdrein großartig verleben könnte.[22]

Als sich Bertha Ende Oktober 1906 immer noch von ihrer »Säsongarbeit« ausruhte, wurde es ihrem Bruder, der damals eine sechswöchige Haftstrafe in Stadelheim verbüßte, endgültig zuviel. Er bat diesmal in einem langen Schreiben Thinka Ganghofer, die Frau seines Freunds Ludwig, um Hilfe:

Bertha macht mir wieder einmal Sorgen, sie hockt bei der Rosa, läßt den lieben Gott einen guten Mann sein und dreht die Daumen über ihrer Körperfülle. Ich bin viel schuld durch meine Nachgiebigkeit. Aber ich stell sie jetzt ein. Ich schrieb Bertha, daß sie bis längstens 1. Dez. einen Platz hat; wenn

nicht, muß sie sehen, was sie selber anfängt. Ich lasse sie einfach hängen, um sie zur Arbeit zu zwingen.
Du kannst Dir denken, daß Marion u. ich da ziemlich ratlos sind; ich muß mich an eine erfahrene Frau wenden. Und da komme ich zu Dir.
Weißt Du, wenn Bertha nur unterkommt; in der Küche in einer Anstalt, in e. Etablissemant, oder wo immer. Das Honorar spielt keine Rolle; denn, wenn sie arbeitet, unterstütze ich sie herzlich gerne. Du hast so viele Bekannte; ich denke an Borscht, Pschorr u. a. Bertha soll keine selbständige Stellung haben, das übersteht sie nicht. Sie soll bloß in drei Teufels Namen ihre Pratzen beschäftigen. Wenn sie unter einer guten, wenn auch strengen Person stünde, das wäre das Beste.
Sie kocht gut, ist anständig und gutmütig, hat Manieren. Wenn sie da nicht auf Lohn sieht, muß sie doch unterkommen. Ich schrieb ihr, daß ich Dich mit dieser Bitte angehe; lasse sie bitte rufen (Leopoldstr. 71) wasche ihr den Kopf u. wenn es Dir nicht zu viel Mühe macht, versuche sie unterzubringen. Man muß sie mit Zwang aus der Lethargie reißen. Ich würde mir wirklich Vorwürfe machen, wenn ich ihr noch länger durch Nachgeben die Mittel zum bummeln verschaffen würde.

Unter Mithilfe von Frau von Kaulbach gelang es Thinka Ganghofer, »die geschupfte Jungfer« – wie Uroma seine Schwester nannte – bei einer Familie Aster unterzubringen. Er bedankte sich sehr für Thinkas Mühe. Für Bertha hoffte er, dass sie keinen dämlichen Hochmut an den Tag lege, weil die »königlichen Oberförsterstöchter sich auch bloß mit nützlicher Arbeit Achtung erwerben«. Außerdem sollte sich Bertha nun ein klein wenig vorstellen, wie schwer ihre gute Mutter mit den beiden Gasthäusern zu arbeiten hatte. Thoma gestand seiner Schwester zu ihrem Lohn ein wöchentliches Taschengeld von 12,50 Mark zu. Er hoffte sehr, dass sie davon wenigstens 4 bis 5 Mark auf die Sparkasse legte; außerdem ersuchte er sie, nicht zu rauchen und sich einige Zeit des Alkohols zu enthalten. Um Berthas Situation zu festigen, hielt er es für angemessen, sich selbst bei ihrer neuen Herrschaft vorzustellen. Thoma wollte nun endlich seine Schwester selbstständig durchs Leben gehen sehen. Sie war schließlich 33 Jahre alt und ging dem jungen Glück – Marion und Ludwig – gehörig auf die Nerven.

Bertha hielt wieder nicht lange durch, denn sie war wenig später Hausdame bei Hofrat Friedrich von Hessing (1838–1918) in Rothenburg ob der Tauber. Dort lernte sie dessen Neffen Maximilian Zurwesten (1872–1962) kennen, den sie am 17. April 1908 heiratete. Bei der Eheschließung waren Ludwig Thoma und Hofrat von Hessing, damals schon ein berühmter Orthopäde (unter anderem auch Erbauer der Kuranstalten in Bad Reichenhall und Rothenburg), Trauzeugen. Maximilian Zurwesten, der in England als Koch und Hotelier ausgebildet worden war, leitete zusammen mit Bertha das »Kurhotel Wildbad« in Rothenburg ob der Tauber, das seinem Onkel Friedrich von Hessing gehörte.

Im März 1909 besuchte Ludwig Thoma seine Schwester in Rothenburg. Über sie und ihren Mann schrieb er an seinen Freund »Nazi« Taschner:

Bertha ist eine ruhige, heitere, u. fleißige Frau geworden, lebt sehr glücklich u. hat alle Jungferdummheiten abgelegt. Ein Segen, sag ich Dir. Ihr Mann ist so, daß Du Dich schief lachen könntest.
Sehr brav, aber ein Spießer u. ein Frank! Er sagt immer »Bärschla [= Bürschlein, d. Vf.], *ich mech«* [mache] *u. s. w.*
Wie ich mir die wundervollen Hausthüren in Rothenburg anschaute (die schönsten Renaiss. u. Barockmuster) ließ er mich keinen Augenblick in Ruhe u. zeigte mir bald einen Hotelier, bald einen Magisteratsrath, der vorbeiging. »Da schau hin. Da ist der Bloß, der Herr Karl Bloß. Das Berschla war zuerscht Koch im Strauß in Närnberch [= Nürnberg, d. Vf.] *hernach war er Oberkellner im Grüne Baum in Wiesbaden, hernach ist er zweiter Chef geworden im Kurhotel in Ems, u. jez hat er selber a Hotel. Das Berschla hat Geld gemecht.« Solche Unterhaltungen habe ich 1 1/2 Tage lang geführt. Mei Liaba! Aber dann bin ich ausgekratzt, obwohl mir Rothenburg großartig vorkam.*[23]

Bertha wurde Mutter von drei Kindern. Von ihrer Tochter Marie Louise war zu lesen, ihr Vater habe sich bei der Eheschließung in »sehr guten finanziellen Verhältnissen« befunden. Ihre Mutter hatte ihr erzählt, dass sie beim Tod ihrer eigenen Mutter das ihr zustehende Erbe nicht bekommen habe. Es sei von ihrem Bruder Ludwig verwaltet worden. Als ihr Mann Maximilian das Erbe 1913 von Ludwig Thoma in Rottach rückfordern wollte, habe sich dieser verleugnen lassen.

Nach den wenigen noch vorhandenen Briefen zu urteilen, scheinen sich die Geschwister wenig geschrieben zu haben. Thoma fand überhaupt, »daß sich Geschwister riesig wenig zu sagen haben. Das gegenseitige Interesse aneinander behandelt man als etwas so selbstverständliches, daß man nie davon spricht.«

In Ludwig Thomas Sterbejahr, 1921, lernte seine Geliebte, Maidi von Liebermann, Bertha und Maximilian Zurwesten bei Ricca Lang in Oberammergau kennen. Berthas Mann gefiel ihr wohl überhaupt nicht, denn Thoma antwortete auf einen ihrer Briefe:

Von dem greußlichen Kerl, dem Zurwesten muß du ja einen schönen Horror gekriegt haben. Das Vieh ist hochmütig wie jeder dumme Hotelboy, dadurch hält er nirgends aus. Wenn sie zu mir kommen, kriegen sie was zu hören. Das ist heute so gewissenlos, einfach Stellung aufgeben. Das Rindvieh das einfältige.

Kurz bevor sich Thoma im August 1921 ins Krankenhaus zu einer Magenoperation begeben musste, hatte er noch seine Schwester Bertha in Rothenburg ob der Tauber besucht. Vom Krankenhaus aus bat er dann sie sowie Schwester Käthi, ihn zu Hause zu pflegen, worüber noch zu berichten sein wird – ebenso wie über Thomas Vermächtnis an seine Geschwister.

Berthas Ehe zerbrach. Sie starb verarmt am 6. März 1938 in München. Sie ruht im Grab ihres Bruders Peter zusammen mit ihrer 1973 verstorbenen Tochter Katharina am Friedhof von Rottach-Egern.

VERLEGERSGATTIN DAGNY BJÖRNSON-LANGEN – »DIESE DURCHGEISTIGTE, WUNDERVOLLE FRAU«

Der Verleger Albert Langen verpflichtete Ludwig Thoma zum 1. November 1899 als literarischen Mitarbeiter an der satirischen Zeitschrift »Simplicissimus«. Von 1898 bis 1903 lebte Langen im Exil in Paris; er hatte wegen Majestätsbeleidigung Deutschland verlassen müssen. In seiner Vertretung unternahm seine Frau Dagny Björnson-Langen (1876–1974) sehr viele Reisen nach Berlin und München, um dort in den Redaktionen und im Verlag nach dem Rechten zu sehen.

Dagny Björnson-Langen war die einzige Frau, die sich mit Thoma damals kritisch auseinandersetzte. Thomas Theodor Heine schrieb über sie: »Es genügte ihr nicht, eine der schönsten und elegantesten Frauen Münchens zu sein, sie spielte auch in der Redaktion des Simplicissimus eine Hauptrolle und wachte eifrig darüber, daß niemand den Weg des guten Europäers verließ. Als echte Tochter ihres Vaters haßte sie das Spießbürgerliche und Rückschrittliche und wußte, ihre Meinung durchzusetzen. Alle verehrten diese durchgeistige wundervolle Frau. Nur Ludwig Thoma, der später in den Kreis des Simplicissimus trat, hatte ein robusteres Frauen-Ideal und intrigierte mit Erfolg gegen sie.«[1]

Arthur Holitscher schwärmte: »Wir Jungen ergaben uns gerne Frau Dagnys liebenswürdiger Tyrannei. Sie liebte es und forderte, angebetet zu werden. In Wirklichkeit waren gar nicht so wenige von uns ziemlich in sie verliebt.« Er schilderte ihre eigentümliche Schönheit: »Das rotblonde Haar, die blaßblauen Augen mit den schneeweißen Wimpern und dem spöttischen Ausdruck. Sie entwaffnete und eroberte und war zugleich ein inspirierendes Phänomen!«[2] Dagny, die Tochter von Björnstjerne Björnson, dem Nobelpreisträger für Literatur, galt übrigens »als das schönste und klügste Mädchen Skandinaviens«.[3]

»herzliche Grüße von Ihrem enfant terrible«

Der erste Beitrag, den Ludwig Thoma für den »Simplicissimus« schrieb, sorgte sogleich für eine Verstimmung in der Redaktion. Thoma verfaßte unter seinem Pseudonym »Peter Schlemihl« das Gedicht »Bekenntnis« (siehe dazu auch S. 225), in dem er sich über Frauenrechtlerinnen »derb und persönlich diffamierend«[4] ausließ.

Besonders über die letzte Strophe des Gedichts zeigten sich Dagny Björnson-Langen, ihr Mann und der Redaktionsleiter Korfiz Holm bestürzt:

Sie taugen nichts im Hause, nichts im Bette.
Mag Fräulein Luxemburg die Nase rümpfen,
Auch sie hat sicherlich, – was gilt die Wette? –
Mehr als ein Loch in ihren woll'nen Strümpfen.

Auch bei der ersten Veröffentlichung Thomas im Verlag Albert Langens kam es zu einem Eklat. Das von Thoma im April 1900 herausgegebene Album »Der Burenkrieg« wurde eine Woche nach dem Erscheinen von den Münchner Polizeibehörden mit einem Schaufensterverbot belegt. Eine der Geschmacklosigkeiten in Thomas' Album war die Zeichnung »Heldenverehrung« des Satirikers Thomas Theodor Heine mit der Unterschrift: »Englische Prinzessinnen überreichen dem jüngsten Soldaten der britischen Armee das Viktoriakreuz, weil er, obgleich erst dreizehn Jahre alt, bereits acht Burenfrauen vergewaltigt hat.« Königin Viktoria von England (1819–1901), die »etwas fette, schwabbelige Queen, [...] dieses filzige, geizige, lausige alte Frauenzimmer« sowie deren Sohn wurden so heftig angegriffen, dass Dagny Björnson-Langen Thoma vorhielt:

Alles, wie derb es auch sei, darf gesagt werden, wenn es gut und originell gesagt wird. Und da ist noch etwas: Das in dem burenalbum war nicht gut genug, deswegen auch nicht erlaubt (z. b. den brief an Mary). Mein Gott, Sie trauen mich doch nicht zu, daß ich will, daß Sie zierlich auf die engländer und sonstige ungeheuer tupfen sollen ... ich finde ihre ansichten kurzsichtig. Sie greifen die Queen u. ihren sohn immer persönlich an, und machen sie dafür verantwortlich, was geschieht. Statt umgekehrt: Das volk ist *dafür verantwortlich welche leute es zu seiner regierung hat. Suchen Sie den grund alle diese jetzt geschehene sachen* tiefer. *Es liegt in der heuchelei der englischen nation, in ihre mischung von bibel und habgierde, daß alles was sie thuen mit falschen namen genannt wird, weil sie zu heucheln erzogen sind. Wäre das Volk anders, hätte sie auch andere representanten. (Der heuchelpastor Chamberlain, dieser überläufer!) Da sollen Sie angreifen, daß würde ein grösserer zug geben. [...] Sie wäre aber anzugreifen, weil sie eine* frau *ist, weil sie eine mutter ist, weil sie* kinder *geboren hat, daß sie dann erlaubt daß söhne anderer mütter misshandelt und getödtet werden. Keiner ihrer söhne und enkel sind im kriege.*[3]

Ludwig Thoma hatte in seinem Schlemihl-Gedicht »Englands Frauen« das Vorgehen der Briten gegen Frauen und Kinder im Burenkrieg aufgegriffen und die Gefühllosigkeit der weiblichen Mitglieder des englischen Königshauses stark angeprangert. Das unmenschliche Vorgehen der Briten stieß selbst in England auf herbe Kritik. »Hat sie einmal den Mund geöffnet, um die scheußlichen Mißhandlungen an den Burenfrauen zu hindern?«, fragte Thoma mit Recht seinen Verleger Langen, der ihn immer wieder zu Mäßigung gegenüber der englischen Königin anhielt.[6]

Zum Tod der Queen sandte Langen an Thoma einen entsprechenden Zeitungsausschnitt. Thomas Kommentar lautete: »Die geschmacklose Rohheit auf den Tod der Queen habe ich dankend erhalten. Nicht wahr, Frau Langen, da sind wir doch bessere Menschen?«[7]

In dem Schlemihl-Gedicht »An Hollands Königin« wird Wilhelmina (1880–1962) zur positiven Gegengestalt der englischen Königin stilisiert. Um nicht wieder von Dagny Langen angegriffen zu werden, scheint Thoma sie in der letzten Strophe des Gedichts gleich um Verzeihung zu bitten: »Verzeih die bösen Worte mir, du Reine! / Ich weiß es selbst, ich war schon wieder grob, / es macht mich zornig, daß ich das Gemeine, / das heißt old England vor dein Bildnis schob.«[8]

Da Dagny Björnson-Langen sich Thoma gegenüber immer wieder empört zeigte wegen dessen Grobheiten und persönlich diffamierender Angriffe sowohl in seinem Gedicht über Frauenrechtlerinnen als auch im »Burenalbum«, rechtfertigte sich Thoma mit den beiden folgenden Briefen an die Verlegersgattin in einer Art und Weise, die der Adressatin, der Norwegerin – »der Ausländerin« –, wohl manchen Schauer des Entsetzens verursacht haben dürfte:

München, den 20.4.1900
Liebe Frau Langen! Um einen Brief zu beantworten, der mich so herzlich freut, wie der Ihrige, finde ich noch immer Zeit. Lieber gehe ich nicht zum Essen. Ich finde Ihre Ansicht über meinen Burenkrieg sehr richtig. Als Dame und Ausländerin konnten Sie nicht anders urteilen.

Als Dame – nun werden Sie nicht bös – können Sie an wirklicher Satire keinen Gefallen finden. Für die Satire ist Derbheit die allererste Grundbedingung. Die sog. »feine Satire« geht vielleicht in der Form von Nadelstichen, Bosheiten, Geistreichereien in einem Salon; an der rauhen Luft, welche draußen im politischen Leben weht, sehen diese Zierpflänzchen kläglich aus; sie ertragen das weiße Sonnenlicht nicht. Lieber schweigen, als so zierlich auf Dinge, welche das Blut in den Kopf treiben, hintupfen.

Das, was Sie mir empfehlen, tut Ostini in der Jugend. Er kitzelt seine Gegnerchen, und zeigt mit seinem Püppchenspiel, daß er sich beinahe etwas getraut hätte.

Ich bin meines Wissens doch für das, was Sie wollen. Dreinhauen, daß die Fetzen fliegen. Meinen Sie, ich würde an beruflicher Stelle mich scheuen, dem ganzen ... Gesindel die Wahrheit zu sagen. Aber alles an seinem Platze. In einer satirischen Publikation muß ich spotten ...

Was folgt daraus für eine Lehre? Doch nicht die, daß wir eine notwendige Satire auf den Salonton herabstimmen und dadurch schwächen? [...]

Dann habe ich noch als Deutscher ein Zitat auf der Pfanne. Goethe sagt »im Deutschen lügt man, wenn man höflich ist«.

Nach dieser gelehrten Abhandlung schließe ich. Ich fühle mich sehr grob und bemühe mich interessant auszusehen ...

Recht herzliche Grüße auch an Herrn Langen von Ihrem enfant terrible

München, den 28.4.1900
Sie tun so viel zu meiner Besserung, daß ich die schreckliche Arbeit mache u. mit lateinischen Lettern schreibe. Das wird mir sehr weh tun, und dabei verlangen Sie, daß ich recht gescheit sprechen soll.

Ich will versuchen, wie ein Advocat zu schreiben, 1.2.3tens um Ihnen recht zu imponieren.

1.) Warum Sie als Dame eine derbe Satire nicht lieben? Sagte ich »verstehen«? Dann soll es in lieben, sympathisieren verändert werden.

Sie haben natürlich sofort eine frauenfeindliche Bemerkung darin gesehen. Sie können es nicht vergessen, daß ich die Strümpfe von Frl. Luxemburg kritisierte. Aber glauben Sie mir, ich war im Recht; diese giftige, kleine polnische Jüdin hat Löcher in den Strümpfen. Ich wette mit Ihnen 12 Taschentücher (Wann bekomme ich sie?)

Also 1.) als Dame behagt Ihnen nicht die derbe Satire. Das ist nicht Verstandes- sondern Gefühlssache. Sie haben auch gar nicht das Bedürfnis nach einer Derbheit. Anders z. B. ich. Mir frißt die Politik an der Leber. Spreche ich darüber, dann überkommt mich ein Zorn, der Sie wie meine Satire befremden würde.
Eine Frau kann nicht so hetzen, hoffentlich nicht. Sie haben auch keinen Grund dazu; Sie fassen den Krieg ganz anders auf, echt weiblich. Für Sie ist er das Unglück, das Unmenschliche. Sie sehen Menschen jämmerlich sterben in der Blüte der Jugend, und Sie empfinden Mitleid und Entrüstung.
Und nun will ich Ihnen sagen, wie ich darüber denke, u. sehen Sie keine Phrase in meinen Worten.
Der Krieg an sich gefällt mir. Jawohl! Ich wäre glücklich, könnte ich dabei sein. Von einer Gefahr in die andere, Anstrengung, Überwindung jeder körperl. Bequemlichkeit, jeder Tag neu gewonnen; Herrgott, dieses Leben hat Inhalt, und wenn ich Ihnen noch mehr davon schwärme, halten Sie mich für einen Kerl, der sich interessant machen will. Und doch täten Sie mir Unrecht und würden es glauben, wenn Sie mich kennen möchten. Ehrliche Feindschaft auf Tod und Leben, und treue Kameradschaft, ich glaube nicht, daß es etwas Schöneres gibt. Also bemitleiden tue ich die Buren nicht; ich beneide sie. Jeder von diesen prächtigen Bauernkerls hat schöner gelebt wie wir alle.
Darf ich Ihnen gestehen, daß ich tausendmal lieber ein tot geschossener Kornett wäre, als der lebendige Rothschild in Paris? Oh ja, Frau Langen, ich muß als Deutscher schon einmal Phrasen machen, und allgemeine Sinnsprüche schreiben. Jagd & Krieg halte ich für die schönsten Dinge. Und ich glaube, daß alles besser ist, als ein langweiliges Wohlleben ...
Nun kommt das Kapitel II. »Ausländerin«.
Von mir aus könnten die Engländer sich mit den Russen oder Franzosen herumraufen, so viel sie wollten. Würden sie gegen ein kleines japanisches Volk kämpfen, gehörten vielleicht meine Sympathien auch den Angegriffenen. Aber sie fechten gegen niederdeutsche Bauern, jetzt ist die Sache persönlich. Ich hänge leidenschaftlich an den Burschen, warum? Ich weiß es nicht. Wohl weil Blut dicker wie Wasser ist ...
Sie beurteilen unser ganzes Heft anders als wir, lb. Frau Langen, wir wollten keine durchdachte politische Satire, wie wir das im Simplic. anstreben, wir haben alles in Kampfesstimmung gemacht. Es soll die Buren freuen u. die Engländer ärgern ...

Soeben erhalte ich den Brief von Herrn Langen. Es freut mich, daß er mit dem Schreiben an Hesse zufrieden ist und ich hoffe, daß diese fade Kiste gut hinausgeht. Es ist schrecklich, mit einem solchen Jesuiten wie Hesse ist, den Diplomaten spielen zu müssen.
Bei jedem Worte, das er spricht oder schreibt, muß man die versteckte Meinung suchen.
Hätten wir ganz freie Hand gegen ihn, dann wollte ich ihn kujonieren, bis er die Wand hinaufliefe. Aber so! Es schmerzt, wenn man nicht grob sein darf …
Ich schließe meinen Band Weisheit; stärke Sie, der über uns wohnt, beim Lesen! […]
PS. Das mit der Luxemburg ist doch so!

In Thomas Skizze »Morgenbesuch« im Heft »Burenkrieg« wurde Eduard, Prince of Wales, auch in der Zeichnung von Rudolf Wilke als dick, dumm und genusssüchtig, als Lebemann mit zahllosen Frauenaffären dargestellt. Dagny Langen tadelte Thoma erneut: »Aber was der Herr in seinem Schlafzimmer thut geht ihn und seinen Kammerdiener an. Es ist zu niedrig für uns.«[9]

Bereits am 26. Mai 1900 fragte Thoma bei Langen an: »Was sagt Frau Langen zu Mafeking? Ich bin gemüthskrank, und wenn es so weiter geht, mache ich Bombenattentate in Gedanken.« Drei Wochen später meinte Thoma zu Dagny Björnson-Langen: »Unsere Freude über Mafeking ist Essig gewesen; es war doch gut, daß wir keinen Champagner tranken.«[10]

Am 18. Juli 1900 ging Thoma auf die seit 1887 durch Paul Heyse ausgelöste Auseinandersetzung um Heine-Denkmäler in Deutschland ein:

Na, ja! Ihren Ausschnitt aus der Frankfurter Zeitung habe ich mit Vergnügen gelesen. Ich möchte Papa Björnson sehen, wenn ein Norweger nach Deutschland übersiedelte, hier vom Staate eine mit gar nichts motivierte Pension von 4800 Mk. bezöge, und dann so über Norwegen herginge, wie Heine es über sein »geliebtes« Deutschland that.[11]

Thoma bezog sich darauf, dass Heinrich Heine von 1840 bis 1848 von der französischen Regierung eine Jahrespension von 4800 Francs erhielt.

Wegen der Wortwahl »Papa Björnson« bekam Thoma Probleme mit dessen

Tochter. Auf einen von ihr leider nicht mehr erhaltenen Brief rechtfertigte sich Thoma folgendermaßen:

München, 1. August 1900
Liebe Frau Langen!
Für Ihren Brief sage ich Ihnen verbindlichen Dank. Vielleicht hätte mich Ihr Repriment – es war doch eines – weniger gekränkt, wenn ich nicht auch sonst etwas verärgert gewesen wäre.
Ich habe mich in Zürich oft im Stillen gefreut, wenn Sie von Ihrem Vater erzählten; es lassen sich darüber nicht viele Worte machen; ich wüßte nichts Roheres, als Jemanden in der Verehrung und Hochachtung für die Eltern kränken.
Und ein Zweites dürfen Sie auch glauben, Sie können einem Manne, der auf sich hält, nicht nähertreten, als wenn Sie ihm zu verstehen geben, daß er vorlaut den Anstand verletzte. Das hat etwas sehr Demüthigendes an sich, man kann es nicht hinunterschlucken. Heute glauben Sie mir wohl, daß ich das Wort Papa nicht in unpassender Vertraulichkeit gebrauche.
Dann sind Sie mir auch nicht mehr böse.
Mit freundlichen Grüßen
Ihr sehr ergebener
L. Thoma[12]

Auch die Faschingsnummer des »Simplicissismus«, 1901, erregte das Missfallen von Frau Langen. Das Titelbild war von Bruno Paul und zeigte ein heftig flirtendes Paar, im Hintergrund einen schmierigen älteren Herrn. Die Unterschrift von Ludwig Thoma lautete: »Hören Sie auf, hören Sie auf! Sehen Sie denn nicht, daß uns der unanständige Mensch dort fortwährend beobachtet!« In Berlin stieg die Verkaufsauflage um 3000 Stück, im übrigen Deutschland auf 1200 Exemplare. Thoma schrieb an Dagny Langen am 12. Februar 1901 aus München:

Herzlichen Dank für Ihre Zuschriften, auch für den entrüsteten Brief über Nr. 48. Sie finden die Faschingsnummer nicht witzig, ich auch nicht. Der Teufel soll die Redouten holen, und die Witze über Redouten! Wissen Sie was über diese aus- u. abgedroschene Tanzerei? Ist ja immer das nämliche.
In der Nr. 48 finde ich nur zwei Sachen gut: Bierbaums Gedicht mit Heine's

Vignette – und Paul's Titelblatt. Das ist gar nicht eklig, sondern nach meinem Dafürhalten künstlerisch sehr fein. Pikant ist es nicht, dazu steht Paul viel zu sehr über dieser ekligen Sache; aber die ganze Gemeinheit, der »heiteren Ausgelassenheit« unserer Mitbürger ist darin famos gegeißelt. –

»Warum kriege ich nie mehr eine Zeile von Frau Langen?«

In seinen »Theater- und Literaturbriefen« vermied Thoma meistens persönliche Angriffe. Richtig grob wurde er jedoch in einem Schreiben an Dagny Björnson-Langen vom 19. April 1901, in dem er sich über die Leitung des Münchner Hoftheaters äußerte:

Es ist ein völlig abgehaustes Pack, keine Freude an der Kunst, kein Interesse, nur Intrigen auf Orden, Titel. Sie möchten nicht glauben, was jetzt im Residenztheater gegeben wird. Wiener Volksstücke, Possen von Blumenthal, Trotha; schreckliches Zeug von Journalisten, z. B. ein Drama von Rökinghof, Redact. der »Neuesten Nachrichten«! Paul Lange wieder aufzuführen, lehnte Possart ab; es zieht nicht mehr, schrieb er mir.[13]

Ernst Ritter von Possart (1841–1921), Schauspieler und unter anderem von 1893 bis 1905 Generalintendant der königlichen Hofbühnen, zählte Thoma eigentlich zu den großen Schauspielern des Hoftheaters. Im Brief an Dagny Langen nannte er ihn aber einen »Häuserspeculanten und abgefeimten Gauner«. Thoma ärgerte sich über Possarts etwas undurchsichtige Rolle bei den Grundstücksverhandlungen zum Bau des Prinzregententheaters.

Im November 1901 fragte der damals in Berlin weilende Thoma bei seinem Verleger Langen in Paris an: »Warum kriege ich nie mehr eine Zeile von Frau Langen?« Kurz darauf kam Frau Langen nach Berlin und blieb dort vom 8. bis 13. Dezember. Mit Thoma traf sie am 9. Dezember im »Hotel du Rome« zusammen. Gemeinsam mit Wilhelm Schulz besuchten sie eine Aufführung der Kleinkunstbühne »Schall und Rauch«. Ein weiteres Treffen zwischen Thoma und der Verlegersgattin fand am 11. Dezember im »Wintergarten« statt. Über Thoma berichtete sie ihrem Mann nach Paris: »Thoma arbeitet ja viel für sich, jetzt wohl beinahe nur für sich, aber er ist eben eine Persönlichkeit und repräsentiert.«[14] Von Berlin aus reiste Frau Langen weiter nach München, um dort in der Redaktion des »Simplicissimus« nach dem Rechten zu sehen. Thoma erhielt von München aus ziemlich massive Vorhaltungen, dass er zu wenig mit Th. Th. Heine zusammenarbeite, sich nicht mit ihm abspreche und dass trotz Thomas angeblicher Bemühungen die Auflage des »Simplicissimus« in Berlin nicht gesteigert werden konnte.

Daraufhin reagierte Thoma am 25. Dezember 1901 mit folgendem Brief:

Liebe und verehrte Frau Langen!
Ihr Brief hat mich völlig zerknirscht, aber ich will versuchen, mich zu verteidigen.
Ich schrieb nicht an Heine. Als ich den Brief anfing, sah ich Th. Th. [Heine, d. Vf.] vor mir. Er weiß, daß nie etwas ohne Absicht geschieht, und wenn er Absichten vermutet, wird er verstimmter als andere Menschen. Dann tut er sicher das Gegenteil [...]. Der zweite Vorwurf mit der Auflage. Ja, lb. Frau Langen, wer lebt nicht in der Hoffnung? Ich verweise auf Schiller [...]. Glauben Sie mir, daß ich viel darüber nachdenke, und oft darüber berate [...]. Kann ich dafür, wenn jede Anregung nach dem ersten Anlauf im Sande verrinnt? [...] Gott ja, ich war Optimist. Aber ich verspreche nur mehr Dinge, die ich selber in der Hand habe. Und verbleibe bis dahin als krummer Hund Ihr sehr ergebener
Ludwig Thoma

Im März 1904 lernte Thoma Dagnys Vater persönlich in München kennen. Die Redaktion des »Simplicissimus« gab aus Anlass der Verleihung des Nobelpreises für Literatur an Björnstjerne Björnson ein Diner im »Bayerischen Hof«. Damals zeigte sich Thoma sehr von Björnson eingenommen, wie dies Langen an seine Frau nach Paris berichtete: »Weißt Du, wer weitaus am meisten von Vater begeistert ist und fortwährend von ihm redet? Thoma! Du mußt ihn in seiner drastischen Mundart von dem ›feinen Oalten‹ sprechen hören, ›dös is oaner, dös is an ganz an wundervoller‹.«[15]

»bitte Sie zu glauben, daß ich Ihren Schmerz teile«

Die Ehe des Paares Dagny und Albert Langen zerbrach bereits im Exil in Paris. Auf Vermittlung von Dagnys Vater war die Norwegerin Josephine Rentsch (1881–1973) als Kammerzofe zur Familie nach Paris gekommen. Da sich zwischen ihr und Langen ein Verhältnis angebahnt hatte, blieb Dagny mit ihren zwei Söhnen in Paris, als ihr Mann im Frühjahr 1903 nach München zurückkehren konnte. 1905 war die Ehe endgültig gescheitert. Die Scheidung wurde jedoch infolge des plötzlichen Todes Albert Langens nicht mehr durchgeführt. Als dieser am 30. April 1909 mit gerade erst 39 Jahren die Augen für immer schloss, war Thoma sehr niedergeschlagen. Da er wieder einmal allein in seinem Hause auf der Tuften war, suchte er eine »Aussprache« in einem Brief an Ludwig Ganghofer. Er klagte ihm sein Leid, »denn allein trägt sich's schwer«. Der ausführliche Brief über die enge Bindung an Albert Langen steht in krassem Gegensatz zu dem äußerst knappen Kondolenzschreiben an Langens Witwe:

Hochverehrte Frau Langen!
Durch eigene Krankheit war ich abgehalten, Ihnen mein herzliches Beileid auszusprechen. Ich habe den Schlag selbst schwer empfunden und bitte Sie zu glauben, daß ich Ihren Schmerz teile.
Mit hochachtungsvollen Grüßen
Ihr sehr ergebener
Ludwig Thoma

Josephine Rentsch erbte als Langens Lebensgefährtin ein Drittel des Gesamtvermögens. Als die Witwe das Testament ihres Mannes anfocht, kam es 1910 zwischen ihr und Josephine zu einem Vergleich. Dass Ludwig Thoma dabei als juristischer Berater Josephine Rentsch zur Seite stand und nicht etwa Dagny Björnson-Langen, mit der er doch jahrelang eine so enge Verbindung hielt, ist eigentlich unerklärlich. Oder war dies etwa Thomas späte »Rache« an der emanzipierten Verlegersgattin, die ihm ja immer kritisch gegenübergestanden und ihn oft genug zurechtgewiesen hatte?

Dagny Langen heiratete 1913 in zweiter Ehe den französischen Industriellen und Literaten Georges Sautereau.[16] Ob Thoma ihr im weiteren Leben noch einmal begegnete, ist nicht bekannt. Nach München kam Dagny noch oft. Sie blieb nämlich Hedwig Pringsheim (1855–1942), Thomas Manns Schwiegermutter, lebenslang sehr freundschaftlich verbunden.

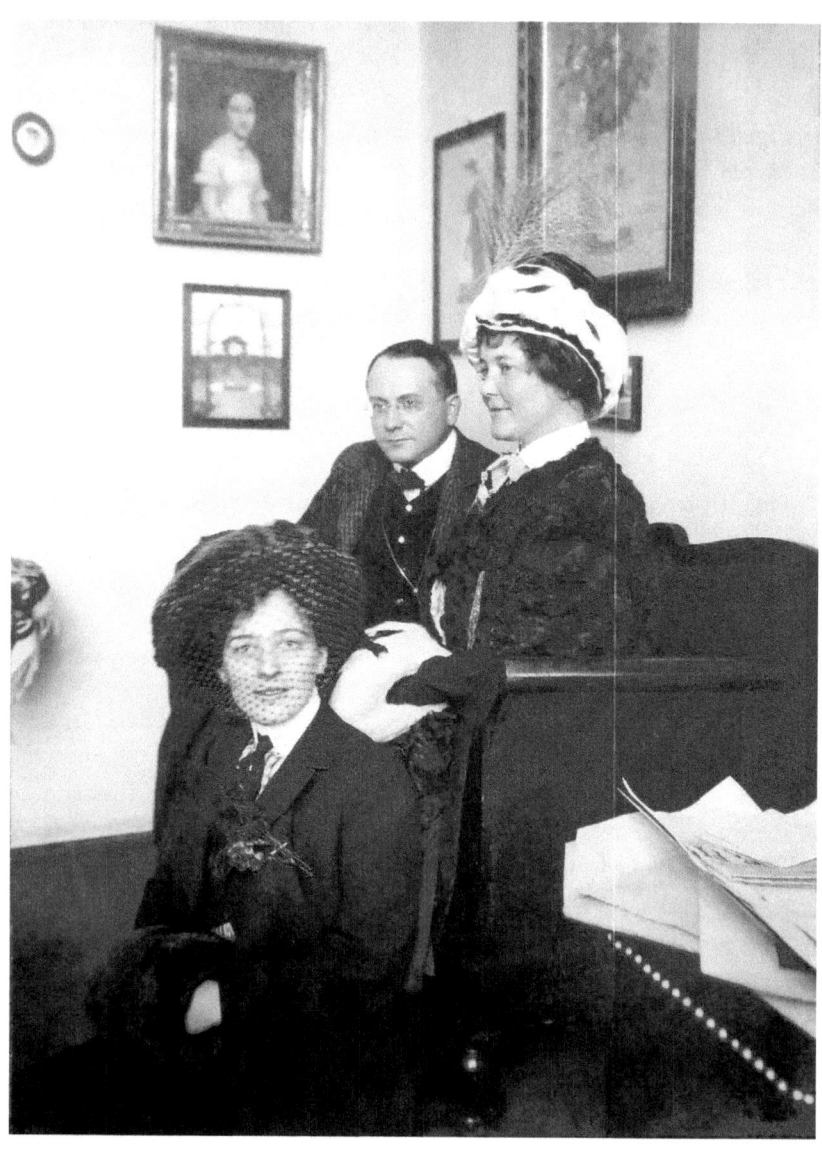

Thomas Verleger Albert Langen mit seiner Frau Dagny Björnson-Langen. Davor sitzend deren Zofe Josefine Rentsch, die spätere Geliebte des Verlegers.

LITERARISCHE MITARBEITERINNEN BEIM »SIMPLICISSIMUS«

Clara Viebig, Mia Holm und andere »aufgestapelte Schundgeschichten«

Im August 1899 hatte sich Ludwig Thoma bei Albert Langen in einem ausführlichen Brief für die ihm in Aussicht gestellte Anstellung als literarischer Mitarbeiter bedankt und gleich seine Meinung zu einigen Veröffentlichungen im »Simplicissimus« kundgetan. Er schrieb unter anderem:

Ich habe heute in Nr. 20 die Novelle der Clara Viebig gelesen; sie steht auf derselben Höhe wie die Arbeiten der oft vertretenen Else Meyer und anderer Frauenzimmer. Ich finde das Zeug entsetzlich widerlich. Miserable Diktion, hysterisches, unwahres Empfinden und saudumme Erfindung. Diese Damen winseln sich heute noch – also zwanzig Jahre zu spät – mit einer Kontrast- und Elendmalerei ab, daß es zum Himmel um Rache schreit. Ich glaube nicht, daß in Deutschland eine solche Leutenot herrscht, daß man solche Arbeiten aufnehmen muß.[1]

Thoma war es aufgefallen, dass im vierten Jahrgang des »Simplicissimus« besonders viele Aufsätze von Frauen stammten, die die emanzipatorisch-oppositionelle Frauenliteratur des Naturalismus vertraten. Neben den genannten Clara Viebig und Else Mayer waren die Autorinnen Clara Blüthgen (Pseudonym Clara Eysell-Kilburger), Mia Holm, Amalie Skram, Martha Asmus sowie Anna Wolff vertreten. Was diese verfasst hatten, galt für Thoma nicht als Literatur, sondern als gerade noch geeignet für die »Gartenlaube«. Allerdings bemerkte Thoma viele Jahre später in seinen »Erinnerungen«: »Wieviel Freude brachten damals [in seinem Elternhaus in der Vorderriß, d.Vf.] die illustrierten Wochenschriften [...] und die ›Gartenlaube‹ in das Försterhaus.« In diesem Zusammenhang sei erwähnt, dass Thoma 1920 durchaus bereit war, seinen Roman »Jagerloisl« der »Gartenlaube« als Vorabdruck anzubieten![2]

Clara Viebig (1860–1952) war unter den Mitarbeiterinnen des »Simplicissimus« wohl die herausragendste. Sie trat 1897 mit ihrer Novellensammlung »Kinder der Eifel« hervor. Ihr Werk zeigt einen an Emil Zola geschulten konsequenten Naturalismus, mit dem sie in großem sozialen Engagement das Leben einfacher Menschen und deren Verbundenheit mit der heimatlichen Scholle schildert.[3]

Auch die französische Schriftstellerin Jeanette Marni (1854–1910), Gründerin der Wohltätigkeitsanstalt »Oeuvres des libérées de St. Lazare«, publizierte im »Simplicissimus«, bis man ihrer mit großer psychologischer Beobachtungsgabe geschriebenen Erzählungen überdrüssig wurde. Angeblich wuchs sie »jedem zum Halse raus«. Thoma meinte: »Marni ist sehr lang, und witzlos. Diese Dialoge sind schon etwas langweilig geworden; die meisten gehen ohne Pointen aus.«[4]

Albert Langen dürfte eher amüsiert auf Thomas Kritik reagiert haben, zumal er am 15. September 1898 von dem damaligen Redakteur des »Simplicissimus«, Korfiz Holm, über Thoma zu hören bekam: »Zudem steht er in seinem literarischen Urteil auf dem Standpunkt eines Nachtwächters; er erklärt, um nur ein Beispiel zu nennen, alles für Dreck, was ein Frauenzimmer geschrieben hat.«[5]

Selbst Gedichte von Mia Holm, immerhin die Mutter des Redakteurs Korfiz Holm, durften auf Thomas Veranlassung im »Simplicissimus« bald nicht mehr abgedruckt werden. Die Prosabeiträge von Frauen stufte Thoma als »aufgestapelte Schundgeschichten« ein, deren Veröffentlichung er nicht mehr zuließ.

Lediglich mit der Schriftstellerin, Schauspielerin und Dramaturgin Charlotte Birch-Pfeiffer (1800–1868) setzte sich Thoma zu deren 100. Geburtstag gezielt auseinander und wies die an ihr geäußerte Kritik zurück.[6]

Eigenartigerweise schlug Thoma am 8. Juni 1900 dem Herausgeber Albert Langen dann doch drei Frauen als Mitarbeiterinnen für den »Simplicissimus« vor: Schirmacher, Schubin und Hillern.[7]

Dr. Käthe Schirmacher (1865–1930) war Frauenrechtlerin und Sozialpolitikerin, Mitbegründerin des »Bundes fortschrittlicher Frauenvereine« (1899) und des »Weltbundes für Frauenstimmrecht« (1904). Sie gehörte 1918 bis 1920 für die Deutschnationale Volkspartei der Weimarer Nationalversammlung an.

Hinter dem Namen der von Thoma ebenfalls empfohlenen Ossip Schubin verbarg sich Aloisia Kirchner (1854–1943), eine tschechische Schriftstellerin, die unter ihrem Pseudonym zahlreiche Salonromane und Novellen über die elegante Gesellschaft verfasste.

Wilhelmine von Hillern, geb. Birch (1836–1916), Tochter von Charlotte Birch-Pfeiffer, schließlich war Schauspielerin und Schriftstellerin. Sie wurde einem breiten Publikum bekannt durch ihren in der »Gartenlaube« erschienenen Roman »Aus eigener Kraft« und berühmt durch ihren bis heute gelesenen Roman »Die Geyer-Wally. Eine Geschichte aus den Tiroler Bergen« (1875). Thoma notierte in der Autorenvorschlagsliste an Albert Langen neben ihrem Namen: »Diese Dame kitzle ich wie eine Feldgrille heraus.«[7] Wilhelmine von Hillern hatte 1899 ihrem Schweizer Verlagsbuchhändler Thoma als »Weltwunder« empfohlen und ihm einen »furchtbar liebenswürdigen Brief voll Komplimente« geschrieben (s. S. 183). Die Schriftstellerin lebte von 1886 bis 1911 in Oberammergau.[8] Dort erinnert heute noch das »Hillernschlössl« und eine Straße an sie.

Was Thoma allerdings dazu bewog, ausgerechnet die drei genannten Schriftstellerinnen Schirmacher, Schubin und Hillern als Mitarbeiterinnen des »Simplicissimus« zu empfehlen, ist nicht mehr nachzuvollziehen, denn Käthe Schirmacher beispielsweise gehörte ja zu den von ihm ansonsten so gehassten Frauenrechtlerinnen. Sie forderte unter anderem 1905 in ihrer Schrift »Die Frauenarbeit im Hause, ihr ökonomische, rechtliche und soziale Wertung«, dass Hausarbeit bezahlt werden muss.[9]

Ossip Schubin wird – allerdings in heutigen Literaturlexika – als »wertlose Vielschreiberin« bezeichnet. Und vom Talent der Schriftstellerin Wilhelmine von Hillern hielt Thoma selbst auch nicht viel: »Der Geyer-Wally werde ich lieblos gedenken«, meinte er im Zusammenhang mit einem in Berlin zu haltenden Vortrag bei »Rentier Fürstenberg, einer (!) der reichsten B. [Berliner, d. Vf.] Juden«, über bayerische Volksliteratur. »Es wird so ziemlich alles, was B. an semit. Millionären und Millionärinnen hat im Salong (!) Beisammensein. Sie baten mich durch den Redakteur der fränk Zeitg. darum, u. mir macht es Spaß, ihnen zu sagen, was Kunst und was Kitsch ist.«[10]

WEIBERHELD ODER WEIBERFEIND?

Hanna Sachs – »Also blieb noch die Ehe«

Einer der Stammgäste in dem von Mutter Thoma 1892 erworbenen Gasthof »Zur Post« (mit Postmeisterei) in Seebruck am Chiemsee war der Königliche Bauamtsassessor Jakob Frankl (1854–1919). Er freundete sich mit der Familie an und der um zwölf Jahre jüngere Ludwig wurde zu seinem Schützling. Ihm half er nicht nur aus ständiger Geldnot – vor allem während dessen Rechtspraktikantenzeit in München –, »sondern zollte ihm auch für die ersten schriftstellerischen Versuche uneingeschränkte Anerkennung«.[1]

Ludwig Thoma bei einer Kahnpartie auf der Alz mit Gästen aus Nürnberg: Hanna Sachs, in die sich Thoma verliebte, deren Mutter, Frau Kommerzienrat Mathilde Sachs, Ludwig Thoma, Hannas Bruder Bertram und Schwester Lina (v. l. n. r.), um 1892.

Zu den Logiergästen der »Frau Postmeister« Thoma gehörten von 1892 bis 1894 auch der reiche Nürnberger Getreidehändler Commerzienrat Carl Sachs mit seiner Gemahlin Mathilde, dem Sohn Bertram und den Töchtern Lina (spätere Frau Macco) und Johanna (spätere Frau Kröck).

Frankl hatte nun bemerkt, dass sich zwischen »Hannchen« und Ludwig Thoma eine starke Zuneigung entwickelte. Thoma arbeitete zwar zu dieser Zeit als Praktikant im nahegelegenen Traunstein, besuchte aber sehr oft seine Mutter. Er unternahm dann Wanderungen mit den Damen Sachs und lud sie zu Kahnpartien ein. Während der Sommerfrische 1892 wurden von den Gästen viele Fotos gemacht, die Ludwig Thoma dann – unter anderem mit einem Gedicht versehen (das leider nicht erhalten ist) – nach Nürnberg sandte und für die sich Hanna mit folgendem Brief bedankte:

Sehr verehrter Herr Doktor!
Große Überraschung und Freude verursachte Mittwoch Nachmittag, wir saßen gerade beim Kaffee, das große, umfangreiche Paket aus Traunstein. Lina und ich stürtzten uns nur so darauf und konnten es gar nicht schnell genug aufkriegen.
Ach wie gut und liebenswürdig Sie sind! Ich dachte zuerst, Sie hätte uns diese schöne Mappe nur zur gefl. Ansicht geschickt, bis mich Ihr schönes Brieflein aufklärte! Seien Sie nur beruhigt, wir freuen uns namenlos und ganz ohne trübe Nebengedanken! Wir waren fast stumm, starr und sprachlos vor Freude und Überraschung! Hätten Sie nur alle unsere fröhlichen Gesichter gesehen. Papa und Mama sind ganz begeistert, erstens von Ihrer Liebenswürdigkeit, dann Ihr ungeahntes Dichtergenie, und Papa auch noch über Ihre schöne, altdeutsche Schrift, die man einem Juristen kaum zutrauen könne.
Nein, es ist wirklich zu reizend, die Bilder haben so großen Wert für uns, ich möchte sie für Nichts in der Welt mehr hergeben. Sie werden uns immer an den heurigen, fröhlichen, schönen Sommer erinnern. Und nun Ihre zarten, schönempfundenen Verse!
Ich fühle mich höchst geehrt und danke auch ganz besonders, daß Sie so viele an mich verschenkt haben. Der Bürschi, die Hex und das Cenzei sind der Kinder Entzücken! Wir sind von jedem Bild entzückt und freuen uns furchtbar. So nehmen Sie denn unseren aufrichtigen, tiefgefühlten Dank in Gnaden auf! Wir werden beim vielen Ansehen fleißig und dankbarst stets Ihrer gedenken ...

*Es grüßt und dankt vielmals
Ihre Johanna Sachs*²

Am 9. April 1895, also drei Jahre nach diesem Schreiben, beantwortete Ludwig Thoma in Dachau einen Brief Frankls, in dem dieser ihn wohl ermuntert hatte, Hannchen zu besuchen. Er schrieb unter anderem:

*Ihr Rat betreff Nürnberg war gut; allein ich denke mir immer, wie soll ich meine Anwesenheit motivieren. Zum direkten Vorgehen gab mir Frl. Hannchen niemals Veranlassung.
Und doch wird mir nichts anderes übrigbleiben. Die Sache ist am Ende auch einen verfehlten Versuch wert. Sie sehen, ich bin ein großer – Zweifelsscheißer.*³

Ein Jahr später forderte Assessor Frankl Ludwig Thoma erneut auf, doch nach Nürnberg zu fahren. Thoma meinte dazu am 6. Februar 1896:

*[...] allein wat sall ik dorbei dauhn?
Ich habe einen wirklich netten Neujahrsbrief an Papa u. Tochter geschrieben. Natürlich keine Anspielung! Aber ich gab ihnen den Faden in die Hand, an dem sie nur zucken dürften u. ich probierte mein Glück. Was erhielt ich? Von Papa einen Dank von der Art, wie er ihn wohl autographiert an seine Gerstenlieferanten schickt u. die Anzeige, daß er Commerzienrat geworden ist. Von der Tochter keine Spur! Ich erwartete keinen Brief; aber wenn Schwiegerpapa z. B. geschrieben hätte: »meine Tochter H. dankt ebenfalls für Ihre Wünsche«, so hätte dieser kurze Satz mir genügt – d. h. vielleicht. So aber gar nichts! Ist doch verdammt wenig!
Wenn ich den 100. Teil Aufmunterung erführe, wie von anderen mir nicht zusagenden Familien, würde ich heute Abend 7h 58' nach Nürnberg fahren. Aber abblitzen? Ne! d. h. Ich könnte die Sache wohl einmal beaugapfeln, aber ich gestehe offen, daß ich aus manchen Gründen Herrn S. für einen kleinen Protzen halte. Und das degoutiert mich höllisch.
Am Ende habe ich es nicht nötig, bei einem glücklichen Getreidemakler für einen Hungerleider zu gelten.
Doch, was weiß ich.
Vorläufig denke ich nicht viel darüber nach ...*⁴

Einmal fuhr Thoma dann doch nach Nürnberg, aber durch ein unglückliches Missverständnis endete »die sich anknüpfende Familienverbindung«, wie ein Neffe der Hanna Sachs später erzählte.

Ludwig Thoma verarbeitete diese Demütigung in seinem stark autobiografischen Stück »Als Referendar«, abgedruckt in der Nummer 25 des »Simplicissimus« vom 16. September 1902. Er stellt sich darin selbst als jungen, mittellosen Rechtspraktikanten vor, der durch die Heirat mit einer Tochter aus reichem Hause seine Situation ändern will: »Also blieb noch die Ehe. Sie ist heute das einzige Mittel, aus unseren Kapitalisten Geld herauszukriegen.« Dem Referendar hat es besonders die Büste der 16-Jährigen angetan, die beinahe so groß gewesen sei wie die der Hausmeisterin, »aber runder, schöner. Ich meine, nicht so wackelig«. Die Schwester des Referendars meint allerdings, das Mädchen habe sich Servietten in das Korsett gestopft. Schließlich wird der Rechtspraktikant bei einem Besuch als armes »Luada« vom Vater der Angebeteten mit einem Zehnmarkstück für immer verabschiedet ...[5]

28 Jahre später, kurz vor seinem Ableben, hatte Thoma die kleine Episode mit Hanna Sachs offensichtlich immer noch nicht vergessen. Denn am Donnerstag, dem 30. Dezember 1920, erschien im »Miesbacher Anzeiger«[6] der Artikel »Der Vertrag – Eine Geschichte aus früherer Zeit von Ludwig Thoma«. Sie handelt von einem königlichen Landesgerichtsrat Alois Eschenberger, »ein guter Jurist und auch sonst vom mäßigem Verstande [...]. Er war Junggeselle. Als Rechtspraktikant hatte er einmal die Absicht gehegt, den Ehekontrakt einzugehen, weil das von ihm ins Auge gefaßte Frauenzimmer nicht unbemittelt war, und da überdies die Ehelosigkeit schon in der lex Papia Poppaea de maritandis ordinibus[7] ausdrücklich mißbilligt erschien. Allein der Versuch war mit untauglichen Mitteln unternommen; das Mädchen mochte nicht; ihr Willenskonsens ermangelte, und so wurde der Vertrag nicht perfekt.

Alois Eschenberger hielt sich von da ab das weibliche Geschlecht vom Leib und widmete sich ganz den Studien.«

Diese letzte Aussage traf auf Ludwig Thoma allerdings nicht zu.

Frau G. – »Die Sache hat mich zum Weiberfeind gemacht«

Am 4. Juli 1901 zog der inzwischen 34-jährige Ludwig Thoma seinen Verleger Albert Langen wegen einer »Weibergeschichte« ins Vertrauen.[1] Er bat diesen um seinen Beistand in einer recht ernsten Sache, die – wie er schrieb – »für mich sans phrase Existenzfrage geworden ist«. Und weiter:

Die alte Geschichte, deren Details ich ja nicht zu erzählen brauche, und über die ich schweigen muß. Eine Verbindung, die mich seit einem Jahre schon drückte, und die jetzt mit ihren Folgen einfach unerträglich wurde. Unerträglich; ohne Übertreibung. Ich wüßte nicht, was ich thäte, wenn der unleidliche Zwang noch ein halbes Jahr mich quälte. Außerdem eine Gefahr, die mich täglich und stündlich bedroht. Es kann eine Dummheit passieren, die mich entweder ruinieren oder zeitlebens unglücklich machen müßte.

Ich habe keine Anlage zum Brutalsein, und bringe es nicht über das Herz, Jemanden weh zu thun. Aber dieses fortwährende Dulden einer Neigung, die ich nicht mehr erwidere, diese 1000 Lügen, Vorwürfe, Tränen haben mich in einen Zustand versetzt, der keine Steigerung mehr erträgt.

Was soll ich Ihnen aber lange von Weibergeschichten erzählen. Kurz und gut, die Sache ist heute so weit, daß ich entweder mit klaren Augen ins Verderben gehe – oder abbreche. Ohne Eclat, und Szene. Bei dem gegebenen Temperament wäre sonst das Schlimmste zu befürchten.

Es gibt bloß ein Mittel und das ist die Entfernung. Und dabei ersuche, oder nein ich bitte Sie um Ihren Beistand. Ich muß auf einige Zeit von hier fort. Ich habe hin und her überlegt, habe alles bedacht, bin auf alle Auswege und Pläne verfallen, aber es half nichts. Wenn ich einen Tag optimistisch genug war, zu glauben, ich könnte vielleicht die Operation hier machen, – die erste halbe Stunde Beisammensein zeigte mir, wie töricht der Gedanke war ...

Ich will nach Berlin, und mit Geheeb par distance auf einige Zeit die Redaktion führen. [...] Ich werde erst wieder leben, wenn ich von dem Drucke befreit bin und ich weiß, daß den Nutzen von meiner Gesundung zuerst und zuletzt das Blatt haben wird.

Es handelt sich nicht um eine solange Zeit. 4–5 Monate. Und ich bin wieder hier, als freier Kerl, so werden Sie sehen, daß wir das Blatt in einer Weise steigern, die Ihren Respekt abverlangt.

Bevor Ludwig Thoma am 1. Oktober dann tatsächlich nach Berlin verschwand, floh er bereits am 22. September wegen dieser »unerträglichen Verbindung« nach Wien.

Wer war nun die Frau, die ihn so liebte? Thoma bezeichnete in seinem Tagebuch die Dame, die er seit dem 16. Januar 1898 kannte, mit dem Kürzel »G«. Auch in seinem Schriftwechsel aus dieser Zeit taucht der volle Name dieser Frau nie auf. Seine Lieblingscousine Ricca Lang in Oberammergau rechnete schon mit einer Heirat, doch Thoma schrieb ihr: »Ich war nicht auf der Hochzeitsreise und der Fleiß ist nicht übermäßig ernsthaft. Ein bissel angebrennt bin ich schon.« Im April 1901 bekannte er: »Die Hohenzollernstraße wird mir eine rechte Plage, Langeweile und Überdruß.« Als Thoma im Mai 1901 von einer Radtour, die ihn durch das Neckar- und Rheintal bis nach Berlin führte, zurückkam, erwartete ihn völlig überraschend seine Geliebte, der er vor seiner Abreise das Ende der Beziehung schon gestanden hatte, am Bahnhof. Im Tagebuch notierte er:

G. am Bahnhof. Vergrämt, schrecklich vergrämt. Mir sind die Folgen unklar ich befürchte Manches. Daheim ++^{2}. Will verbergen, daß die Sehnsucht groß war; aber es bricht immer wieder durch. Mich rührt es und verstimmt mich doch dabei. Quo vadis? ... Ich komme nicht aus der Katerlaune. Heimweh nach den schönen Berliner Tagen und der goldenen Freiheit. Aber das Losreißen ist unendlich schwer. Immer ein Gefühl gemischt aus Anhänglichkeit, Gewohnheit und Mitleid.

Sogar seine alte Kindsmagd Viktoria Pröbstl, der er zeitlebens verbunden blieb, war in dieses Liebesdrama eingeweiht. Am 30. Oktober vermerkte Thoma in seinem Tagebuch: »Jetzt, wo ich Aussicht habe, in die Höhe zu kommen; Mittel zum schönsten Leben zu erringen, zu reisen u. meinem Heimweh nach den Bergen Genüge zu thun – jetzt ist mir der Zustand der Sklaverei so verhaßt, daß ich mit jedem Mittel mich frei machen würde.« Drei Wochen später heißt es in einem Brief an seine Cousine Ricca Lang:

»Ich habe kein Verständnis mehr für die Konvention, welche den bürgerlichen Ehepaaren erlaubt, sich tagtäglich zu quälen u. zu verärgern – und nur bei größeren Trauerfällen gemeinsam zu rotzen.« Vieles habe in seinem Leben dazu beigetragen, dass er dem germanischen Gemütsleben verloren ging und ein krasser Egoist wurde, der »auf dieser kleinen Erdkugel bloß ein sehr behagliches u. ungestörtes, ungeniertes wenn auch sündhaftes Leben sucht.«

Viktoria Pröbstl bekam es mit der Angst zu tun, dass Thoma in Berlin »pappen bleibe«, das heißt heirate:

Darüber kannst Du ruhig sein. Ich habe jetzt kennen gelernt, wie herrlich das Reisen und die Freiheit ist; ich werde mir lieber die Ohren abschneiden lassen, als nochmals wie ein Kaninchen[3] daheim hocken und eine Frau unterhalten. [...] Vorerst schwärme ich gar nicht mehr für München; mir kommt im Vergleich zu hier alles so klein vor.

Diese Liebesbeziehung zu einer vermutlich verheirateten oder in der Münchner Gesellschaft sehr bekannten Frau, die ihn anscheinend abgöttisch liebte und für ihn viel aufgegeben hätte, brachte Thoma in seinen Altersroman »Münchnerinnen« ein, ein Werk, das erst ein Jahr nach seinem Tod als Fragment erschien und »eine verschlüsselte Autobiographie« ist.[4] In Ludwig Thomas Schwank »Die Witwen« (1901) dürfte die Figur der Gisela Werreck »Frau G.« nachgezeichnet sein.[5]

Thoma empfand sich selbst bei der lange sich hinziehenden Trennung als »nichts Besseres als ein Lügner«. Vor seiner Abreise aus München belog er offensichtlich seine Geliebte über die geplante Länge seines dortigen Aufenthalts, denn Thomas Schwester schrieb ihm »Jammerbriefe« mit dem Hinweis: »Sie heult den ganzen Tag und kränkt sich herunter.« Erst als Thoma G.'s Briefe nicht mehr beantwortete, gab sie jede Hoffnung auf ein gemeinsames Leben auf.

Nach einem dreimonatigen Aufenthalt in Berlin bekam Thoma wieder Sehnsucht nach München. Er hatte nämlich seit einigen Tagen die »großartige Nachricht«:

»Sie« hat mich nun definitiv aufgegeben, und wenn auch einige Nachzuckun-

gen des verwundeten Herzens noch kommen können, so ist doch endlich auf ihrer Seite die Gewißheit klar geworden, daß ich fideldibum nicht mehr mag. Die Sache hat mich zum Weiberfeind gemacht. Ich werde mich Hollitscher anschliessen.[6]

Madame Adrienne de Lancy – »Graziöse, liebenswürdige Luder«

Ludwig Thoma reiste mit seinem Verleger Albert Langen am 7. März 1902 von Genf nach Paris. Er wohnte dort in einem Gästezimmer in der vierten Etage des Hauses Rue de la Pompe, in dem Langen eine Zehnzimmerwohnung besaß, und blieb bis zum 19. April.[1]

Heimgekehrt nach München, bedankte sich Thoma bei seinem Gastgeber für die schönen und glücklichen Tage in Paris. »Herrgott, war das schön! Um so schöner, weil es so war, wie ich immer geträumt hatte.« Er habe sich königlich amüsiert, nachdem es Langen gelungen sei, ihn für das »Pariser Pflaster« tauglich zu machen. Thoma war sehr beeindruckt von den Gästen, die im Hause Langen verkehrten. Besonders zu Peter Severin Krøyer (1851–1909), dem dänischen Bildhauer und Maler, fühlte er sich hingezogen, der Thoma zu Vernissagen mitnahm. Als unvergesslich bezeichnete Thoma die Stunden, die er zusammen mit Auguste Rodin in dessen Atelier verbrachte.

Seiner Cousine Ricca Lang schwärmte er vor vom Bois de Boulogne, den er fast täglich besucht habe. Dort beobachtete er die feine Pariser Gesellschaft und ließ sich von der erwachenden Natur verzaubern. Doch dabei dachte er wieder an die im Herbst des vergangenen Jahres von ihm so schmählich verlassene »junge Dame«, die »einfach verrückt würde, wenn sie das liest, ohne mitmachen zu können«.

Im Bois de Boulogne, »in dieser zarten Mischung von lauen Frühlingslüften und zartem Parfum«, hatte Thoma aber auch diverse Bekanntschaften mit Kokotten gemacht, die er als »graziöse und liebenswürdige Luder« bezeichnete. So feierte er den großen Erfolg der Extranummer des »Simplicissimus« »Max und Moritz« zu Wilhelm Buschs 70. Geburtstag mit der »sympathischen Mme. Adrienne de Lancy im Pavillon d'Armenonville« und mit einer hübschen Spanierin, die »einmal so hübsch erröthete«. Die Texte zum neuen »Max und Moritz« stammten von Thoma, die Zeichnungen von Heine, beide freuten sich »diebisch« über den Erfolg. Sein »Pfarrerstreich« in dem Heft bereitete Thoma besonderes Vergnügen. Die beiden Schlingel Max und Moritz legten nämlich der Pfarrersköchin Babette Schießbaumwolle mit einer Batterie in den Büstenhalter, der explodierte, als Pfarrer Böck seiner Köchin nach dem Mittagessen zärtlich an den Busen griff.

Thoma kam durch den allzu sorglosen Umgang mit Kokotten in Paris bald in Geldschwierigkeiten, sodass er den Verlagsleiter Georg Mischek um einen Vorschuss bitten musste, da er »kein verfüg- und verfickbares Geld mehr habe«.

Im Hause Langen arbeitete ein Dienstmädchen, nämlich Madame Pauline, die sich von Thomas Verführungskünsten allerdings nicht beeindrucken ließ. Über sie schrieb er an Georg Mischek, »das Zöfchen sei ebenso ehrbar als hübsch«.

Der Verleger Langen überschüttete den nach München zurückgekehrten Thoma geradezu mit Ideen für Extranummern des »Simplicissimus«. Er plante unter anderem eine Ausgabe, die ausschließlich mit Zeichnungen von Josef Benedikt Engl (1867–1907) ausgestattet werden sollte. »Wir brauchen schon Geld. Sie für Ihre Engl-Extranummer, und ich für hoffentlich viele Kokotten«, teilte Thoma dem Verleger mit.[4]

Auf den Paris-Aufenthalt kam Thoma noch öfters zu sprechen. So berichtete er Langen im Sommer desselben Jahres aus Finsterwald, dass er in seinem Zimmer hocke und zum Fenster nach Westen hinausschaue, woher unaufhörlich Regenwolken kämen:

Dort hinten liegt Paris, und in Paris der bois, und im bois geht Mme. Jeanne. Man sieht ja auch hier runde Beine, die von einem festen Postament ausgehen. Aber wenn es regnet, kann man nicht auf die Almhütten gehen, und das Gras ist so feucht.[2]

Thomas ständige Sehnsucht nach Paris und den dortigen Damenbekanntschaften spiegelt sich noch Jahre später in seinem literarischen Werk wider. Die »Femme fatale«[4], das lockende, ganz unbürgerliche Frauenzimmer, ist eine Schlüsselperson in »Moral« (1908): Madame de Hauteville, eine »Private«, wie sie Thoma in seiner Personenliste vorstellt. In der Erzählung »Auf dem Bahnsteig« (1913) findet sich die »Femme fatale« als Motiv des »Fin de siècle«, aber ebenso die Bürgersfrau und Hausfrau »als Wunschtraum, als Sehnsucht nach Geborgenheit«. Und schließlich nahm Thoma das Motiv der »Femme fatale« auch in sein Novellenfragment »Lola Montez. Erinnerungen eines alten Malers« (1918) auf.

Das Thema »Lola Montez« hatte schon der bayerische Schriftsteller Josef Ruederer in seiner Komödie »Morgenröte« (1904) behandelt. Bei der Erstaufführung dieses Stücks 1913 meinte Ruederer mit gehässiger Schadenfreude im Blick auf Ludwig Thoma: »Der impotente Kerl hat nämlich seit Jahren eine Lola Montez in Arbeit, der nun durch die Wiedergeburt der meinen natürlich bös in die Suppe gespuckt wird.«[4]

Thoma brachte seine Pariser Erfahrungen in dem »Peter Schlemihl«-Gedicht 1903 wie folgt ein:

Warnung vor Paris

Wandle ehrbar unter welschen Frauen,
Blonder und bebrillter Voll-Germane!
Nur dem Teutschen darf der Teutsche trauen,
Außerdem – was sagte wohl dein Ahne?
Schau um dich, und du erblickst um dich die Sünde;
Wie sie lacht aus tausend schönen Augen!
Glaube mir, was ich dir jetzt verkünde:
Nicht dem Teutschen kann die Wollust taugen.

Zartestes Parföng durchweht die Lüfte
Und versetzt die Welschen in Ekstase.
Wir verschmähen die pikanten Düfte,
Nur das Derbe liebt die teutsche Nase.

Nicht bloß außen – nein! auch unterm Kleide
Strebt man schön zu sein bei den Französ'chen;
Knisternd rauscht des Unterrockes Seide,
Und mit Spitzen sind geschmückt die Höschen.
Teutscher! Wende dich zu deinem Weibe!

Seine Formen sind nicht so gedrechselt,
Wolle trägt es auf dem keuschen Leibe,
Die es wöchentlich bloß einmal wechselt.

Hier sei glücklich, wie die Ahnen waren!
– Mag die Unmoral auch besser riechen,
Teutsches Mark in teutschen Knochen sparen.
Ist viel besser, als dahin zu siechen.

Hedwig Xylander – »Vergnügt im fremden Neste«

Aus Paris Mitte April 1902 nach München zurückgekommen, fühlte sich Thoma »geladen mit Humor« und freute sich auf seine Arbeit. Er kehrte damals nicht in sein möbliertes Zimmer in der Lerchenfeldstraße 5/II. zurück. Seine Schwester Bertha hatte die Bleibe auf seinen Wunsch hin aufgelöst und die Mietrückstände bezahlt. Thoma zog stattdessen in die Pension »Finckh« in der Barerstraße 38, die von Sophie Finckh betrieben wurde. Die »erotisierte« Pariser Atmosphäre setzte sich in München fort.[1] Mit der Tochter der Zimmerwirtin, Hedwig, seit 1898 mit dem königlich bayerischen Major Robert von Xylander verheiratet und Mutter eines Sohnes, begann Thoma ein Verhältnis. Er notierte in seinem Tagebuch unter der Abkürzung »X« die Daten und Orte, an denen er mit Hedwig Xylander intim war.[2]

Mutter und Tochter besuchten Thoma im Juli in Finsterwald. Zusammen mit seiner Schwester Bertha gingen alle in die Premiere von Thomas Komödie »Die Medaille«, die am 8. August im »Schlierseer Bauerntheater« stattfand. Thoma war »kreuzglücklich« und amüsierte sich köstlich über sein eigenes Werk.

Damals konnte er noch nicht ahnen, dass ihm der gehörnte Ehemann Xylander die Affäre mit seiner Ehefrau während des Ersten Weltkriegs heimzahlen würde. Xylander verhinderte nämlich, dass Thoma, der dies unbedingt wollte, wegen Überschreitung der Altersgrenze einrücken durfte. Erst viel später erfuhr Thoma den wahren Grund für seine Ablehnung. So schrieb er seinem Freund Karl Rothmaier 1918: »Wär's nochmal 1914, ich ginge zu den Preußen und käme schon an. In Bayern war kein Platz für mich, und Herr Xylander hat sich persönlich bemüht, daß ich nicht damals an die Front durfte. Ich war anrüchig.«[3]

Dass für Ludwig Thoma verheiratete Frauen eine besondere Attraktivität besaßen, zeigte sich während seines ganzen Lebens. Er, der sich immer wieder über die Doppelmoral seiner Zeitgenossen mokierte, verhielt sich nicht viel besser. Wie schrieb doch der Dichter 1902 in seinem Gedicht »Frühlingsahnung« in der vierten Strophe:

Doch wenn es geschehen müßt,
Daß mich kein ledig Mädchen küßt,
Dann ist das allerbeste:
Ich hüpf' um eines Andern Frau,
Und lebe wie der Kuckuck schlau
Vergnügt im fremden Neste.

Im gleichen Jahr zeigte er sich auch in dem Gedicht »Gleichgültigkeit« nicht prüde. In der fünften Strophe gab Thoma Folgendes von sich:

Was bedeutet dieserhalb ein Name?
In der Liebe ist das einerlei.
Man verlangt nur, daß es eine Dame,
Und von angenehmen Fleische sei.[4]

Das anstößige Gedicht »Im Maien« (1902) wurde von der Polizeibehörde für den Straßenverkauf verboten. Thoma beschrieb den Paarungstrieb von Hunden und empfahl:

Mädchen! sieh an diesen Hunden,
Was auch unsere Wünsche sind!
Hast du wen im Mai gefunden,
O so tu!
A-hu! A-hu!
Alles was er will, mein Kind!

Im »Katzenjammer – Reue des Peter Schlemihl« gelobte er darauf Besserung:

O! wenn ich doch anständig wäre
und so dichtete, daß jede Frauenzeitung
alle Wochen brächte von mir eine Märe
oder auch Lyrisches zur weiten Verbreitung!
Wenn ich bedenke, daß die deutschen Hausfrauen
beim Morgenkaffee verschlängen meine Zeilen,
daß die besten im Land mir schenkten Vertrauen,
sollte ich doch mit meiner Bekehrung eilen!
Es würde sich diesfalls hie und da begeben,
daß sich um mich die besorgten Mütter drängen
und versuchten, mir für das irdische Leben
ihre noch ledigen Töchter anzuhängen.
Auch die Väter würden mir dasselbe gönnen
und sagen: »Wir wollen ihn einmal anschmieren;
wenn wir keinen anderen nicht kriegen können,
müssen wir es doch schon mit diesem probieren.«
Was habe ich eigentlich sonst auf der Erde?
Daß die besten Deutschen furchtbar auf mich schimpfen?
Und daß ich niemals nicht verheiratet werde?
Und daß sie mich noch im Grabe verunglimpfen?
Soll ich niemals erfahren den Kindersegen?
Und durch meine Schuld die Fortpflanzung verhüten?
Wo doch sogar alle Hühner Eier legen
und sich bemühen, diese auszubrüten!
Ja, ich will von heute ab anständig bleiben
und meine Aufführung ganz anders einrichten,
ich will jetzt für Frauenzeitungen schreiben
und im Sinne der deutschen Käsblätter dichten.

Frau Ehrmann – »Besuch von Frl. Zanoli«

Am 13. Februar 1905 stellte Thoma das Weihnachtskapitel in seinem Roman »Andreas Vöst« fertig. Tags darauf empfing er den »Besuch von Frl. F. Zanoli«, die ihm von »Frau Ehrmann« empfohlen worden war. Das noch offene Honorar an die Kupplerin für die diversen Vermittlungen belief sich bereits auf 830 Mark. Damals verdiente Thoma jedoch nur 350 Mark im Monat. Für den Vorabdruck des »Andreas Vöst« in den »Münchner Neuesten Nachrichten« sollte er jedoch 8000 Mark erhalten und davon wollte er seine Schulden bei Frau Ehrmann begleichen.

Nach dem Besuch von Frl. Zanoli notierte Thoma in seinem Tagebuch: »Mittwochabend merkte ich die Folgen u. begab mich Donnerstag, 16. in Behandlung. Das hinderte mich auch in der Arbeit.«[1]

Thoma unterhielt während seiner Junggesellenzeit ständig wechselnde Beziehungen zu Dirnen. In seinem Tagebuch erwähnt er solche namentlich. So schrieb er im April 1901 von einer Radtour an eine gewisse Sarah eine Ansichtskarte aus St. Goar. In welchem Jargon sich Thoma damals erging, soll hier nicht wiedergegeben werden. Seine Ausdrucksweise ist unflätig und zotenreich – übrigens der damals übliche Umgangston unter den unverheirateten »Simplicissimus«-Mitarbeitern[2]. Bei einer Radtour nach Ägypten begeisterte sich Thoma so sehr für eine orientalische Tänzerin, dass seine Freunde Eduard Thöny und Rudolf Wilke Mühe hatten, ihn wieder wegzubekommen.[3]

Frauen waren zu jener Zeit für Thoma »Objekte«, die nur der Befriedigung seines Geschlechtstriebs dienten. So meinte er unter anderem: »Ab und zu haue ich über die geschlechtliche Schnur, habe gerade kein Unglück im Entdecken der hiezu nötigen Objekte.«[4]

Doch im Mai 1905 begann für Thoma ein neuer Abschnitt seines Lebens. Der inzwischen 38-Jährige begegnete seiner großen Liebe: Marietta de Rigardo, die er Marion nannte.

ZWEITER TEIL

DIE GROßE LIEBE SEINES LEBENS: MARION

Maria Trinidad de la Rosa – Marietta de Rigardo
»Ich bin doch mehr eine Europäerin als eine Südseeinsulanerin«

Am 25. Oktober 1950 begann die 70-jährige Marion Thoma mit der Niederschrift ihrer »Erinnerungen an Ludwig Thoma«, die jedoch über die Schilderung ihrer Kindheit in Manila leider nicht hinausgehen.

Marions Vater besaß ein großes Export- und Importgeschäft in Manila, auf den zauberhaften Philippinen. Die Familie wohnte in Quiapo, weit außerhalb der Stadt in einem behäbigen Haus, umgeben von Zuckerrohrplantagen, herrlichen Mango- und Bananenbäumen sowie wundervoll blühenden Pflanzen. Marion erinnerte sich besonders gut an das Wohnhaus. Wenn man es betrat, kam man in eine riesige Halle, in der die zahlreichen Bediensteten zusammen mit dem Kleinvieh untergebracht waren: Selbst die Wagenremise fand noch darin Platz. Eine große breite Treppe führte zu den Wohnräumen der Familie hinauf.

Marion berichtete in ihren Aufzeichnungen, dass ihr Vater zeitweilig Schweizer Konsul auf den Philippinen war, was zahlreiche gesellschaftliche Verpflichtungen mit sich brachte. Die Einladungen fanden stets am späten Nachmittag statt, denn untertags gingen die Herren ihrer Büroarbeit nach, die

Georg David Schulz und Ludwig Thoma, an den sich Maria Schulz (Marietta), Thomas spätere Ehefrau Marion, anlehnt. 3. Juli 1905 beim Sixtbauern in Finsterwald.

Damen hielten sich in den kühlen Häusern auf, führten die Aufsicht über ihren Haushalt, gaben ihre Anordnungen und planten für zukünftige Einladungen vor; das wurde »als große Leistung angesehen«. Eine weiße Frau durfte nie selbst etwas arbeiten, denn das war unter ihrer Würde. Oft traf sich die »Kolonie«, vor allem die langansässigen europäischen Familien, in Marions Elternhaus. Bei Empfängen trug Marions in Manila geborene Mutter, »die aber Spanierin war«, die manilesische Nationaltracht, ein mit kostbarer Handarbeit geschmücktes Kleid. Marion durfte bereits mit zwölf Jahren am gesellschaftlichen Leben ihrer Eltern teilnehmen, obgleich nach spanischer Etikette in Manila die jungen Damen erst mit 16 Jahren zu offiziellen Festen eingeladen wurden.

Im Hause bedienten bei Tisch die einheimischen Diener, die Tagalen. Der chinesische Koch, der vorzügliche Reisspeisen zauberte, war stolz darauf, auch europäische Gerichte zubereiten zu können, für die ihm Marions Vater die Rezepte besorgt hatte. Während des Essens zog ein schwarzer Boy an einem an einer Stange befestigten, in der Mitte des Zimmers befindlichen Vorhang und fächelte den Gästen kühle Luft zu. Wurde in der Gesellschaft musiziert, so begleitete Marions Mutter spanische Lieder anmutig auf der Harfe. Diese schönen Abende sollten für Marion bald zur unvergesslichen Erinnerung gehören; denn nach der Sitte guter spanischer Häuser brachten »ihre Eltern« sie zur Vervollkommnung ihrer Ausbildung in das Ursulinerinnen-Kloster nach Manila.

Marion Thoma erweckte in ihren Erinnerungen den Eindruck, als sei sie in einer ganz normalen Familie aufgewachsen. In Wirklichkeit hieß sie Maria Trinidad de la Rosa und war die uneheliche Tochter der Margaretha de la Rosa und des Schweizer Kaufmanns und Plantagenbesitzers Karl Germann. Dieser war von 1864 bis 1880 tatsächlich Schweizer Konsul in Manila. Aus privaten Gründen legte er dieses Amt 1880 nieder und kehrte im gleichen Jahr in die Schweiz zurück. Vom 24. Dezember 1839 bis 26. März 1879 war Karl Germann verheiratet mit der aus Mailand stammenden Gregoria Regina Maria, geb. Cossi; aus dieser Ehe stammten drei Kinder. Frau Germann starb 1879; Maria Trinidad de la Rosa kam am 12. oder 25. Mai 1880 zur Welt. Im Jahr 1888 heiratete Karl Germann dann in der Schweiz ein zweites Mal, diesmal die in Straßburg geborene Anna Maria Laubacher (geb. 23. Dezember 1852, gest. 6. November 1922).

Programmzettel des Berliner Kabaretts »Das Poetenbänkel. Im Siebenten Himmel«, in dem Marietta de Rigardo als »Darstellerin spanischer Lieder« auftrat.

Es ist kaum vorstellbar, dass Marion das geschilderte Leben mit ihrem Vater als Konsul in Manila frei erfunden hat. So dürfte Karl Germann dort mit Marions Mutter in einem eheähnlichen Verhältnis gelebt und auch nach Niederlegung seines Amts als Konsul ein großes gastliches Haus geführt haben und immer wieder aus der Schweiz nach Manila gekommen sein. Zu einem nicht bekannten Zeitpunkt ließ er dann Töchterchen Maria in die Schweiz nachkommen. Der Vater hat seine Tochter anerkannt, denn sie trug in St. Gallen, seiner Heimatstadt, den Familiennamen Germann. Ob in Manila ein entsprechender Rechtsakt stattfand, ist heute nicht mehr nachzuweisen.[1]

Maria wurde in Zürich wieder Ursulinerinnen anvertraut. Sie sprach damals tagalisch, das sie von ihrer Kinderfrau in Manila gelernt hatte, Deutsch und Spanisch; nun kamen Französisch und Italienisch hinzu.

Tänzerin im Kabarett ihres Mannes G. D. Schulz in Berlin

Wann und wo Maria ihren ersten Mann, den Maler und Schriftsteller Georg David Schulz (1865–1910), kennengelernt hat, ist ebenso wenig zu ermitteln wie Datum und Ort der Eheschließung. Fest steht, dass im Oktober 1901

»Bildnis der Tänzerin Marietta de Rigardo«, Ölgemälde von Max Slevogt, 1904.

in Berlin das »Kabarett zum hungrigen Pegasus« eröffnet wurde, in dem Georg David Schulz mitwirkte. Er war dort der Publikumsliebling, von seinen Kabarettgenossen »Dichter Schmalz« genannt, und trug seine auf den Geschmack der anwesenden Damen zugeschnittenen Verse vor. Zur Melodie des Hauskomponisten Vittorino Moratti sang er auch sein »Lied vom süßen Kind«:[2]

Und als sacht mit qualvoll süßem Beben
Die Liebe in das Herz mir schlich,
Wollt' beglückt in deiner Huld ich leben
Oder sterben, süßes Kind, durch dich!

Schulz besang darin wohl seine Frau, die sich den Künstlernamen Marietta de Rigardo zugelegt hatte.

Im Frühjahr 1902 jedoch war es mit dem »Kabarett zum hungrigen Pegasus« schon wieder zu Ende. Viele seiner bisherigen Mitarbeiter schlossen sich Georg David Schulz an, als dieser sein eigenes Kabarett »Poetenbänkel im siebenten Himmel« gründete. Eigentümer, Leiter, Ansager, Hauptkassierer und erster Chansonnier war er selbst: »Zigeuner und kultivierter Mensch zugleich«.

Schmuck und Magnet des »Siebenten Himmels« war seine Frau Marietta; »ein Tanagrafigürchen: braune Hautfarbe, schwarzes Haar, ein feuriges Kind. Auf dem Brettl sang und tanzte sie spanisch mit natürlicher, vollkommener Anmut. Mit ihrer Grazie und naiven Wildheit, wilden Naivität berückte sie alle Welt. Die Berliner »Neue Rundschau« lobte den Star: »O Marietta, wer deinen schlanken Leib sah, wie er sich, vom grünen Kleid überhaucht, in süsser Lust warf, wer es sah, wie deine braune Haut sich spannt, deine Augen tanzlüstern brannten, der Kopf und die Arme mänadisch sich senkten und hoben in einer unwillkürlichen Harmonie ihrer Rhythmik – der weiss, dass alle Gesetze über die Opposition der Glieder und alle Choreographie der Drehungen vor diesem Zauber des lebendigen Lebens zu Papier werden.« Auch der Berliner »Lokal-Anzeiger« überschlug sich förmlich vor Liebenswürdigkeit und er wusste davon zu berichten, dass Marietta sogar einen der bedeutendsten modernen Maler begeisterte: »Wer kennt nicht Slevogt's Bild »Marietta«, das die zigeunerartige Spanierin mit den leuchtenden Blicken, mit der wilden Grazie und den leichten rhythmischen Bewegungen so wundervoll charakterisiert?« – Das Bild befindet sich heute in der Gemäldegalerie »Neue Meister« in Dresden. Es trägt die Bezeichnung »Max Slevogt (1868–1932), Bildnis der Tänzerin Marietta de Rigardo. 1904«.

Früh schon war Slevogts Interesse für die Welt des Musiktheaters und des Tanzes erwacht. Die farbige Erscheinung des bewegten Körpers hatte ihn bereits in seiner Münchner Zeit gefesselt. Die »philippinische« Tänzerin Marietta de Rigardo lernte er im Berliner Kabarett »Zum siebenten Himmel« kennen. Dem großformatigen Bilde gingen mehrere Ölstudien voraus. Die dort fixierten Gesten verdichten sich hier zu einer Gestalt, in deren Haltung eher etwas Statuarisches liegt. Der Ausdruck mitreißender, ausschreitender Bewegung ist zurückgenommen in einem kurzen Moment des Innehaltens voll filtrierender Spannung. Das lang fließende Gewand und der leuchtend gelbe Schal fixieren die eben vollendete tänzerische Drehung in einer großen, geschwungenen Attitüde. Die koloristische Attraktion der Tänzerin auf dem bunten Teppich gewinnt noch an Wirkung durch den Kontrast mit dem dunkeltonigen Hintergrund des Raumes und der rauchfarbig zurücktretenden Gruppe der Musikanten.[4]

Hans Jürgen Imiela, der Verfasser einer Slevogt-Monografie, besuchte Marion Thoma 1963 in München. Sie besaß immer noch das große gelbe Seidentuch, das sie auf Slevogts Gemälde trägt. Es war ein Geschenk, das der Künstler ihr gemacht hatte, der sie sehr verehrte.[5] Aus Mariettas Berliner Zeit ist eine hübsche Postkarte an sie aus Granada erhalten:

An Marietta de Rigardo
»Siebenter Himmel«, Charlottenburg, Kantstraße, Weinrest.
Kloster beim Theater des Westens

In Granada wurde Eugenia de Guz y Trocadero geboren, die Kaiserin der Franzosen wurde, und den Ruhm der »schönen Spanierin« in ganz Europa verbreitet. Seit sie alt ist, gibt es nur noch eine »schöne Spanierin« in Europa: sie heißt Mariette de R. und wurde Kaiserin im 7ten Himmel! Handkuß –
Hans [unleserlich].
Gruß an Georg David und die anderen alle!

Marion Thoma hat zeitlebens auch eine an sie als Fräulein Marietta Germann in nicht ganz korrektem Französisch gerichtete Postkarte vom 20. Januar 1902 aufgehoben.

Cher Marietta!
Je voudrais venir chez toi ce soir, mais ma soeur et le mauvais temps m'ont retenu. Cependant je viendra demain soir vers 7–8 hs. Quel temps que je ne t'ai pas vu, ma chérie! Hier soir j'etais au bal avec ma petite soeur et nous avons beaucoup dansé. Quand elle partira chez elle je ne sais pas encore. Elle recoit beaucoup d'invitations et s'amuse bien. Et nous! Bientot? Et dans la manière de … ? Je t'embrasse, ma petite quérida, avec la force d'un homme qui doit attendre. Ton passionné Berlin.[6]

Der Verfasser dieser Karte könnte Georg David Schulz sein, dessen Mutter Französin war und deren Sprache er sicher erlernt hatte.

Zum Kabarett in Berlin ist noch folgendes zu sagen: Das erste deutsche Kabarett hatte im Januar 1901 der Bestellerautor Ernst von Wolzogen (1855–1934) eröffnet, das »Bunte Theater« (»Überbrettl«). Es konnte sensationelle Publikumserfolge verbuchen. Neben oft seichter Unterhaltung wurden gesellschaftskritische Texte immer mehr in den Vordergrund gerückt. Diese stammten fast ausschließlich von Ludwig Thoma, der sie unter seinem Pseudonym Peter Schlemihl veröffentlichte. Als Schlager ersten Ranges erwies sich sein Couplet »Zum Dichten abkommandiert«. Darin wurde das Banausentum und die militante Kunstfeindlichkeit Kaiser Wilhelms II. bloßgestellt. Thoma unterzeichnete am 27. Juni 1901 einen Vertrag über seine literarische Mitarbeit am »Überbrettl« in Berlin. Nicht zuletzt fand die Premiere von Thomas Komödie »Die Medaille« am 28. November 1901 im »Bunten Theater«, dem »Überbrettl«, in Berlin statt.[7]

Den kulturellen Gegenpol zu Berlin bildete um die Jahrhundertwende die Residenzstadt München. Dort plante bereits 1898 Albert Langen die Gründung eines Kabaretts nach Pariser Vorbild. 1900/1901 entstand in Schwabing das Kabarett »Die elf Scharfrichter«, zu dem die Mitglieder des »Simplicissimus« eine enge Verbindung hatten. So sang der einstige Wagner-Sänger Hans Dorbe die bayerischen Soldatenlieder von Ludwig Thoma, von denen der »Schwalanscher« die Popularität eines Volksliedes errang.[8]

Diese enge Verbindung zwischen den Kabarettisten in München und Berlin war wohl auch einer der Gründe dafür, dass Marietta zusammen mit ihrem Mann und dem Verleger Albert Langen 1905 nach München kam.

»Ich liebe sie von ganzem Herzen«

Zur Vollendung seines Romans »Andreas Vöst« – einem Höhepunkt seiner Autorenkarriere[9] – gab Ludwig Thoma am 6. Mai 1905 ein großes Fest in seiner Wohnung in München, Franz-Joseph-Straße 9/II. Dazu fanden sich zahlreiche Dichter, Künstler und Gelehrte ein. Albert Langen brachte zu dieser Einladung das Ehepaar Schulz mit und stellte dem 38-jährigen Junggesellen die damals 25-jährige Marietta vor. Thoma erfasste die sprichwörtliche »Liebe auf den ersten Blick«. Den ganzen Abend über hatte er nur noch Augen für die exotische Schönheit und war völlig hingerissen von ihrer Jugend, ihrer Fröhlichkeit. Er war fasziniert von ihrer unbekümmerten Art, in gebrochenem Deutsch mit fremdländischem Akzent zu plaudern. Marietta war in seinen Augen eine »exotische Blüte von seltener Pracht. […] Man kann sich keinen extremeren Gegensatz vorstellen. […] Doch gerade dieser Kontrast packte den Dichter.«[10] In seinem Tagebuch vermerkte Thoma unter dem 6. Mai 1905: »Heute bei der Einladung. Lerne Marietta de Rigardo kennen. Frau von G. D. Schulz.«

Um es gleich vorweg zu nehmen: Thoma setzte Marietta beziehungsweise Marion, wie er sie nennen wird, ein literarisches Denkmal unter anderem im zweiten Band der »Lausbubengeschichten« unter dem Titel »Tante Frieda«. Die zentrale Figur dieses Stücks ist nämlich nicht die ältliche Tante, sondern ein »dunkelhäutiges, exotisches, bildhübsches Mädchen aus einem fernen Land, welches allen Männern den Kopf verdreht: Cora«.[11] Ob Marion je erfahren hat, dass Ludwig Thoma später seiner zweiten großen Liebe, Marie von Liebermann, gegenüber energisch bestritten hat, dass sie für Cora als Vorbild diente? Er behauptete, diese Figur schon vor 1905, also vor der Begegnung mit Marietta, erfunden zu haben!

Im Juli 1905 trafen sich die Mitarbeiter des »Simplicissimus« zur Sommerfrische in Tegernsee. Auch das Ehepaar Schulz war angereist. Thoma arrangierte am 2. Juli aus Anlass des 50. Geburtstags seines Freundes Ludwig Ganghofer beim Sixt-Bauern in Finsterwald ein Scheibenschießen[12],

Marions erster Ehemann Georg David Schulz, gezeichnet von Paul Haase, und ihr zweiter Ehemann Ludwig Thoma, gezeichnet von dessen engstem Mitarbeiter am »Simplicissimus« Thomas Theodor Heine. Marion Thoma porträtierte der schlesische Maler Richard von Below, der beste Freund von Olaf Gulbransson, Silvester 1915.

zu dem auch Marietta kam. Thoma wich an diesem Tag nicht mehr von ihrer Seite und war wild entschlossen, sie zu heiraten. Er machte ihr auch tatsächlich einen Heiratsantrag, den sie nicht ablehnte; sie bat nur um Geduld – noch war sie ja mit Georg D. Schulz verheiratet. Den Gästen der Geburtstagsfeier war Thomas Verliebtheit natürlich nicht verborgen geblieben. Drei Wochen nach dem Fest schüttete dieser seinem Freund Ganghofer in einem langen Brief – den man wohl nicht kommentieren muss – sein Herz aus:

Lieber Ludwig,
Ich will Dir beichten. Zuerst, ich mache keinen dummen Streich; jetzt nicht. Sie wird mit ihrem Manne friedlich nach Berlin fahren, und wenn sie kann, so sein, wie zuerst. Und wenn ich kann, Ludwig, nehme ich den Kopf in die Hände und sage mir, daß ein Glück mit einem lieben Kinderlächeln an mir vorübergegangen ist und mich grüßte, bevor ich anfing alt zu werden und noch einsamer, als ich war. Wenn ich nicht kann, Ludwig, dann gibt es einen, dem ich es sage. Der bist du.
Und was ich auch tun würde, es muß so sein, daß ich Dir frei in die Augen sehen kann und nicht rot werden muß, wenn ich am Tisch neben Deiner lieben Frau und Deinen Kindern sitze.
Aber, Ludwig, ist die Leidenschaft so stark, daß ich weiß, die Sehnsucht nach dem Glück wird mir das Leben vergiften, dann würde ich Dir frei heraus meinen Entschluß sagen. Es gäbe kein Gesetz und keine gesellschaftliche Moral, die mich hindern könnten, glücklich zu sein. Glaubst Du mir, daß ich nicht blind bin, und daß, was ich Dir jetzt von ihr schreibe, nicht das konventionelle Urteil aller Verliebten ist?
Du darfst überzeugt sein, daß mir heißblütige Leidenschaft die Augen nicht trüben kann. Schau, Ludwig, gäbe es nur die Marietta, welche Du in drei Tagen beim Feste sahst, ausgelassen, graziös, kokett usw., so wäre dieser Brief überflüssig und ich könnte Dir schreiben, mein Leben ist viel zu ernst, als daß ich es vertändeln darf.
Und ich halte zu viel auf mich, als daß ich einen unanständigen Blick eines anderen ertragen könnte, ich würde rasend werden wenn nur einen Augenblick ein bedeutsames Lächeln in den Mundwinkeln anderer Frauen säße, und wenn es meine Frau hervorgerufen hätte.

Hinwegsehen, Kompromisse schließen, schweigend dulden, das ist mir unmöglich. Zehntausendmal lieber haue ich alles in Fetzen.
Die künstlerische Freude an dem liebenswürdigsten Geschöpfe könnte mir die Wahrheit nicht übertönen. Ich mag mich selber nicht anlügen.
Aber daß ich diesen Brief schreiben muß, das ist, weil Marietta so viel anders ist, als sie in einer ausgelassenen Laune sich gab. Ich schreibe Dir das als Künstler, nicht als Verliebter. Du sagtest, an ihr ist alles Natur und echt. Das ist das Erste, was man an ihr sieht und bewundert. Aber mich nahm ganz etwas anderes gefangen. In diesem Naturkind, das so unbefangen über streng gehütete Begriffe weghüpft, und oft mehr Pariser Spitzen und Wäsche zeigt, als für Kommerzienratstöchter ho- norable ist, lebt ein so tiefer Ernst, edle Bildung und ein Künstlertum, daß ich – Dir darf ich es gestehen – vor ihr wie vor einem Märchen stand.
Gerade, weil sie es nicht zeigt, und das Beste nur schüchtern und mit einem wundervollen Takte zu erkennen gibt, war ich und bin ich entzückt. Wenn ich mit ihr rede, und wenn jede Stimmung, die ich anschlage, sofort in ihren Augen sich widerspiegelt, dann verstehst Du als Künstler, wie mich das packen mußte.
Ich habe ihr Deine »Jäger« teilweise vorgelesen, was sie heraushört, wie sie diese ihr fremde Welt versteht, und losgelöst von Einzelheiten gerade die künstlerische Stimmung nachfühlte, das ist selbst Künstlertum, bis in die tiefsten Herzensfasern. Ich mußte ihr im Anschluß daran erzählen von Dir, ich sagte, wie Dein Vater Forstmann gewesen und der meinige, wie Dein Vater sich wieder bei meinem Großvater aufhielt. Da wurden ihre Augen so groß und ein solches Lachen war darin, als sie in die Hände patschte und rief: »Das ist ja wie lauter Wald, das ist ja wie lauter Wald.«
Und das letzte, ich empfinde eine Hochachtung vor diesem Kind, wie vor einer edlen Frau. Sie tändelt gar nicht mit dem Leben, ... führt Buch, wie eine allerstrengste Hausfrau, spart und hat Ordnung und eine Reinlichkeit im Haushalte, welche meiner Schwester noch als Muster gelten könnte. Sie kriegt eine ernste Falte zwischen den Augen, wenn ich sie frage, ob sie Befriedigung findet, vor den Banausen zu tanzen. Sie macht keine schmerzlichen Phrasen, daß sie »eigentlich« darüber nicht glücklich ist, usw. Aber ich verstehe sie wohl, wenn sie mit einem trotzigen Kindergesichte sagt: »Es ist nicht immer schön, aber wenn es sein muß ...«

Was Du sagst, Ludwig, daß sie mir zuliebe sich nicht ändern könnte; sie brauchte sich nicht ändern, sie müßte nur das von sich werfen, was ihrem innersten Wesen so fremd ist.

Im Anschmiegen ... an ihren Beruf ist sie heute die ausgelassene Tänzerin, die für alle Welt ein Lachen hat. Daß sie es kann, liegt im Temperament. Daß sie es tut – weil sie Orientalin ist. Sie sind Fürstinnen und Sklavinnen zugleich. Ich habe Dir mein Herz ausgeschüttet, lieber Ludwig, und will bald schließen. Es besteht kein Grund, daß ich mit Gewalt mich losreißen müßte. Ich liebe sie von ganzem Herzen, aber den Kopf behalte ich oben. Es ist was gut dafür. Nicht bloß Achtung vor mir selber, auch Achtung vor ihr.

Ich ärgere mich nicht über das Tegernseer Geschwätz, das ich kenne. Vielleicht empfinde ich es unangenehm, daß so viel holdes Philistertum glaubt, auf mich ein Recht zu haben.

Ich habe das ja gutmütig getragen und heimlich dazu gelächelt. Die werden nie merken, daß mein Bestes mich von ihnen trennt, daß alles, was in mir gut ist, durch sieben Gitter vor ihnen verschlossen liegt.

In Wahrheit haben sie keinen anderen Grund zum Klatschen, als daß ich nicht zu ihnen komme; daß ich es nicht fertig bringe aus einem Märchenwald heraus in die Villa N. zu spazieren und mir in dieser Atmosphäre einen Seelenschnupfen zu holen. Wenn ich mit Marietta – fast nie allein – am See sitze und ihr erzähle, was in mir singt und klingt und sie in die Hände patscht oder recht ernsthaft Wasser in die Augen kriegt, dann stehen Söhne und Töchter von reichen Leuten in der Nähe und ziehen sittsame Lippen in die Höhe über so Unanständiges, was wir vermutlich reden.

Denn was kann man sonst mit einer Tänzerin auch reden? Wer anständige Dinge reden will, wendet sich damit doch zum mindesten an eine Apothekers- oder Fabrikantenstochter.

Eigentlich ist das alles abscheulich, aber mich rührt's nicht an.

Ich habe nichts zu tun mit ihnen; und das verstehen sie nicht. Was würden die sagen, wenn ich ihnen gestehen würde, daß ich von Kind auf das Geld hasse und verachte, nur weil ich meine liebe Mutter darum weinen sah? Der Marietta könnte ich das erzählen, sie würde es verstehen. Und das ist der Unterschied davon.

Jetzt aber Schluß, liebster Ludwig. Laß Dir sagen, der Stein zerbröselt nicht; was einmal wird, das weiß ich nicht.

Der Zeichner Olaf Gulbransson schrieb Ludwig Thoma einen lustigen Brief und sandte an Marion Grüße samt einem gezeichneten Blumenstrauß (1911):

Grüss Gott auf dich du glücklicher! Dein Olaf nich alle meine blumen habe ich zu tote geküsst hier ist ein par an deine Marion

Einen dummen Streich mache ich nicht.
Sehe ich klar und deutlich einmal später, daß ich wahrhaftes Glück fahren lasse, und doch nicht lassen kann, dann handle ich; aber nicht, vor ich mit Dir geredet habe. Deine Achtung verscherze ich nicht; auch um das Beste nicht.

Weniger verklärt hört sich dagegen die Schilderung der ersten Begegnung zwischen Ludwig Thoma und Marietta durch Dagny Björnson-Gulbransson an: »Thoma, der als Autor mit Vorliebe die bodenständigen Typen schilderte, wurde selbst von exotischen Frauen am meisten gefesselt. Seine Frau Marion war eine Kreolin. Als er sie kennen lernte, trat sie bei einer umherreisenden Schauspieltruppe auf. Sie war die Frau des Direktors. Thoma habe sie von ihm loskaufen müssen, aber nicht vermocht, ihr Temperament zu bändigen.«[13]

Olaf Gulbransson erzählte davon, wie Marion den »Simplicissimus«-Leuten auf dem Tisch vortanzte. Ludwig Thoma schaute eine Weile zu, doch dann wurde es ihm zu bunt. Er wollte einen, mit dem sie flirtete, stellen und zum Duell fordern. Lakonischer Kommentar vom Frauenkenner und »Simplicissimus«-Zeichner Ferdinand Freiherr von Reznicek: »Dann kannst auch gleich ein Maschinengewehr nehmen.«[14]

Nach dem Ganghofer-Geburtstagsschießen reiste Marietta mit ihrem Ehemann nach Berlin zurück. Thoma war so verzweifelt, dass er »seine Marion« nach ihrer Abreise sofort mit Telegrammen und rührenden Liebesbriefen bestürmte, seine Frau zu werden. Doch sie schien sich noch nicht von ihrem Mann lösen zu können.

München, Samstag Vormittag
[August 1905, d. Vf.]
Mein Liebling, meine kleine süße Marion,
Ich habe jetzt 10 Uhr Deine lieben Zeilen erhalten. Ich war in Verzweiflung, als ich heute früh immer und immer noch nichts hörte.
Der gestrige Tag war schrecklich. Dein Telegramm hatte mich ja getröstet, aber ich erhielt es Donnerstag Abend. Dann dachte ich gestern, ich werde bis Abends wieder etwas hören. Nichts. Heute früh. Nichts.
Endlich kommt Dein Brief, und ich danke Dir tausendmal dafür, und für die Versicherung Deiner Liebe. Aber mein Herz klopft, weil Du Deine Abreise so unsicher bestimmst. Liebling, wie schmerzt das! Ich kann nicht sitzen, ich muß auf die Straße laufen und renne herum. Ich mache mir Vorwürfe, ach, solche Vorwürfe!
Warum habe ich zugegeben, daß Du hinfährst?
Siehst Du Kätzle, wenn Du länger bleibst, wird es nur ärger. Alle hängen sich an Dich mit Bitten, und Du reißt Dich bloß schwerer los.
Was Du wolltest, hast Du ja schon getan. Du hast ihm gezeigt, daß er Dir nicht gleichgültig ist, daß Du ihn trösten willst.
Komm jetzt!
[...] Meine Kraft geht auch zu Ende. Ich kann nicht mehr warten. Wenn Du Montag nicht hier bist, fahre ich nach Berlin. Passiert, was will! Schau, wenn wir Beide zusammen sind, wir finden etwas, ihm zu helfen. Bleiben darfst Du nicht. Das Zögern ruiniert uns alle. Ich will Dich nicht quälen, ich mag Dir nicht schildern, wie mir zu Mut ist. Ich habe ja stark sein wollen, aber es geht nicht mehr! Alle geben mir Grüße auf, wenn ich in der Redaktion bin: sie wissen nicht, daß ihre Worte wie glühende Tropfen auf mein Herz fallen. Ich finde keinen Schlaf mehr. Ich küsse Dich tausendmal, weine nicht! Komm Kätzle! Bitte, bitte!
Dein Luke
Viele Grüße von Ganghofer. Wir alle wollen ihm helfen. Deine Lage darf Dich nicht gar zu traurig stimmen. N i c h t weinen!

Thoma war klar, dass mit Mariettas Weggang von Berlin die Attraktion im Kabarett ihres Mannes fehlen würde. So versicherte er Marietta, dass er diesen finanziell unterstützen werde.

Der verliebte Dichter wartete ein »Ja-Wort« seiner Angebeteten gar nicht erst ab. Schnell besorgte er Eheringe und feierte seinen Junggesellenabschied in der Redaktion des »Simplicissimus«. Er war fröhlich darüber, »daß ich den Andern mein Glück zeigen darf, und die behandeln mich recht wie einen Bräutigam und stimmen ein, wenn ich Dich, Liebste, rühme«.

Thoma fuhr am 6. September 1905 nach Berlin und »entführte« Marietta de Rigardo nach Bayern. Das Liebespaar nahm Wohnung in Ringsee bei Bad Wiessee Nr. 57.

»Ich nahm die Frau eines Andern«

Ende September unternahmen Marion und Ludwig Thoma ihre »Hochzeitsreise« nach Wien, die er am 22. September 1905 Conrad Haußmann folgendermaßen erklärte:

Bitte erstaunen Sie nicht zu sehr, auch nicht wenn Sie hören, daß – meiner ganzen Art entsprechend – die Sache nicht absolut bourgoise ist. Ich nahm die Frau eines Andern; weil wir uns liebten. […] Seit dem 8. September, an welchem Tag ich sie heimlich in Berlin holte, ist sie meine Frau, obwohl Pfaff u. Bürgermeister bislang kein Amen sagten. […] Ich bin glücklich, und ich wußte vorher, daß ich an der Seite dieser durch und durch künstlerischen, entzückenden Natur glücklich sein würde. […] Ich reise morgen nach Salzburg, Hotel Stein; in 5–6 Tagen heim.

Ludwig Ganghofer freute sich aus ganzer Seele über Thomas »Jubelschrei aus Wien«. Er schrieb an ihn am 26. September 1905: »je wertvoller und köstlicher Dir Dein Glück ist, umso verständiger wirst du ihm eine sichere Zukunft bereiten.« Irgendwelche Ratschläge von seiner Seite kämen nun sowieso zu spät. Ganghofer gefiel »der zu tieferem Klang gewandelte Name – Marion« anstelle von Marietta.

In Wien wurden Marion und Ludwig von Karl Kraus, dem Herausgeber der Zeitschrift »Die Fackel«, am Bahnhof abgeholt und ausführlichst in der Stadt herumgeführt. Marion war die Begegnung mit Karl Kraus noch 1962 in lebhafter Erinnerung. Immer wieder habe er ihr beteuert: »Ich sei die schönste Frau der Welt. Überhaupt wurden wir ständig eingeladen, viele Aristokraten arrangierten kolossale Feste. Schließlich hielt es Thoma nicht mehr aus und entfloh mit mir auf den Semmering.«[15]

Wie sehr sich Thoma von den seiner großen Liebe Marion gezollten Aufmerksamkeiten durch die Wiener Gesellschaft gestört fühlte, drückte er 15 Jahre später in einem Brief an seine Geliebte Marie von Liebermann aus: »Im moralischen Katzenjammer auf dem Semmering, ein Kater, der manchen halb kaputt gemacht hätte, dichtete ich das Flugblatt ›Fort mit der Liebe!‹ in 50 Strophen, wegen dessen ich vor das Schwurgericht kam.« Die Anklage lautete: Vergehen wider die Sittlichkeit, verübt durch die Verbreitung unzüchtiger Schriften.[16]

Nach München zurückgekehrt, mietete Ludwig Thoma eine ganze Etage in der schon damals teueren Leopoldstraße im Haus Nr. 7. Er war stolz und glücklich, nun mit Marion sein eigenes Heim einrichten zu können. Finanziell ging es Thoma damals ausgezeichnet. Er hatte für den Vorabdruck seines Romans »Der Wittiber« 12 000 Mark erhalten; dazu kamen die Einnahmen für die »Lausbubengeschichten« sowie sein Gehalt beim »Simplicissimus«. So konnte er mit seiner Geliebten durchaus am gesellschaftlichen Leben der Residenzstadt München teilnehmen. Seinem Freund, dem Künstler Ignatius Taschner, sandte Thoma die Mitteilung, dass er seinen Personenstand verändert habe, allerdings noch nicht legitim: »Du kennst Marion. Meine Gründe u. Entschuldigung sind nur, daß ich sie von Herzen lieb habe, u. in den 3 Monaten unseres Zusammenseins war keine trübe Sekunde. Summa, ich bin glücklich. Und ich hoffe nur, daß der Andere, dem ich Unrecht gethan habe, nicht unglücklich ist.«

Für Marion war es durchaus ein sozialer Aufstieg, wenn sie nun die Frau des berühmten Dichters wurde. Von ihrem Vater ist aus dieser Zeit ein an sie adressierter Brief erhalten:

Hamburg, 12. Nov. 1905,
Dammthor Straße III

Mi querida hija!
Dein nach Hohelust Chaussée gerichteter 1. Bf. v. 7 dies ist mir richtig von der Post zugestellt worden. Deine Nachrichten haben mich sehr gefreut und ich wünsche nur, daß es bald soweit sei, um Dir als Gattin von Herrn Dr. L. Th. herzlich zu gratulieren. Von Georg habe ich nichts mehr vernommen. Das mir gütigst überlassene Buch »Andreas Vöst« habe ich mit vielen Interessen gelesen – ein anderer hätte es verschlungen. Es ist einfach prachtvoll und packend! Die Tendenz ist so fein gezeichnet! Dem Pfaffen Braustätter hätte es eigentlich noch schlecht gehen sollen, das wird sich jeder Leser im Stillen wünschen. Hau' ihm eins, dem Schwarzrock! »Lausbubengeschichten« sind amüsant. Hätte ich das Buch vorher gelesen, so hätte ich nicht fragen müssen, ob Herr Dr. raucht. Morgen geht ein Kistchen feine Manilas ab. Hoffend, bekommen die Cigarren besser als auf der Bahnfahrt, wo der Lausbub seinen Hut […] verlor.
Also herzl. Gruß an Euch Beide u. erfreut mich bald wieder mit guten Nachrichten.
Adios Chica – un beso y abrazo – Papali. – Bitte entschuldige, daß ich mit Blei schreibe, es geht halt leichter.

Wohin Ludwig Thoma mit Marion auch kam, ihre exotische Schönheit zog alle Blicke auf sich. Stets war sie der Mittelpunkt jeder Gesellschaft. Sie war die Weitgereiste, die die Berliner Kabarettgeschichte mitgeprägt hatte. Das Liebespaar Marion und Ludwig pflegte ein offenes Haus in München. Von Anfang an war das Ehepaar Georg und Wally Hirth der jungen Frau freundschaftlich entgegengekommen. Man verkehrte bei dem berühmten Maler Friedrich August von Kaulbach, aber auch bei Justizrat Max Bernstein, dem nicht weniger berühmten Strafverteidiger, Schriftsteller und Kritiker, dessen Ehefrau Elsa sich einen guten Platz in der Literatur erobert hatte; ebenso im Hause der Familie Hallgarten. Häufiger Gast bei Thoma war der Verleger Albert Langen, zunächst mit seiner Ehefrau Dagny, später mit der Norwegerin Josefine Rentsch, seiner neuen Lebensgefährtin.

Marion und Ludwig, die »Palme« und die »Tanne«, besuchten Opernpremieren, dinierten in feinen Lokalen und stürzten sich in Künstlerfeste, von denen der »Simplicissimus«-Ball als das großartigste Kostümfest galt. Auf dem »Pippingerfest«, der »Vorstadthochzeit«, die Fritz von Ostini veranstaltete, wurde dem Paar Marion und Ludwig Thoma als »Metzgerseheleute« einstimmig der erste Preis zuerkannt. Es gelang Marion zwar relativ leicht, ihren Mann im Fasching zum Verkleiden zu überreden, dagegen war es ansonsten fast unmöglich, ihn zu überzeugen, dass es außer einem Lodenjanker und einer Lederhose auch noch andere Kleidungsstücke für einen Mann gäbe. Walther Ziersch weiß zu berichten, dass Marion einmal heimlich bei einem Schneider in München für ihren Ludwig einen Smoking anfertigen ließ. Aber Thoma würdigte das wohlgelungene Produkt großstädtischer Herrenbekleidungskunst kaum eines Blicks. Sein Kommentar soll gewesen sein: »Mir gangst. Bevor i dees Hanskasperlg'wand anzieh, da laß i mir lieber gleich vom Diringer a Indianerkostüm komma.« Schließlich ließ er sich aber doch von Marion dazu überreden, sich der allgemeinen Herrenmode in der Residenzstadt München anzupassen.

Nach Redouten und Künstlerfesten folgten für die beiden Verliebten fröhliche Wochen beim Wintersport. Marion begeisterte sich sehr für das Skifahren. Sie hatte auch einen ausgezeichneten Skilehrer, nämlich Olaf Gulbransson!

Mitte April 1906 nahm Albert Langen Ludwig Thoma und Marion in seinem Auto mit an den Bodensee, und dann weiter nach Tübingen und Ulm. Man traf sich mit Hermann Hesse, Emil Strauß und Ludwig Finkh, um die Gründung der Zeitschrift »Süddeutschland« zu besprechen, die später unter dem Titel »März« erschien. Ein enger Freund von Hermann Hesse, der

Friedrike Thoma, die Schwester von Ludwig Thomas Vater, Vorbild für die Tante Frieda in den »Lausbubengeschichten«.

Arzt und Schriftsteller Ludwig Finkh, galt in seiner schwäbischen Heimat als naturverbundener Lyriker und Erzähler. Marion besaß ein Buch von ihm, das ihr Conrad Haußmann zum Geschenk gemacht hatte.

Thoma hatte bereits 1904 mit weiteren »Lausbubengeschichten« begonnen. Ende September 1906 konnte er sein Werk unter dem Titel ». Neue Lausbubengeschichten« abschließen. Vorbild für die »Heldin« Tante Frieda war eine Schwester seines Vaters, die unverheiratet in München gestorben war.

»bloß daß es keine Madeln nicht gibt im Gefängnis«

Im Oktober 1906 musste sich das Liebespaar Marion und Ludwig für längere Zeit trennen, da Thoma eine sechswöchige Gefängnisstrafe in Stadelheim anzutreten hatte. Der Grund hierfür war ein von ihm am 25. Oktober 1904 im »Simplicissimus« mit einer Zeichnung von Olaf Gulbransson veröffentlichtes Gedicht »An die Sittlichkeitsprediger in Köln am Rhein«, gegen das von der Evangelischen Landeskirche Preußen Strafantrag gestellt worden war. Thoma, dessen »ausgeprägteste Charaktereigenschaften nicht gerade Geduld und Toleranz waren«, hatte in diesem Gedicht »alle Kategorien der Contenance und des guten Geschmacks« vergessen, »die Emotionen gingen mit ihm durch«.[17] In der Verhandlung trat auch Ludwig Ganghofer als sachverständiger Zeuge auf. Es half nichts, dass dieser mit der Faust auf den Tisch schlug, dass die Tintengläser klirrten. Seiner Meinung nach hielte das Gedicht durchaus die Grenzen der Satire und Parodie ein und sei eine »Kunstleistung, ein *echter Thoma*. Dr. Thoma sei früher als Rechtsanwalt und Bauernverteidiger aufgetreten und eben ein Bayer.«[18] Doch Thoma erhielt dennoch eine Gefängnisstrafe. Sein Kommentar dazu gegenüber seinem Freund Taschner am 5. Juni 1905:

Indem ich also jetzt Sträfling bin, aberst noch nicht, weil wir appellieren, und überhaupt bloß im Winter uns höchstens einsperren lassen, möcht ich Dir schreiben, […]. Also schreibe mir, wie Du es meinst, indem ich darauf sehr gespannt bin und auf die sechs Wochen überhaupt scheiße, weil mir nichts daran liegt, bloß daß es keine Madeln nicht gibt im Gefängnis und rauchen darfst auch nicht Überhaupts keine Lebensgenüsse haben. Die schwäbischen Rindviecher können mich …[19]

Thoma gelang es, den Strafantritt tatsächlich in den Spätherbst »zu schieben«. Er verbüßte vom 16. Oktober bis 27. November 1906 seine Gefängnisstrafe in Stadelheim. Die Trennung von Marion fiel ihm sehr schwer. Da sie nicht allein in der Wohnung in München bleiben wollte, wohnte sie auf seinen Rat hin bei Albert Langen. Dieser konnte den Sträfling beruhigen: »Der kleinen Marion geht es gut. Sie ist den ganzen Tag bei uns u. hat das Lachen noch nicht verlernt. Manchmal kommen die Tränen, aber Sie wissen, wie rasch sie getrocknet werden.« Albert Langen und Josefine Rentsch nahmen Marion zu einer Automobiltour nach Innsbruck mit und besuchten mit ihr Theater und Konzerte.

Marion sandte ihrem Ludwig eine lustige Postkarte nach Stadelheim: »Hurrah! Hurrah, hurrah! Bei einem kräftigen Schluck Bockbier. Marion.« Und Langes Lebensgefährtin Josefine fügte hinzu: »Wir sind fei heut' sehr fidel.« Der Clou der Ansichtskarte aber war das Bild auf der Vorderseite: Das deutsche Kaiserpaar Wilhelm II. und Viktoria bei ihrem Besuch am 12. und 13. November 1906 in München. Reinhold Geheeb, Thomas Freund, schrieb noch dazu: »Ich habe Ihn gesehen!!« Doch gerade Wilhelm II. wurde ständig im »Simplicissimus« angegriffen, Majestätsbeleidigungen waren an der Tagesordnung.

Thoma, der glühende Bismarckverehrer, verfasste im Gefängnis den Aufsatz »Reden Kaiser Wilhelms II.«. Er schaffte es zwar, sich diesmal aller Beleidigungen zu enthalten, warnte dennoch nachdrücklich »vor diesem tatenscheuen, hin und her schwankenden, sich an Phrasen berauschenden, nichts ganz, alles nur halb wagenden Regime«.[20] Es ärgerte Thoma ganz besonders, dass die Dekoration zum München-Besuch des Kaiserpaars ausgerechnet von dem Mann entworfen wurde, der sein erstes Buch illustriert hatte, nämlich Bruno Paul.

Während der Stadelheimer Haft wurde die Idee zu dem später so erfolgreichen Stück »Moral« geboren, über dessen Fortgang er Marion ausführlich informierte. Ludwig Thoma, dem »Herrn Dokta«, gestand man im Gefängnis jede Erleichterung zu. Er durfte rauchen, lesen und Besuche empfangen. Auch Marion konnte ihn einmal wöchentlich sehen. Von Mundwasser, Zigarren, Socken bis Manschetten besorgte sie ihm alles, was er wünschte.

Die sechs Wochen Gefängniszeit hatte Thoma in seinem »Stadelheimer Tagebuch« festgehalten. Als Maidi von Liebermann das Tagebuch dem

Thoma-Archiv vermachte, waren alle Hinweise auf Marion getilgt.[21] Es handelt sich um eigentlich so banale Bemerkungen wie: »Heute werde ich die kleine Marion wiedersehen nach 12 Tagen, die mir oft lang geworden sind. – Gestern war die kleine Marion hier, und ich zähle nun wieder bis Dienstag, wo sie mich auf ein neues besuchen darf. – Gestern war Marion mit Langen da zu Besuch. Wir mußten uns in Gegenwart des Inspektors begnügen, uns gleichgültige Dinge zu sagen und ein paar zärtliche Worte zuzuflüstern. – Sie ist immer ganz bei einer Sache, und sie kennt nicht die Halbheiten, Widersprüche, aus denen sich diese schöne Welt zusammensetzt ... und der Eifer stand ihr gut.« Es enthielt auch den Hinweis auf die für Marions Ehescheidung notwendige Bestätigung mangelnder Gravidität. Ob die Einträge schon von Thoma oder von Maidi von Liebermann getilgt wurden, bleibt offen.

Sehr bestimmt und detailliert sind Thomas Ratschläge, wenn es um Marions Hausfrauenpflichten geht. Besonders wichtig war ihm die richtige Zubereitung des Surfleisches! So schrieb er schon am vierten Tag seines Gefängnisaufenthaltes:

Kaufe – am liebsten in Dachau – 50–60 Pfund junges Schweinefleisch (nicht zu fett) Rücken und Wammerl, und laß sie von Rosa nach Berthas Rezept einsuren. Ein Scheffel dazu könnt ihr leicht kaufen (Eichen oder Buchenholz, ja nicht Fichten).
Wenn Du von Jäger Wilhelm die Weinadresse hast, bestelle 100 Liter, ich glaube den Liter zu 20 Kreuzer.
Hans Kaspar soll mir das Bild von Nußhäuser einrahmen lassen. Biedermaier.

Kurz vor dem Ende der Haft bekam Marion neue Anweisungen:

Liebstes Kätzle,
Ich mache mir heute schon den Speisezettel für meine Entlassung. Peter wird Dir 2 Hasen schicken. Da bitte ich um Hasenragout mit Knödel (viel Ragout). Zuerst einige Schweinswürstl mit Kraut.
Und Obst; wenn es Weintrauben noch gibt, dann viel Trauben. Lade Langen mit Kätzle, Frl. v. Bülow und Geheeb ein. Denn wir wollen den ersten Abend doch bei uns daheim sein.

Einen Rat laß Dir noch wegen des Geräucherten geben. Laß es jetzt noch einmal mit Salz und Wacholder einreiben, doch nicht zu stark. Schneide Dir ein Stück herunter und koche es Dir als Surfleisch, damit Du siehst, ob es genügend salzsauer ist. Denn, darin liegt viel, halte mich nicht für gefräßig, liebstes Kätzle, wenn ich Dir so ins Handwerk pfusche. Es macht mir Zerstreuung in dem vielen, vielen Lesen und Arbeiten.[22]

Am meisten beschäftigte sich Thoma aber mit seinem Vorhaben, auf der Tuften am Tegernsee, wo er im Oktober ein Grundstück erworben hatte, ein Haus zu bauen. Sein Freund Ignaz Taschner erstellte erste Pläne dazu.

Am 27. November 1906 meldeten die »Münchner Neuesten Nachrichten«, dass Dr. Ludwig Thoma Nachmittag 4½ Uhr entlassen worden sei, am Gefängnistor von seiner Frau und einigen Freunden mit dem Automobil erwartet. Dem Verfasser der Zeitungsnotiz scheint nicht bekannt gewesen zu sein, dass Marion nicht Thomas Frau, sondern seine Geliebte war. Auch die Gefängnisleitung betrachtete Marion wohl als Thomas Ehefrau, sonst hätte sie ihn nicht besuchen dürfen.

Die ersten Tage nach seiner Entlassung verbrachte Thoma vorwiegend in der Redaktion des »Simplicissimus«. Er traf sich mit Marion zum Frühschoppen mit Weißwürsten und Märzenbier beim »Franziskaner«. Wo immer das Paar auftauchte, war zu spüren, dass der Gefängnisaufenthalt Thoma noch eine Steigerung seiner Popularität eingebracht hatte. Bald jedoch drängte es Thoma, wieder seiner größten Leidenschaft, der Jagd, zu frönen. Einen Mordshirsch zu erlegen, löste bei Thoma fast die gleichen Gefühle aus, »wie sie ein glücklicher Bräutigam empfindet«.[23]

Anfang März 1907 plante Thoma eine Geschäftsreise zusammen mit Marion nach Berlin. Sie wollten auf jeden Fall ihre besten Freunde Ignaz und Helene Taschner dort besuchen. Doch dann konnte Thoma die Reise nur alleine antreten, den Grund dafür teilte er Taschner mit:

Die kleine Marion ist seit 8 Tagen im Bett; heute wieder auf, aber noch ein bischen schwach. Nichts Ernstes. Sie macht bei Klein eine leichte Operation durch, was ich Euch sub rosa erzähle, um Mama werden zu können. Bis jetzt war eine Störung oder ein Hinderniß vorhanden. So unbedeutend die Operation war, ist doch Ruhe nöthig.[24]

Offensichtlich hatten sich Marion und Ludwig Thoma von Anfang an Kinder gewünscht. Marion unterzog sich daher kurz vor der Eheschließung einem gynäkologischen Eingriff. Nun hegten sie also die Hoffnung, bald auch Eltern zu werden. Doch dieser Wunsch ging nicht in Erfüllung – eine nicht unerhebliche Hypothek für die Beziehung zwischen Marion und Ludwig.

Mariettas Scheidung

Die Scheidung des Ehepaares Schulz zog sich hin. Thoma hatte in Berlin den ihm von Ludwig Ganghofer empfohlenen Rechtsanwalt Max Mosse beauftragt, für Marion die Ehescheidungsklage gegen ihren Mann zu führen. Nachdem sie ihren Mann verlassen hatte, schloss er sein Kabarett und zog nach Wien. »Um den unschuldigen Schulz für dieses Scheidungstheater zu gewinnen«[25], gab er ihm zusätzlich zu den schon bezahlten 1000 Mark für seinen Umzug noch weitere 15 000 Mark; davon durfte Marion allerdings nichts wissen. Da Mosse nicht sofort reagierte, meinte Thoma, dass Schulz »einen tüchtigen Anwalt und einen tüchtigen Ehebruch« brauche, damit die Sache vor sich gehe.[26]

Nach dem damaligen Bürgerlichen Gesetzbuch galt nur Verschulden als Scheidungsursache. Unter Verschulden fielen Ehebruch, der Versuch, dem Ehepartner nach dem Leben zu trachten, böswilliges Verlassen des Ehegatten, außerdem ehrloses und unsittliches Verhalten. So mussten Mosse und Thoma einen zugelassenen Ehescheidungsgrund fingieren, obwohl dies wiederum ein sittenwidriges Handeln war. Mosse gelang es, im März 1906 den Ehebruchsbeweis beizubringen, um die Scheidung voranzutreiben, aus der Marion schuldlos hervorgehen sollte.[27]

Im Mai ging es dem lungenkranken Georg Schulz gesundheitlich sehr schlecht. Marion reiste zu ihm nach Wien, um sich seiner anzunehmen. Thoma litt unter ihrer Abwesenheit, doch er sah ein, dass Marions Mann sie brauchte, zumal sich die Genesung immer wieder verzögerte. Thoma ließ ihm, »dem Schorsch«, über Marion Grüße bestellen, die dieser freundlich erwiderte. Thoma war darüber froh; »denn ich sehe, daß er in mir nicht einen gemeinen Kerl sieht, der sein Glück kaltblütig gestohlen hat [...]. Wenn er jetzt in ein Sanatorium geht, das ist ja gut, aber die Rekonvaleszenz im Herbst muß er in sehr trockenem und warmen Klima haben. Ich denk, er soll nach Kairo [...].«[28]

Endlich wurde das Scheidungsurteil am 10. Juli 1906 gesprochen. Der überglückliche Ludwig Thoma war sehr erleichtert: »Also darf ich daran gehen, Frau Marion zu ehrbaren Ehefrau zu nehmen. Mir ist ein Stein vom Herzen, obschon ich den bürgerlichen Ehrbarkeiten eine sträfliche Wurstigkeit entgegensetze [...]. Also das kleine, sonnenhelle Mädel kriegt jetzt eine sichere Heimath. Und das ist gut. Ich sage allen Dank, die ihr die Übergangszeit leichter gemacht haben.«[29]

Doch am 6. August klagte Thoma Ganghofer, dass das Urteil noch immer keine Rechtsgültigkeit habe. Bei dieser Gelegenheit berichtete er darüber, wie die Bewohner und Gäste des Tegernseer Tales auf Marion reagierten:

Die Legitimierung ist nur mehr Zeitfrage. Das Urteil muß rechtskräftig sein, und dann will ich Haußmanns Rat folgen und landesherrlichen Dispens für Marion eingeben; mag der Landesherr nicht, dann fahre ich nach England [...]. Marion ist noch bedeutend schwärzer geworden und hat jetzt die Bronzefarbe glücklich hinter sich, um ins Mulattische überzugehen. Es geht ihr awer good. Wenn wir Tennis spielen, ist immer große Gesellschaft aus Tegernsee da. Ich glaube, das Viehzeug fährt eigens herüber, um Marion anzuglotzen und sich die Frau zu zeigen, die mit dem Thoma durchging. Das Publikum ist meist weiblich und schnattert und flüstert am Tenniszaun und ist glücklich, daß es auf dem Lande auch was zu Klatschen gibt. Der Aufenthalt hier in meinem Häusl [in Ringsee, d. Vf.] *ist famos, und ich freue mich im Stillen über die immer gleiche Fröhlichkeit, mit der Marion aufsteht und zu Bette geht.*

Endlich am 20. August 1906 war das Scheidungsurteil schließlich rechtskräftig. Nun sollte die »kleine Indianerin [...] ihre braune Hand geben und sie in seine altbayerischen Tatzen« legen. Doch so schnell ging es wiederum nicht. Da Marion nicht alle notwendigen Papiere beisammen hatte, konnte ein Dispens von der Wartezeit bis zur erneuten Heirat nicht ausgestellt werden. Es fehlte auch das Staatsangehörigkeitszeugnis. Von einem Amtsarzt benötigte Marion zudem die Bestätigung, dass sie nicht schwanger war. Ende Januar 1907 kam die Mitteilung, »daß Marions Dispens und das Urteil auf der Kanzlei liegen, und gegen 4 Mark 30 Pf. ausgefolgt werden. Das Schreiben datirt vom 28. Dez. 06 und ist in der Welt herumgefahren, bis

Frau Marie Schultze endlich in seinen Besitz kam. Warum haben die Rindviecher das Schreiben nicht an Dich geschickt?,« fragte Thoma bei Haußmann an.

Mitte März erhielt Marion ihr Staatsangehörigkeitszeugnis. Nun beschloss Thoma, am 26. März den »sogenannten Bund fürs Leben zu schließen«. Er wollte, dass seine Ehe nur durch den Bürgermeister sanktioniert würde – »den Pfarrer strapaziere ich grundsätzlich nicht«.[30]

Der »Kuhhandel« um Marietta

Der Karikaturist, Maler und Zeichner Thomas Theodor Heine, mit dem Thoma so viele Jahre beim »Simplicissimus« zusammenarbeitete, musste 1933 wegen seiner jüdischen Abstammung sowie seines Eintretens gegen den Rechtsradikalismus Deutschland verlassen. Er emigrierte über Prag, Brünn nach Oslo und 1942 nach Stockholm. Heine schrieb 1941 in Oslo den Roman »Ich warte auf Wunder«.[1] Empfindet man das Buch auf den ersten Blick als skurril, so folgt man »mit großem Vergnügen der Beschreibung eines teils phantastischen, teils surrealen Geschehens, wobei eine Kapriolen schlagende deutsche Mentalität und wirkliche Ereignisse in lächerlicher Verzerrung ihre Kritik erfahren«.[2]

Heine sah seinen Roman zwar »weder als Selbstbiographie noch als Schlüsselroman«, doch sind die Personen leicht als der Mitarbeiterkreis des »Simplicissimus« zu erkennen. »Herr Dr. Huber« trägt unverkennbar die Züge von Ludwig Thoma, »Corietta« kann nur Marietta sein und »Gagino« deren erster Ehemann Georg David Schulz. Es folgen nun einige wichtige Passagen aus Heines Roman, die sich vor allem auf Thomas Werben um Marietta und die mit ihrem Ehemann getroffenen finanziellen Absprachen beziehen. Auch wenn sich die nachfolgende Schilderung recht amüsant liest, so wird doch deutlich, was Heine in Wirklichkeit von dem »Dreiergespann« Thoma, Schulz und Marietta hielt:

Bei dem Stichwort »Kolosseum« wachte Doktor Huber auf: »Jessas! Da hab' ich ganz vergessen, daß ich mich im Kolosseum mit der Corietta zusammenbestellt habe, die wird mir einen schönen Krach machen.«

Ungestillte Sehnsucht
(Zeichnungen von O. Gulbransson)

Man will doch nach Italien gehn,
Um sich das Schöne anzusehn.

Venedig, die Lagunenstadt,
Ist, wo der Deutsche Hochzeit hat.

Die Seele schweift ins Altertum,
Und auch die Hand schweift wo herum.

Auch in der Arnostadt Florenz
Kennt Liebe keine Temperenz.

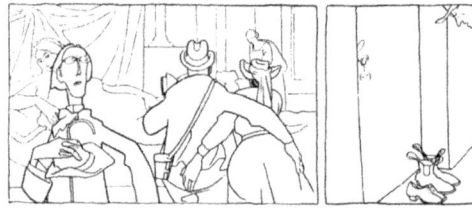

Man lächelt vor dem Tizian
Und rührt sich auch mal ähnlich an.

Und wo zwei Stiefelpaare stehn,
Da wird nach Tische was geschehn.

»Ungestillte Sehnsucht«. Zeichnungen von Olaf Gulbransson.

Wir fuhren alle vier in einer Droschke hin. Doktor Huber war ganz munter geworden, erzählte während der Fahrt viel von Corietta. »Sie ist eine Tänzerin aus Tahiti, tritt im Viktoria-Varieté mit ihrem Partner Gagino auf. Das ist ein schrecklicher Mensch, nutzt das arme Mädchen furchtbar aus, bedroht ihre Unschuld. Sie ist nämlich noch ganz unverdorben. Das habe ich gleich erkannt. Sie hat mir gefallen, weil sie so ein rassiges schwarzes Geschau hat. Nach der Vorstellung bin ich mit ihr und Gagino in eine Weinwirtschaft gegangen. Sie hat mich heimlich mit der Fußspitze angestoßen, und ich habe sie unter dem Tisch bei der Hand gefaßt und dann bei den Knien und so. Und der Gagino hat nichts gemerkt, weil ich ihm immer frisch eingeschenkt habe. Aber er war doch nicht so betrunken, wie ich meinte, denn auf einmal hat er mich um fünfzig Mark angepumpt und dann hat er gesagt, er könne nicht länger bleiben, weil er am nächsten Tag früh aufstehen müsse und üben, ich soll die Corietta heimbegleiten, er sehe, ich sei ein Kavalier und er könne sie mir anvertrauen. Wie er fort war, hat die Corietta zu weinen angefangen und hat mich gebeten, sie von Gagino zu befreien, sonst würde er ihr schließlich etwas antun und sie wolle doch ein sittsames Mädchen bleiben. Sie hat mich sehr gedauert, und ich habe ihr gesagt, sie solle von ihm weggehen, sie könne zu mir nach Aubing ziehen. Einstweilen ist sie mit mir in's Hotel gekommen. Aber am Morgen hat sie dann wieder geweint, weil sie sich vor Gagino gefürchtet hat, und sie ist zu ihm zurückgekehrt. Ich war dann oft mit ihr beisammen, und sie hat mich auch in Aubing besucht und sie möchte mir dort die Wirtschaft führen.

Im Kolosseum angelangt, trafen sie auf eine als Indianerin kostümierte junge Frau, die sofort mit Doktor Huber die Treppe zum Saal hinaufging, wo sie ununterbrochen tanzten. Ein merkwürdiges Bild: der blonde, bäuerliche Huber und die schlanke zierliche Exotin mit ihren schlangenartigen Bewegungen, es war, als ob ihn eine Viper umzüngelte. Zwischendurch traf sich Doktor Huber mit Gagino, der fünfzehntausend dafür verlangte, daß er seine Frau freigab. Huber wollte feilschen, doch Gagino sagte: »Wenn es zu teuer ist, brauchst du sie ja nicht zu nehmen.

Weißt du, ich bin dein Freund und ich rate dir, nimm sie nicht. Sie bleibt dir nicht. Ist keine Frau für dich. Gehabt hast du sie ja eh schon.« Doch Huber konnte ohne Korietterl nicht leben und war bereit, am nächsten Morgen mit Gagino die Angelegenheit beim Notar zu besiegeln. Huber drückte Gagino

»einen Taler als Drangeld« wie es bei Bauern so der Brauch beim Kuhhandel ist in die Hand. »Seid ihr nun endlich fertig mit euerem Schmarrn?« tönte die schrille Stimme Coriettas. »Nun komm, Gago, jetzt wollen wir zum letzten Mal miteinander tanzen.« Corietta war in einem leichten Empirekostüm, halbnackt. Es bildete sich bald ein Zuschauerkreis um die beiden, der ehrfürchtig flüsterte: »Corietta und Gagino«. Sie tanzten fabelhaft, wenn auch etwas akrobatisch, so doch wirklich schön und mit hinreißendem Schwung. Riesiger Applaus folgte, besonders von Doktor Hubers kräftigen Händen, der murmelte: »Ist ja halb geschenkt.«

Dr. Huber lud Emaus [Thomas Theodor Heine, d. Vf.] zu einem Besuch nach Schliersee ein. Dort hatte er ein geräumiges Bauernhaus billig erworben. Während der zweistündigen Bahnfahrt erzählte Huber viel von Corietta. Sie habe sich ausgezeichnet in die ländliche Umgebung eingewöhnt, verstehe von der Wirtschaft schon mehr als eine Bäuerin, sorge dafür, daß nichts vertan werde, die Knechte hatten schon ausgesagt, weil sie den Lohn herabsetzen wollte und ihnen kein Bier mehr gab. Huber erklärte, daß sie gar nicht aus Tahiti stammte, sie sehe nur so fremdländisch aus, weil ihre Großmutter eine Zigeunerin war. Beim Haus angekommen trafen sie Corietta die Kühe melkend im Stall an. Sie begrüßte die Angekommenen sehr erfreut. Die bäuerliche Tracht kleidete sie gut. Sie berichtete, daß die Dienstboten, die »ausgeschämten«, davongelaufen seien. Dann setzte man sich in der Stube zusammen, um Milch zu trinken und Schwarzbrot zu essen, das das »Corietterl« selbst gebacken hatte. Huber zog sich dann um und kam in kurzer Lederhose, mit genagelten Schuhen und eine halblange Jägerpfeife rauchend zurück. Er begab sich mit Schubkarre und Sense auf die Wiese. Der Gast und Corietta blieben zurück in der Bauernstube. Corietta setzte sich dicht neben den Gast auf die Ofenbank. »Haben Sie manchmal Heimweh nach Tahiti?« »Tahiti? Ach, Du Dummerl!« lachte Corietta und schlug dem Gast auf den Arm. »Hast Du eine Zigarette?« Sie wollte sie durchaus nicht am Streichholz anzünden, sondern an der, die er rauchte und hielt dazu dessen Kopf mit beiden Händen fest. Der Gast wurde ängstlich, und er ging, sich die Gegend anzuschauen. Corietta begab sich in den Stall, um auszumisten, Zigarette im Mund.[3]

Marion Thoma, die Ehefrau –
»An ihr ist gar nichts verbildet und kaputt erzogen«

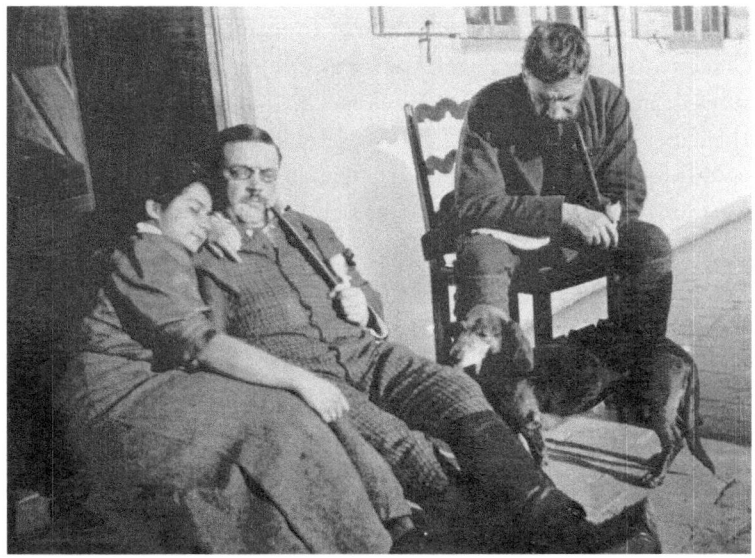

Das Ehepaar Marion und Ludwig Thoma am Haus auf der Tuften zusammen mit Bruder Peter Thoma, 1908.

Bereits im Jahr 1902 galt Ludwig Thoma nach einer Meldung in der Berliner Zeitung »Der Tag« als verheiratet. Der Journalist Alfred Kerr hatte das Buch »Die Hochzeit von Ludwig Thoma« zugeschickt bekommen. Kerr nahm an, dass Thoma sich verehelicht habe und der Verlag eine Art Festschrift dazu herausgegeben hätte.[1]

Doch erst im März 1907 läuteten endlich – symbolisch gesehen – die Hochzeitsglocken für das Liebespaar Ludwig und Marion. Nach dem langen Kampf um die Scheidung und den Schwierigkeiten der Naturalisierung Marions fand die Eheschließung vor dem Standesamt München I am 26. März 1907 statt. Trauzeugen waren die nahen Freunde Conrad Haußmann und Reinhold Geheeb. Schon einen Tag später trat das Paar die Hochzeitsreise an, sie führte in das klassische Land vieler Hochzeitsreisenden: nach Italien. Marion und Ludwig weilten bis zum 5. April in Florenz.

Nun könnte man annehmen, dass der Hochzeiter Thoma grenzenlos glückliche Tage mit seiner jungen Frau dort verbrachte. Doch dieser gestand in einem Brief seinem Freund Taschner, dass ihm das Leben in Florenz nicht passe und er voller Unruhe an seinen Hausbau in Tegernsee denke. Und in diesem Brief wird außerdem deutlich, was Thoma wirklich etwas bedeutete, nämlich »wenn ich mit der Arbeit wieder im Training bin, altbayerische Luft schnappe u. im Revier einen guten Rehbock […] ausmache.«[2] Wie ihn schon 1902 bei einer Reise nach Venedig die vielen Hochzeitsreisenden gestört hatten – »Nur die verfluchten Hochzeitsreisenden aus Crimmitschau und Zwickau verhunzen alles!« –, so ärgerte er sich jetzt in Florenz über die vielen Deutschen, die »der Teufel dort zusammenführte«. In den Galerien »stoßen mir die Madonnen jetzt schon auf wie schlechte Schmalznudeln […]. Um das Kraut fett zu machen, steht in jedem Saal unser Bildungspöbel herum und markiert Bewunderung.« Über seine frisch angetraute Frau schrieb er nur, dass sie Helene Taschner herzlich für die schöne Brosche, ihr Hochzeitsgeschenk, danke. Bissig bemerkt Thoma, dass er nun zum »Makkaronifressen« gehen müsse.[3]

Am 5. April traf sich das Ehepaar Thoma in Bologna im Hotel »Porta Rossa« mit Albert Langen und dessen Lebensgefährtin Josefine. Diese reisten dann nach Zürich weiter. Von dort schrieb Langen an das inzwischen in Lugano abgestiegene Hochzeitspaar einen launigen Brief:

24.IV.07

Lieber Thoma.
Sind Sie wirklich in dem Kitscheldorado geblieben! […] In Lugaohno! (sächsisch ausgesprochen). Da bin ich lieber noch 14 Tage in Mailand oder mein ganzes Leben am Tegernsee, wo keine Goldorangen nicht ununterbrochen im dunklen Laube glühn […].«[4]

Langen empfahl Thoma wärmstens die »Baur au lac Bar«, also die Bar des »Grand Hotel Bellevue au Lac«, in dem er sich selbst gerne und oft aufhielt.

In München wohnte das Ehepaar Thoma in der Jägerstraße 17/II. Die Luxuswohnung in der Leopoldstraße war bereits aufgegeben und der größte Teil der Möbel bei der Transportfirma Wetsch bis zum Umzug auf die Tuf-

Das Biedermeierzimmer im Thoma-Haus auf der Tuften heute (rechts) und um 1910 mit Marion Thoma am Nähtischchen.

ten eingelagert worden. Über das Leben in der Jägerstraße geben die Aufzeichnungen von Hans Reimann, eines Humoristen, einige Aufschlüsse. Als dieser von Leipzig nach München kam, um dort sein Studium aufzunehmen, führte ihn sein erster Weg zur Jägerstraße. Er wollte unbedingt den von ihm so verehrten Ludwig Thoma »leibhaftig sehen«. Er stieg bis zur ersten Etage des Hauses. Auf sein Läuten hörte er Getrippel, die Tür wurde geöffnet, eine schöne Frau, eine Dame mit rabenschwarzem Haar und feurigen Augen, nachlässig gekleidet, maß ihn hoheitsvoll von oben bis unten und rief mit »melodischer Stimme Ludwigl, Ludwigl«. Sie ließ den jungen Mann draußen warten, ohne eine Frage an ihn gerichtet zu haben. Reimann hatte sich eine kurze Ansprache zurechtgelegt, denn er wollte dem Dichter des »Andreas Vöst« seine Referenz erweisen und darauf hinweisen, dass er schon einige Male an ihn geschrieben habe, ohne eine Antwort erhalten zu haben. Thoma erschien, schob die kräftigen Augenbrauen noch über seinen schwarzumrandeten Zwicker und fixierte Reimann. Minutenlang. Dann knallte er die Tür zu.

Marions Vater kam Ende April zu den Jungvermählten und verbrachte den Sommer mit den beiden. Dann war Thoma wieder wochenlang auf der Jagd. Am 30. Juli ließ er an »Papacho« liebe Grüße ausrichten. Welchen Stellenwert für Thoma die Jagd besaß, geht deutlich aus einer Bemerkung in einem Brief an Marion hervor: »Wenn die Jägerei nicht gar so schön wäre, möchte ich gleich heimfahren. Aber wenn man die Böcke sieht, ist man ganz närrisch darauf, einen zu kriegen. [...] Was machst Du, schwarze Muckelbutzi?«

Dem Bau des Hauses auf der Tuften galt natürlich das Hauptinteresse des Ehepaars Thoma. Es radelte oft und gern zur Baustelle, um nach dem Rechten zu sehen. Zwischendurch versuchte Thoma an seinem Stück »Moral« weiterzuschreiben. Außerdem begann er eine bayerische Kulturstudie mit dem Titel »Montgelas. Zeit 1777–1816«. Zu all dem kamen die laufenden Arbeiten für den »Simplicissimus« und die Zeitschrift »März«. Thoma war also mit Arbeit reichlich eingedeckt. Oft schrieb er auch noch nachts, um sein Pensum zu erfüllen. Seinem Freund Conrad Haußmann gegenüber lobte er das Verständnis, das seine Frau für seine Arbeit habe; mit ihr gäbe es zwar viel zu lachen, sie sei jedoch so klug, auch seine Schweigsamkeit in arbeitsreicher Zeit zu verstehen. Es gehe Marion im übrigen sehr gut:

Sie ist kreuzfidel und dominiert hierorts durch energischen Sport und ihr glockenhelles Lachen. Alle Tage weiß ich besser, wie wertvoll es ist, einen so natürlichen Menschen zum Gefährten zu haben. An ihr ist gar nichts verbildet und kaputt erzogen. Du kannst ihr mit einer Blume mehr Freude machen als einer Berlinerin mit der schönsten Balltoilette. Daß sie nicht einmal die konventionelle Lüge beherrscht, ist wundervoll.[5]

Umzug in das Haus auf der Tuften

Mit unbeschreiblicher Freude zog Ludwig Thoma mit seiner Frau Marion am 8. April 1908 in das neue Haus auf der Tuften ein. Endlich schien die unruhige Zeit der wechselnden Wohnorte für beide vorbei. Das sehr geräumige Gebäude steht an einem der schönsten Plätze im Tegernseer Land. Thoma schilderte allen seinen Freunden sein Domizil in allen Einzelheiten. Er könne es fast nicht glauben, dass dieser schöne Besitz ihm gehöre. Seine Begeisterung nachzuempfinden ist leicht; das Haus auf der Tuften ist fast unverändert bis heute erhalten.

In Berlin ließ sich Thoma von Ignaz Taschner einen pompösen Kristallüster besorgen, der in Marions »nudelsauberes« Erkerzimmer gehörte, das mit seiner Biedermeiereinrichtung als »Perle« des Hauses galt. Sein eigenes Arbeitszimmer im zweiten Stock mit einem herrlichen Ausblick hat das Flair einer Tübinger Professorenstube. Besonders klug ist die Küche konzipiert mit einem direkten Zugang zum Keller. Das Herzstück aber bildet die Jägerstube mit einer gemütlichen Ofenbank am mächtigen Kamin und einem breitausladenden Tisch vor dem Herrgottswinkel. Und im Stall standen tatsächlich drei Kühe und ein Kalb – alles war so gekommen, wie es sich Thoma schon während seines Stadelheimer Aufenthaltes ausgemalt hatte.

Ludwig Thoma fühlte sich von Anfang an wohl in seinem eigenen Heim. Er war schriftstellerisch derart kreativ, dass er bereits am 12. September 1908 mit einem großen Aufatmen das Wort »Ende« unter sein Lustspiel »Moral« setzen konnte. In diesem Stück griff er eine Geschichte auf, die sich wohl in der Tegernseer Gegend abgespielt hatte: Eine Försterin hatte während der Abwesenheit ihres Mannes öfter Besuch von Herren erhalten, deren »Betragen« sie jeweils in ihrem Tagebuch festhielt und benotete. Dieses Tagebuch aber war verloren gegangen. In Thomas Komödie wurde aus der Förstersfrau »die Dame Therese Hochstetter«, deren Name ins Französische übersetzt dann eben »Ninon de Haute Ville« wird, die »nach Patschuli riecht, jenem dunkelbraunen südasiatischen Duftöl, das den Ruch des Exotisch-Sündigen schnuppern lassen soll«. Die knapp, aber plastisch geschilderte Herkunft der Hauteville erinnert an das Flair des Exotischen und Unkonventionellen, womit Thomas Frau Marion die städtische wie erst recht die ländliche Umwelt beunruhigte.[6] »Die in der ›Moral‹ planvoll durchgeführte Aufwertung unkonventioneller Beziehungen zwischen Mann und Frau ist auch als halbbewußte, verschlüsselte Rechtfertigung seines Verhältnisses zu Marion zu lesen.«[7]

»Frau Doktor« – die Hausfrau

Während Ludwig Thoma erfolgreich seiner Tätigkeit als Schriftsteller nachging, übernahm Marion ihre Hausfrauenpflichten. Für den großen Besitz musste Personal eingestellt werden, das auf Anweisung Thomas nicht zu freundlich zu behandeln war; dies wiederum führte später gelegentlich dazu, dass Thoma ohne jegliches weibliches Hauspersonal dastand. Von Marions Fähigkeiten, einen Haushalt zu führen, hatte Thoma ja schon geschwärmt, als er sie gerade kennengelernt hatte. Wie er das damals bereits beurteilen konnte, bleibt ein Rätsel. Marion fand erst einmal Gefallen am Leben auf der Tuften. Sie werkelte von früh bis spät. Immerhin erwartete Thoma sechs

Mahlzeiten pro Tag. Aus dem Dorf kam die Störnäherin, mit der sie die anfallenden Näharbeiten erledigte. Dass unter ihrer Aufsicht das »Starenhäusl«, wie es Thoma untertrieben nannte, stets vor Sauberkeit blitze, war immer wieder zu hören. »Selbst die erfahrensten, selbstbewußtesten Dienstboten, die der ›Mohrin‹ zunächst skeptisch begegneten, empfinden bald tiefste Bewunderung für die Frau Doktor.«[8]

Thoma übertrug seiner Frau die Oberaufsicht über den Hühnerstall und den Gemüsegarten – welch ein Gegensatz zu Marions bisherigem Leben in Kabarett und Künstlerkreisen! Er selbst stillte seine Sehnsucht nach Bauernarbeit im Sommer mit der Heuernte, bei der er eifrig mitmähte.

Gäste gingen ein und aus. Mit größtem Stolz führte das Ehepaar Thoma die Mitarbeiter des »Simplicissimus«, die Freunde und Verwandten durch das Haus und den großen Landbesitz. Thoma ließ übrigens auf dem Grundstück sogar einen Tennisplatz bauen, um dort mit Marion dem weißen Sport zu frönen – und zwar in weißen langen Hosen und weißem Hemd.

Selbstverständlich war dies ein Zugeständnis an seine junge Frau, die wiederum ihr Aussehen ihrem Mann zuliebe völlig verändert hatte. Der beste Beweis dafür sind Fotos. Eines zeigt Marion in einem trägerlosen Kleid, umhüllt von einer riesigen Fransenstola mit eleganten Schuhen und dem damals sehr modischen »Bubikopf«, ein äußeres Zeichen von Emanzipation. Seit dem Umzug in das neue Haus im Tegernseer Tal trug sie aber vorwiegend Dirndlkleider.

Marion unternahm hin und wieder den Versuch, elegante Einladungen zu geben und nicht nur in der völlig verqualmten Jägerstube zu warten, bis alle Tarockfreunde endlich nach Hause gingen. Aber über »Fünf-Uhr-Tees«, die Marion liebte, konnte ihr Mann nur spotten. Marion spielte auch gerne auf dem Flügel, der im Biedermeierzimmer stand. Sollte gar bei einer Einladung getanzt werden, so lehnte Thoma das moderne Gehopse unter dem Sammelbegriff »Tango« ab. »Den Tango hab ich dick, da wird mir ganz zweierlei. Des tu i mir net an!«, das war sein Kommentar. Viele Jahre später, nämlich 1914, ertanzte sich Marion bei einer Veranstaltung einen »Tangopreis«, worauf Thoma sie liebevoll in einem Brief »Tangoprinzessin« nannte.

Seiner Abneigung gegen diesen Modetanz ließ Thoma in einem 43 Strophen umfassenden Gedicht »Tango« freien Lauf. Seine Wut gegen diesen Tanz hing sicher auch damit zusammen, dass er, der »schwerfällige Bayer« –

wie ihn Maidi von Liebermann später einmal nannte – dafür völlig ungeeignet war. Hier eine Kostprobe aus dem erwähnten Gedicht:

Ein Mädchen damals konnte allen
Nur wenn es wirklich was besaß,
Nur durch reellen Wert gefallen.
Wir hatten noch ein Augenmaß!
Wir Kenner prüften noch die Büste
Und schätzten noch ein festes Bein,
Und rückwärts durft', daß ich nicht wüßte,
Auch keine glatte Fläche sein.
Jetzt aber – ach du große Güte! –
Das Weibervolk ist bloß mehr schlank,
Ist nicht mehr Saft und Kraft und Blüte,
Bloß Bügelbrett und Hobelbank.

[…]

Denn Eva will nur Tango tanzen,
Und der Schlawiner, der es kann,
Ist heute – ja, das paßt zum Ganzen –
Allein der interessante Mann.

[…]

Wenn eine als dressierte Puppe
Nur stets mit dem Schlawiner schleift,
Bleibt sie den braven Männern schnuppe.
Ich hoffe, daß ihr dies begreift.

Der »Biedermann« Thoma wurde offensichtlich von Eifersucht geplagt all den »Schlawinern« gegenüber, mit denen Marion sich im Tangoschritt wiegte.

Ludwig Thoma. Porträt von Karl Klimsch, wahrscheinlich 1909.

»Komm bald, liebstes Kätzlich«

Der Schauspieler Gustel Waldau, von Thoma liebevoll »Gustele« genannt, erinnerte sich besonders gerne an die schönen, innigen Weihnachten auf der Tuften. Marion und Ludwig Thoma bereiteten stets einen hübschen Gabentisch, wobei sich »Gustele« immer über ein vom Dichter herzlich gewidmetes Werk freuen durfte. Den Weihnachtsbaum suchte Thoma immer selbst im Wald aus. Bei der Bescherung war der Hausherr tief gerührt und während des ganzen Weihnachtsabends kam er aus seiner sentimentalen Stimmung nicht heraus.

Die Idylle, die Thoma auf der Tuften vorschwebte, hat sein Freund Walther Ziersch überliefert: »Am schönsten war es, wenn der Hausherr aus dem Allerheiligsten in der zweiten Etage von seiner Arbeit herunterkam ins Bauernzimmer. Dann saß er mit seiner Frau zusammen am Ecktisch im Herrgottswinkel. Sie nähte und summte leise ihre spanischen Lieder vor sich hin, und er hatte sein Manuskript auf dem Tisch liegen und schrieb. Das war ein gutes Schaffen. Beflügelt von der Macht der Liebe.«[9]

Obwohl Thoma wusste, dass seine Frau nicht gerne allein war, dachte er nicht daran, seine Jagdleidenschaft etwas einzuschränken. So reiste er wieder einmal nach Unterweikertshofen. Seiner Frau schrieb er:

Gestern kriegte ich Deinen lieben Brief, für den ich Dir ein Extrabussel gebe. Ich danke Dir schön, daß Du für unser Häusl sorgst, und ich bin wirklich froh, wenn die alte Gemütlichkeit wieder darin ist, bis ich komme. […] Hier erlebe ich die alten Jägerfreuden. Zwei Böcke habe ich schon hingelegt, und es rentiert sich, daß ich daheim das Gewehr so gut einprobiert habe. Die Kerle fallen, als wenn sie der Blitz erschlagen hat. Und es riecht so gut nach Wald. Komm bald, liebstes Kätzlich, dann führe ich Dich mit zum Blatten. Gestern habe ich Deine Stimme so gut gehört, als wenn Du neben mir ständest. Wenn Du von Tegernsee weggehst, schärfe ja den Mädeln ein, daß keines durch die Plafondbretter durchbricht. Sie sollen Dein Schlafzimmer nicht betreten.

Ende November 1908 war für Marion das Landleben für kurze Zeit vorbei. Sie reiste mit ihrem Mann in die Weltstadt Berlin, die sie bestens kannte. Anlass hierfür war die Uraufführung von Thomas »Moral« im Kleinen Theater unter der Regie von Viktor Barnowsky. Sie wohnten im Hotel »Habsburger Hof«; nur drei Monate später logierten sie nochmals dort, denn der Dichter war zur 100. Vorstellung des Stückes am 1. März 1909 erneut nach Berlin gebeten worden. Damals verlebten die Thomas recht vergnügte Abende, vor allem mit den Freunden Ignaz und Helene Taschner sowie deren beiden Töchtern.[10]

Der Erfolg des Theaterstücks »Moral« enthob Thoma fast aller finanzieller

Marion Thoma, geliebtes »Kätzlich« im Haus auf der Tuften, um 1910.

Sorgen. Er kaufte zu seinem Besitz nochmals vier Tagwerk Grund hinzu, worüber er sich sehr »fidöll« fühlte und meinte, »wenn ich jetzt Dusel habe, daß mir noch ein Theaterstück gelingt, was ich im Kopf habe u. vielleicht 1910 herauslasse, dann ist der Tuftenhof hint und vorn schuldenfrei, und der Stall wird vergrößert u. und das Wohnhaus deck ich mit Lerchenschindeln«.[11]

Ein schöner Sommer zog 1909 ins Land. Das Ehepaar verlebte eine glückliche Zeit. Thoma hatte viele Artikel zu schreiben, ein neues Werk entstand damals nicht. Als es dann auf Weihnachten zuging, bat Thoma Helene und »Nazi« Taschner, ihm für Marion zwei Wandleuchter, die diese verkaufen wollten, zuzusenden. Die Leuchten würden so gut neben den Spiegel im Musikzimmer passen. Außerdem lud er die ganze Familie Taschner ein, Weihnachten mit ihm und Marion auf der Tuften zu feiern. Während Marion in München ihre Weihnachtseinkäufe machte, hielt sich ihr Mann einige Tage bei seinem Freund Walther Ziersch im Jagdhaus »Hubertushöhe« im Hinterautal bei Scharnitz auf.

Den Jahreswechsel verbrachten Marion und Ludwig gerne in einem Hotel in Rissersee. Doch am 6. Januar 1910 klagte Thoma seinem Freund Haußmann, dass ihm zwar Skifahren gefalle, er des schlechten Wetters wegen jedoch eher seinen Gedanken nachhänge und er in Wahrheit nur Marion zuliebe herumhocke, »denn ich entwickle mich immer mehr zum Einsiedler und lebe im Zwiespalt, der sich zwischen Neigung und Entgegenkommen auftut. Ende Januar kratze ich aber ab nach Tegernsee und lebe allein mit meinen Büchern, indes Marion in Kitzbühel Ski fährt. Stoffe zu Volksstükken, Lustspielen oder auch Romanen u. Novellen lassen sich nicht zwischen zwei Vergnügungen finden u. ausbauen.«

Thoma hielt es dann doch nicht bis zum Monatsende im Hotel aus, denn bereits vom 16. Januar an schrieb er von Rottach aus eine ganze Serie von Briefen an Marion, die nach Kitzbühel gereist war.

Der »lockere Lebenswandel« Marions

Das Jahr 1910 ließ sich für das Ehepaar Thoma nicht gut an. Ludwig Thoma hatte viel zu tun und zwischendurch gesundheitliche Probleme. So beschloss er, mit Marion am 19. März für drei bis vier Wochen nach Bozen zu fahren, um auf diese Weise den Frühling gleich zweimal zu genießen.

Durch Henriette Schulz, ihre ehemalige Schwiegermutter, erfuhr Marion, dass ihr geschiedener Mann Georg David am 9. Mai 1910 in einem Krankenhaus in Freiburg im Breisgau seinem schweren Lungenleiden erlegen war.

Im Juni hielt sich Marion wieder in Bozen auf. Thomas Briefe dorthin waren liebevoll, voll Sorge um seine Frau, die Probleme mit ihrem Magen hatte. Das Schreiben vom 22. Juni zeigt allerdings, dass Thoma inzwischen unter dem ihm von mehreren Seiten berichteten zu lockeren Lebenswandel seiner Frau litt!

Tuften 22. Juni 1910

Mein liebstes Mädel,
Ich will Dir gleich schreiben, damit Du in Oberbozen keine unruhigen Stunden hast. Schau, Muckel, geglaubt habe ich nichts Schlechtes, aber herzlich wehe tut es mir, daß Leute dreckige Füße in unser Haus tragen dürfen. Ich weiß, daß ich ein einsilbiger Mensch bin, aber denken und arbeiten machen immer dazu. Pappeln tuen immer die Dummen. Ich will es schon besser machen, wenn Du gesund und lustig wieder bei mir bist. Ich mag Dich wieder singen und pfeifen hören, will auch gerne mittuen, so weit es geht.

Es werden auch heitere Menschen ins Haus kommen und Leute, die was sind. Ist auch nicht jeder Tag ein Feiertag, so kann ich mich auf die schönen freuen und an den Andern was schaffen.
Jetzt mache Dir keine Sorgen über meine Gedanken. Sie sind herzlich bei Dir und wünschen Dir gute Erholung. Mit 1000 Küssen
Dein Luke

Um den 20. Juli kehrte Marion zurück nach Tegernsee, sehnsüchtig erwartet von ihrem Mann. Doch schon acht Tage später ging Thoma zur Jagd nach Unterweikertshofen. Die Briefe, die Ludwig Thoma nun schrieb, sind wieder voll lustiger Zärtlichkeit; sie zeigen, dass sich die beiden wohl inzwischen wieder versöhnt hatten. Thoma sandte beispielsweise »20 000 Küsse und einen Tatscher auf den runden Popo«. Er freute sich darüber, dass Marion Tennispartner gefunden habe und sich gut amüsiere. Außerdem schickte er ihr einen Rehbock und erinnerte sie (wie so oft) an ihre Hausfrauenpflichten, diesen gut einzuheizen, denn das Fleisch sollte nach der Uraufführung des Schwankes »1. Klasse« am 12. August 1910 bei dem gemeinsamen Essen mit den Theaterleuten verzehrt werden.

Thoma hatte für Michl Dengg und sein Oberbayerisches Bauerntheater in Egern extra dieses Stück geschrieben; außerdem führte er selbst Regie. Das Interesse an der Uraufführung war so groß, dass alle Hotelzimmer in der Tegernseer Gegend ausgebucht waren und im Gasthaus »Zur Überfahrt«, wo gespielt wurde, Telefonleitungen gelegt werden mussten. Alles was Rang und Namen hatte, Intendanten und Direktoren von großen Theatern und viele Presseleute, waren angereist. Das Stück wurde ein voller Erfolg. Die »Münchner Neuesten Nachrichten« meldeten: »Es gab dem Abend und der Vorstellung einen stilvollen Ausklang, als der Autor, von tosendem Beifall an die Rampe getreten, in kurzer Wichs die Kränze und Gebinde aus Alpenblumen entgegennahm, die ihm gereicht wurden.«

Nachdem sich der Theatersaal allmählich geleert hatte, setzten sich die Darsteller mit Thoma und seiner Frau Marion im »Salettl« zusammen, da die Bauernstuben des Gasthauses beängstigend voll waren. Thoma stiftete für jeden Darsteller zwei Paar Wiener Würstl mit Kraut und eine Maß Bier, was allen lieber war als Sekt und Kaviar. Um Mitternacht gingen Marion und Ludwig Thoma äußerst verliebt heim in ihr herrliches Haus auf der Tuften.[12]

Ganghofer als »Eheberater«

Kurz nach dieser erfolgreichen Premiere muss es eine schlimme Auseinandersetzung zwischen den Eheleuten Thoma gegeben haben. Thoma hatte es durch einen Brief nun schwarz auf weiß, dass ihn Marion betrog. In seiner Verzweiflung zog Thoma seinen Schriftstellerkollegen Ludwig Ganghofer wieder einmal ins Vertrauen. Am 19. August 1910 schrieb er ihm:

Mein lieber Ludwig.
Ich komme zu dir in der drückendsten Sache, die meinem Leben widerfahren ist. Ein junger Bursche, namens U. Engelhardt, Sohn einer Gräfin Fugger, hat in einem Briefe an sein Verhältnis, die Schauspielerin Breda, behauptet, daß er mit Marion sie, also mich betrogen hat. Der Brief existirt, ich kann ihn nicht aus der Welt schaffen. Ich bitte Dich um Hilfe und Rath. Marion sagt, daß es gelogen sei. Ich darf und kann mich hiermit nicht begnügen und ich muß die Wahrheit heraushaben, so oder so.
Ich wende mich nun an dich, koramiere den Burschen; hat er aus irgendwelchen Gründen gelogen, so gehört er mir; hat er die Wahrheit gesagt, dann lieber Ludwig, reiße ich mein jetziges Leben in Fetzen und fange ein neues an. Sorge dich nicht um mich, und verschaff mir die Wahrheit.
Verzeih mir, wenn ich dir Kummer oder Schmerz bringe, aber ich kann in dieser Sache bloß zu dir kommen.
Mit brüderlichen Grüßen
Dein Ludwig

Anschrift: Engelhardt bei Graf Fugger-Blumenthal
Franz-Josefstr. 38

Vielleicht kannst du schreiben, ob der den Brief an Frl. Breda zugesteht, und ob er die Behauptung über Frau Dr. Thoma aufrecht hält. Sagt er ja, ist's zum Fordern immer Zeit?
Sonst faß den Hund bitte gleich.[13]

In dem besagten Brief, den Thoma offensichtlich geöffnet hatte, soll sich die Schauspielerin Breda, der Marion den Geliebten U. Engelhardt weggenommen hatte, mit der Mitteilung an Marion gerächt haben, dieser habe eine neue Geliebte.

Engelhardt war nicht, wie von Thoma erwähnt, der Sohn einer Gräfin Fugger, sondern stammte aus deren erster Ehe mit N. Engelhardt. Hedwig Engelhardt, geb. Graf (1859–1936), wurde am 28. September 1901 in London die Ehefrau von Eberhard Graf Fugger-Blumenthal. Sie lebte wohl, nachdem sie 1907 bereits Witwe geworden war, auf Gut Blumenthal, das bis heute in Fugger'schem Besitz ist.[14] Zur Zeit des angeblichen Ehebruchs mit Marion Thoma wohnte ihr Sohn dort bei ihr.

Ganghofer erstellte am 22. August ein Protokoll, das einen Waffengang ausschloss. Engelhardt sei ein unwürdiger Gegner, weil er nicht die männlichen Qualitäten besitze, welche nötig sind, um ritterliche Genugtuung geben zu können. »Die Waffenehre gebührt solchen Personen *nicht*, die durch Indiskretion die Ehre einer Dame kompromittieren.« Solch einer disqualifizierenden Handlungsweise habe sich U. Engelhardt durch knabenhafte Geschwätzigkeit gegenüber einem Gewährsmann dieses Fräuleins schuldig gemacht. »Als Vertreter des Herrn Dr. Ludw. Thoma erkläre ich aus diesen Gründen Herrn U. Engelhardt als satisfaktionsunfähig […].«

Sehr nachdrücklich führte Ganghofer seinem Freund vor Augen, dass Marions Eskapaden sein Ansehen in höchstem Maße schädigten. Solange sie nun einmal verheiratet seien, solle Thoma es nicht zulassen, dass Marion ihn durch ihre in aller Öffentlichkeit zur Schau gestellten Beziehungen zu jungen Lebemännern kompromittiere.[15] Auf Thomas Bitten führte Ganghofer ein Gespräch mit Marion, zu dem diese nach Ehrwald herüberkam. Sie hatte sich angeblich mit Engelhardt in keiner Weise verständigt, gab aber an, dass dieser bereit sei, ebenfalls zu Ganghofer zu kommen, um alles aufzuklären. Dies aber wollte er wiederum nicht.

Marion wünschte, Ganghofers Meinung zum Fortbestehen ihrer Ehe zu hören. Er sagte ihr das Gleiche, was er schon Thoma geschrieben hatte, nämlich: »[…] ob Schuld oder Nichtschuld in diesem einzelnen Falle, Ihr beide könnt nach der Art der Dinge nicht mehr miteinander weiterleben, Dich [Ludwig Thoma, d. Vf.] wird der ruhelose Zweifel erdrücken, Frau Marion wird bei ihrem Naturell diese chronische Bedrücktheit nicht ertragen.«[16]

Dem stimmte Marion zu und bemerkte, dass sie schon längst von Thoma fortwolle, er sie aber nicht gehen ließe. Ganghofer schlug vor, dass Marion gar nicht mehr auf die Tuften zurückkehren solle. Doch sie erklärte, Thoma habe zum 25. August, seinem Namenstag, viele Gäste eingeladen; da müsse sie noch dabei sein. Sie versprach aber, am darauffolgenden Tag Tegernsee zu verlassen.

Nach der Unterredung mit Marion verfasste Ganghofer einen nicht enden wollenden Brief an Ludwig Thoma; darin suchte er die Widersprüche in den Aussagen Marions und Ludwigs aufzudecken. Er stellte es Thoma frei, über die etwaige Schuld seiner Frau hinwegzusehen, falls er sie immer noch liebe. Er könne aber auch gerichtliche Schritte gegen Herrn Engelhardt unternehmen, wovon aber Marion nichts hielte. Es bliebe die Möglichkeit, seiner Frau, die alles als böse Verleumdung abstritte, zu glauben. Doch das wäre das Ende seiner Freundschaft mit Ludwig Thoma:

Aber bedenke, lieber Ludwig, was ich Dir in Mittenwald über Deine Frau sagte! Was ich glaubte, Dir als ehrlicher Freund sagen zu müssen! *Kannst Du die Überzeugung gewinnen, daß Deine Frau schuldlos ist, [...] so mußt Du alles, was ich Dir in Mittenwald sagte, als Lüge betrachten. Und als Kolporteur solcher Lügen kann ich das Haus nicht mehr betreten, in dem diese schuldlos verleumdete Frau wohnt, kann und darf ich nicht mehr verlangen oder erwarten, daß der Mann mit mir verkehrt, über dessen Frau ich so böse Dinge geklatscht habe.*[17]

Eine der Klatschgeschichten erfuhr Thoma vom alten Vater Behrmüller, eine »so schuftige und schmutzige Lüge, die gegen M. ausgegeben war, und die in einem Tag über Egern-Tegernsee (natürlich nur das gute Publikum) verbreitet war«. Der alte Behrmüller, der mit Marion oft in der Frühe nach Kaltenbrunn segelte, erzählte Thoma, dass sie eines Tages etwa eine halbe Stunde ohne Wind liegen geblieben waren. Da die Sonne herunterstach, legte Marion ein Segeltuch um ihre Schultern. Ein Bursche in einem Privatboot fuhr heran und fragte, ob er Behrmüller abschleppen dürfe; doch dieser lehnte ab. Der Bursche musterte Marion sehr genau. Am gleichen Tag wusste ganz Egern, Marion hätte in Gegenwart von weiß Gott wem gebadet. Der Bursche nahm das Segeltuch für einen Bademantel. Behrmüller sagte zwar immer wieder den Leuten, dass das Geschwätz des Buben eine Lüge sei: »Doch ganze Damengruppen haben die Verleumdung weitergesagt, mit allen Ausschmückungen, deren das milde Weiberherz fähig ist.«[18]

Thoma war eifrig bemüht, mehr über U. Engelhardt in Erfahrung zu bringen. Er fand heraus, dass dieser sich in Garmisch aufhielt. Marion hätte einer Gegenüberstellung mit Engelhardt zugestimmt. Sie war durchaus bereit, für ihre Ehe zu kämpfen und nicht nur der leidende Teil zu sein.

Sie hat Recht. Weil sie nicht meine Magd, sondern meine Frau war und ist, muß sie von mir verlangen, daß sie nicht verurteilt wird, ohne gehört zu werden. […] Glaube mir, daß ich mein Leben lang nicht fertig würde mit der Vorstellung, daß ich mich sofort von Marion losgesagt habe, obwohl ein Bubenstück vorlag.[19]

Doch die Trennung des Paars war nach Ganghofers Meinung die einzig richtige Reaktion. Er teilte Thoma nach der schon angesprochenen Unterredung in Ehrwald mit: »Schließlich gab sie mir die Hand und versprach mir, Dich bei dem heutigen Fest [Namenstagsfest am 25. August, d. Verf.] zu dem Du selbst die Gäste geladen, nicht schwach zu machen – und nichts geschehen zu lassen, was Dich am Morgen reuen müßte.«[20]

»Ich habe Respekt vor Marion«

Am 17. Oktober 1910 fand zwischen Ludwig und Marion dann die entscheidende Aussprache statt. Sie waren sich über alles einig geworden. Am Tag darauf, dem 18. Oktober, trennten sie sich. Ludwig Ganghofer wurde wie folgt verständigt:

Unsere Unterredung war ruhig, sachlich, ich würde vornehm sagen, wenn ich nicht dabei gewesen wäre. Geldpunkt wurde nicht berührt; ich sorge für ihr anständiges Fortkommen nach meinem Gutdünken. Fertig. Eine Sache, über die man nicht spricht. Andere Einzelheiten wurden flüchtig berührt, über keine gab es Differenzen. Ich habe selbstverst. Marion keine Vorschriften über ihre Zukunft gemacht; ich bin nicht ihr Erzieher und sie ist für

*mich seit gestern wieder Dame. Sie sagte mir, daß ich auf Takt von ihrer Seite rechnen könne, auf irgendeine Unterwürfigkeit nie. [...]
Ich habe Respekt vor Marion; ob sie mich betr[ogen]. hat oder nicht, das ist heute ausschließlich ihre Sache. Aber sie hat getan, was sie tun mußte, ohne Wehleidigkeit, ohne Rücksicht auf Stellung, Geld und schöne Dinge. Das ist auch was. Ich habe sie oft wie ein Spielzeug behandelt; in die Ecke gestellt, wenn ich allein sein wollte. In diesen Tagen hat sie mir gezeigt, daß sie Klugheit und unbeugsamen Willen besitzt.*[21]

Thoma fuhr nach Dachau zu den Taschners. Er wollte dann eine Woche auf die Jagd gehen und eine weitere Woche zusammen mit »Nazi« Taschner in Wien verbringen. Marion begann, sich in München nach einer Wohnung umzusehen und ihre Sachen auf der Tuften in Ordnung zu bringen. Dann plante sie, ihren Vater in Zürich zu besuchen und anschließend in den Süden weiterzureisen.

Von der Trennung sollte vorerst weder Thomas Bruder Peter noch gar das Hauspersonal etwas erfahren. Ganghofer durfte darüber allerdings mit seiner Frau Thinka sprechen und, falls er es für angebracht hielte, auch mit Kaulbach. Thoma war sich damals noch nicht im Klaren, ob er von Marion nur getrennt leben wollte oder ob er sich scheiden lassen sollte. Was die Gesellschaft über Thomas Trennung von seiner Frau sagen würde, interessierte ihn nicht, denn »ich bin Gott sei Dank innerlich und äußerlich frei von allen Rücksichten auf Dutzende«. Diese Behauptung mag stimmen, »wenn er die verachtete Tegernseer Nachbarschaft meinte oder den weiteren Bekanntenkreis, aber die innere Unabhängigkeit, um gegen Ganghofers Rat an der Frau festzuhalten, fehlte ihm«.[22]

Marion sollte für die Außenwelt als krank gelten, immer kränker werden und schließlich für immer von Tegernsee wegbleiben. Recht wehmütig endete der Brief an Ganghofer: »In einer halben Stunde verlasse ich das Haus zum letzten Mal mit Marion. Sie fährt nach München, ich nach Dachau. Und da glaubt einer, er könnte sein Leben lenken. Wie ist alles anders geworden in kurzen 2 Jahren, seit wir dies Haus einweihten.«[23]

Geschieden und doch unzertrennlich –
»wir sind bessere Freunde als seit langem«

Die Ehe Ludwig Thomas wurde aus Verschulden der Ehefrau am 30. Juni 1911 geschieden; doch zu einer endgültigen Trennung kam es erst 1918. Es ergab sich eine nacheheliche Vertrautheit, mit der Thoma eine »ideale Lebenssituation zwischen Junggesellendasein und Heirat gewann, zwei Extreme, die es ihm zu versöhnen gelingt, nachdem er vorher an beiden gelitten hat.«[1]

Zwei Monate nach der Scheidung, am 26. August 1911, fasste Thoma seine Gedanken über den derzeitigen Zustand seiner Beziehung zu Marion zusammen und schrieb an sie:

Denke, wie häßlich es wäre, wenn wir zwangsweise zusammenlebten mit Mißtrauen und ohne Liebe. Jetzt denken wir ganz anders aneinander und voneinander. Und diese herzliche Zuneigung hält ganz gewiß besser wie die dumme Ehe. Ich freue mich so, daß Du lustig bist und lustig lebst. Früher wäre ich eifersüchtig gewesen, hätte gefragt, mit wem bist? Was tust Du? Jetzt macht es mir Spaß, wenn ich Dich in heiterer Gesellschaft weiß.

Sehr offen schilderte Thoma »Nazi« und Helene Taschner im November 1911, wie er seine zerbrochene Ehe empfand:

Marion und ich, wir sind bessere Freunde, als seit langem- gerade weil wir uns trennten. Sie ist natürlich, wie sie in alter Zeit war- es liegt nichts zwischen uns, was sich beim Reden versteckt und Spitzen hat. Die Offenheit that uns beiden wohl, u. wir sagen uns, daß unsere Ehe ein Irrthum war. Ich kann Dir versichern lb. Nazi, u. Dir lb. Helene, daß ich in meiner jetzigen Herzlichkeit zu Marion den Trost finde für manche törichte Laune, mit der ich sie einmal gequält habe. Ich war in meiner Ehe ein Oberlehrer und Grantlhuber und habe ihre Zärtlichkeit so oft abgewehrt, bis sie erstickte. Jetzt bin ich als freier Mensch ihr herzlicher Freund, und was mir weh thut, zeige ich ihr nicht, sondern gebe mir Mühe, ihr alles leichter zu machen. Ich wäre unglücklich geworden, wenn ich die moralische Stärke verschiedener Freunde in München mir hätte aufreden lassen; der Gedanke, daß die arme M. in irgendeinem Winkel der Welt weinen müßte, hätte mir jede Lust u. Freude an der Arbeit für immer genommen. Ich habe ihr viele Thränen verursacht, u. habe kein Recht, sie auch jetzt noch zu quälen. Das ist mein Trost, daß ich taub war gegen die dreimal verdammte Tugendboldigkeit. Dafür kann ich nichts, daß ich kein Ehemann bin, u. zu ernst bin für tägliche Fröhlichkeit. Aber den »starken Mann« habe ich nicht gespielt, um schön dazustehen bei der ganzen Bande, die sich für mich u. gegen Marion die Zungen ausgekegelt hat. Ich habe nur den einen Wunsch, daß ihre Zukunft heiter sein soll, und was ich dazu beitragen kann, thue ich.[2]

Sich selbst sah Thoma damals als »waidwund geschossen«, doch wie ein Edelhirsch würde er seine Wunden nicht zeigen. Er zog sich zurück, sah sich wieder als »ziemlich behaglichen Junggesellen. Was eigentlich am besten zu meinem Naturell paßt.« Gegen Leere und Alleinsein flüchtete er sich in Arbeit als die beste Medizin. Über die Scheidung wollte er mit niemandem sprechen; selbst sein Bruder Peter erfuhr erst nach und nach davon. Es dauerte lange Zeit, bis in der Öffentlichkeit durchsickerte, dass sich das Ehepaar Thoma getrennt hatte.

Man kann sich des Eindrucks nicht erwehren, dass Thoma seiner Frau alles verziehen und er sich nicht von ihr hätte scheiden lassen, wäre er nicht zu sehr von Ganghofer unter Druck gesetzt worden. Marion sollte übrigens ihr schönes Biedermeierzimmer in Tegernsee behalten, sie konnte jederzeit dorthin zurückkommen. Thoma versicherte seinem »lieben Mädel«:

Von meiner Seite mußt Du keine Unruhe fürchten; ich habe es mir geschworen, daß ich Deine Ruhe nicht störe. Du schreibst, daß Du auf bessere Gedanken kommst. Tu das, kleines Mädel, und glaube fest daran, daß ich Dein guter Kamerad bleiben will. Von Zweifeln an die Zukunft, wie Du hier sagtest, laß Dich nicht quälen. Am Ende sind wir beide doch ein paar kluge Menschen, die ihre Wege zu finden wissen. Ich will nicht, daß Du weinst, und der Gedanke daran würde mich quälen. […] Fasse das Vertrauen, daß ich Dir nie wehtun will. Nein, das will ich nicht, kleine Marion. Der Gedanke liegt weit weg von mir . […] Jetzt lebe wohl, und sorge Dich nicht um mich; auch das muß Dich nicht beunruhigen. […] Laß Dir viele Küsse in die Ferne schicken von deinem
Dich herzlich liebenden Ludwig.

In den Briefen an seine geschiedene Frau zeigt sich, welche Besonderheit diese Beziehung war.³ Es gab keine billigen Worte, sondern Rat und Tat. Ludwig Thoma erzählte von seinem dichterischen Schaffen, von seinen Alltagssorgen und Jagderlebnissen. Er hatte es sich nicht nehmen lassen, für das »kleine Mädel« zu sorgen. In welcher Höhe er seine ehemalige Frau monatlich unterstützte, ist nicht bekannt. Marion begann ein ruheloses Leben. Das bezeugen ihre Karten aus Baden-Baden, Monte-Carlo, St. Moritz, Rimini, Genua, Sorrent, Bozen, Kössen, Feldafing und Berlin.

Nun gab es schlimme Zeiten, in denen die große Einsamkeit über den Dichter hereinbrach. Er stürzte sich nach der Trennung von Marion in die Arbeit an seinem Stück »Der Wittiber«⁴. Thoma kam zügig voran, doch immer wieder holten ihn die trüben und scheuen Gedanken ein: »Sie kommen wohl nachts wieder hervor und stellen sich mir ans Bett und zeigen mir die Tränen eines dummen Mädels, dem ich einmal Schutz fürs Leben versprochen hatte. Und das ich nicht geschützt habe, vielleicht nicht schützen konnte gegen ihre eigene Torheit.« Über die Scheidung des Ehepaars Thoma ist noch in den 1920er- und 1930er-Jahren in München und andernwärts viel diskutiert worden. Die meisten alten Freunde kamen zu dem Ergebnis: »Wären Thoma und Marion jemals menschlich, nicht nur erotisch oder in einer Art von wilder Außenseiterkameradschaft eine Einheit gewesen, so wären schon, während das Haus auf der Tuften gebaut wurde, ihre geheimen Erwartungen an dieses Haus nicht so verschieden gewesen.«

Thoma versuchte, so wenig wie möglich nach München zu fahren. Doch hin und wieder musste er doch zu den Besprechungen mit den Mitarbeitern des »Simplicissimus«. Wie der Schauspieler Bertl Schuhes erzählt, kam Marion oft dazu, und da konnte man manchmal erleben, wie Thomas gefürchtete Faust ganz zahm wurde, wenn er leise und zart ihre Hand berührte und sagte: »Woll'n ma geh'n?« Nach dem gemeinsamen Essen traf sich die ganze Gruppe im »Hofgarten-Café«, wo sie im herrlichsten Bayerisch über Gott und die Welt redeten. Marion beteiligte sich wenig an solchen Disputen, denn sie konnte ja in Wirklichkeit »keine fünf Worte bayerisch«. Allerdings heiterte sie die Runde oft durch kleine Anekdoten auf, die sie dann in Hochdeutsch erzählte: »Weißt Du Ludwig, wie nett es war am Starnberger See auf dem Schiff damals. Du bist schön sitzen geblieben, und ich bin auf dem Vorderdeck spazieren gegangen, und dann wollte ich auf die Kommandobrücke, und der Kapitän hat es mir nicht erlaubt, und alles Bitten hat nichts geholfen, und als ich ihm sagte, ich sei die Frau von dem berühmten bayerischen Schriftsteller, da sagte er: ›Auch dann nicht, Frau Ganghofer‹!«[5]

Im April 1911 fuhr Marion zu Bekannten nach Berlin. Von dort schrieb sie, dass es ihrem Vater weder gesundheitlich noch geschäftlich gut ginge. Thoma war sofort bereit, mit einer bestimmten Summe zu helfen, riet aber Marion, ihren Vater zu beeinflussen, sich von seinem unrentablen Geschäft zu trennen. Die Monate Juli und August verbrachte Marions Vater auf der Tuften, wo es ihm sehr gut gefiel. Bereits acht Wochen später, am 21. November 1911, hatte Thoma an Marion einen Kondolenzbrief zu schreiben:

Ludwig Thoma und Marion beim Skisport.

Mein liebes Mädel,
Der Tod des guten alten Papacho, wenn er auch vorauszusehen war, hat mich sehr geschmerzt. Nun mußt Du nicht zu traurig sein, liebe Marion, und mußt denken, daß in seinem Alter diese Krankheit doch so quälend war, daß der Tod als Erlösung gelten mußte. Ich bin froh für Dich und den lieben alten Herrn, daß wir ihm diesen Sommer noch eine Freude gemacht haben. Ein paar Wochen kam er doch von den trüben Gedanken frei. Daran mußt Du jetzt denken, und Dir das Herz nicht zu schwer werden lassen … und komm bald zurück, gutes Kätzlich.
Viele Grüße und Küsse
Dein Ludwig

Im März 1913 hatte Ludwig Thoma einen Gärtner eingestellt, der das etwa neun Tagwerk große Grundstück in einen ansehnlichen Garten, auch mit Gemüsebeeten, umwandeln sollte. Als der junge Mann, der Augsburger Hans Ferner, an seinem neuen Arbeitsplatz ankam, wussten weder die Köchin noch Peter Thoma etwas von seiner Anstellung. Auf die Frage, wo der Herr Dr. Thoma sei, brummelte Peter: »Ja, ja, mei Ludwig is mit seiner Dulzinea [= Marion, d. Vf.] in Spanien. Aber er kimmt bald wieder.« Die Köchin Marie klärte Hans Ferner auf, dass Marion, eine ehemalige Tänzerin, mit »Frau Thoma« anzusprechen sei. Jörgei, der Hofverwalter und Betreuer der zu dem Haus auf der Tuften gehörenden Landwirtschaft, weihte ihn dahingehend ein, dass die Köchin eine bedeutende Rolle im Hause spielte. Er solle sich mit ihr besonders gut stellen. Im Übrigen sei sie eifersüchtig auf Thomas geschiedene Frau.

Eines Tages gab es große Aufregung im Haus, weil Ludwig Thoma seine Rückkehr angekündigt hatte. Vor lauter Hin und Her für den bevorstehenden Empfang von Thoma und Marion verlor die Köchin fast die Nerven. Dabei verbrannte ihr Thomas Lieblingskuchen, ein saftiger Zwetschgendatschi. In der Bauernstube trafen sich dann alle und mit Hans Ferner wurde gleich die Gartengestaltung besprochen. Der junge Gartengestalter meinte in seinen Erinnerungen: »In puncto Frauen war Ludwig Thoma kein Menschenkenner! Eine hysterische und eifersüchtige Köchin, eine extravagante Tänzerin und später eine kühl berechnende Freundin [= Maidi von Liebermann, d. Vf.] lieferten Thoma ein unstetes Leben.« Thoma sei ständig unzufrieden gewesen. Direktor Dengg vom Tegernseer Bauerntheater habe ihn oft gefragt, ob »er seine Weiber noch nicht zum Teufel gehauen habe«.[6]

Ab Mitte des Jahres 1913 bis zum Kriegsbeginn 1914 werden Thomas Briefe an Marion zärtlicher denn je. Marion litt in dieser Zeit unter Depressionen und sah keinen Sinn mehr in ihrem ruhelosen Dasein. Das wiederum gab Thoma die Hoffnung, dass sie nun endlich reif sei für ein ruhiges, stilles Leben an seiner Seite. Marion kam wieder einmal einige Ferienwochen nach Tegernsee. Als sie schließlich abreiste, versprach sie, das kommende Weihnachts- und Neujahrsfest zusammen mit ihm zu verbringen. Vor diesem von Thoma so sehr ersehnten gemeinsamen Fest, das ihn »immer so weich stimmte«, gab es noch eine Uraufführung und eine Erstaufführung seines Schauspiels »Die Sippe«. Da Marion am 29. November 1913 in Berlin weilte, besuchte sie dort die Uraufführung, die unter der Regie von Viktor Barnowsky im Lessing-Theater stattfand. »Die Sippe ist der großangelegte Rechtfertigungsversuch für sein Festhalten an Marion. In der Figur der Jenny kehrt die eigene Frau wieder: die Kinderlosigkeit, die unklare Vergangenheit der Frau, die Person des Vaters, der ihr als einziger Verwandter geblieben ist.«[7]

Thoma erwartete Marions Rückkehr voll Ungeduld. Er plante, mit ihr zusammen in München Weihnachtseinkäufe zu machen, außerdem konnte er sich auch die Erstaufführung seines Stückes »Die Sippe« in den Münchner Kammerspielen nicht ohne Marion in der ersten Reihe vorstellen. Endlich, am 16. Dezember, kam sie nach München, am nächsten Tag fand die Premiere statt. Das einstige Ehepaar Thoma wirkte unzertrennlich. Es folgte ein wunderschönes Weihnachtsfest auf der Tuften und gemeinsam gingen sie in ein neues Jahr, für das sie mehrere Reisen planten.

Im Januar scheint es zu einer Auseinandersetzung zwischen Marion und Ludwig Thoma gekommen zu sein. Möglicherweise wurde Thoma wieder Klatsch über seine geschiedene Frau zugetragen. Jedenfalls könnte hierzu der einzige erhaltene, leider undatierte Brief der zum Skilaufen in Riessersee weilenden Marion passen, ein Brief, der zeigt, dass sie wieder sehr in ihren ehemaligen Ehemann verliebt war und ihn spätestens an seinem Geburtstag, dem 21. Januar, wiedersehen wollte:

Riessersee, Mittwoch
Mein liebster liebster Lucke,
Ich habe mich so gefreut, daß Du mich angerufen hast. Am liebsten möchte ich ja Dich sehen, und Du wirst Dich freuen wie gut ich aussehe. Ich habe rote Backen und fühle mich sehr wohl. Ich bin so froh, denn hier fühle ich mich wie zu Hause und die guten Buchwiesers sorgen so nett für mich. Das war schon das Beste, daß ich hier gekommen bin, das sehe ich immer mehr ein. Nach all den fremden Menschen. Und ich weiß, daß Du mir Ruhe und Erholung gönnst, mein lieber Lucke. Sei mir nur immer gut, ich bin so sehr traurig, wenn ich's fühle, daß Du etwas gegen Dein Mädl hast. Schau ich habe Dich doch so lieb und ich freue mich schon darauf Dich wieder zu sehen. Wenn nicht vorher, so doch zu Deinem Geburtstag, gelt Lucke.
Schreib mir doch auch einige liebe Worte. Und laß Dich von den bösen Menschen nichts einreden. Ich tue es auch nicht.

Von meinen sportlichen Vergnügungen weißt Du ja Bescheid. Wie ich mich heute über den herrlichen Schnee gefreut habe! Ich bin gar nicht mehr aus den Skiers herausgekommen. Und die anderen Damen, die nicht so gut laufen könnten, haben mich erst recht animiert. Und jetzt gehe ich zum Abendessen. Adieu mein Schatz, sei innigst gegrüßt und geküßt von Deinem Mädl

Im April 1914 hielt es Thoma nicht mehr in Tegernsee. Er hatte den »Frühling in der Nase« und wohl auch im Herzen. Er beschloss, mit Marion nach Rom und dann nach Sorrent zu reisen. Kurz vor der Abreise wurde Marion jedoch schwer krank, sodass sie ihn nicht begleiten konnte. Auf ihren ausdrücklichen Wunsch hin fuhr Thoma voraus nach Rom. Marion folgte nach ihrer Genesung. Er bestand darauf, dass sie von einer Krankenschwester begleitet wurde.

Nach seiner Rückkehr nach Tegernsee schrieb Ludwig Thoma mit viel Schwung und Freude an dem Bauernschwank »Brautschau«, den er im Juni beendete, gefolgt von dem Einakter »Dichters Ehrentag«, den er bereits am 14. Juli 1914 abschloss.

»Mein liebstes Mädl, heute habe ich das eiserne Kreuz erhalten«

Bei Ausbruch des Ersten Weltkrieges konnte sich Thoma der »aufrauschenden Begeisterung« nicht entziehen. Er wollte an die Front, erfuhr jedoch eine Ablehnung. Wie schon geschildert (siehe S. 68), wurde ihm aufgrund des Einspruchs von Major Xylander die Altersausnahmegenehmigung nicht erteilt – was Thoma allerdings erst später erfuhr. Thoma ärgerte sich schrecklich, dass einem 51-jährigen Bekannten die Möglichkeit zuteil wurde, als Infanterist auszumarschieren, ihm mit 47 Jahren dies aber von der »stimmungslosen, kalten Bande«, der bayerischen Regierung, verwehrt wurde.

Thoma zeichnete Kriegsanleihen, spendete reichlich und half Frauen, deren Männer oder Söhne »auf dem Feld der Ehre« verwundet worden waren oder ihr Leben gelassen hatten. An Thomas Haus wehte eine weißblaue Fahne und jeder Sieg der deutschen Soldaten wurde mit einem Böllerschuss gefeiert.

Im Herbst 1914 schloss sich Thoma einer Autokolonne an, die die »Feldgrauen« mit »Liebesgaben« an der Westfront versorgte. Darüber berichtete er Marion in vielen Briefen sehr ausführlich:

> Palast Hotel, Rotes Haus, Straßburg,
> den 19. Sept. 1914, Kleberplatz.
>
> Liebstes Kätzlich,
> heute Regen und Rasttag für die Autos. Morgen wollen wir zur 1. und 2. Landwehrbrigade, wo ich vielleicht Himer sehe, d. h. wenn er mit seiner Compagnie nicht in den Schützengräben vorne liegt. Wir haben wieder einige Autos mit Liebesgaben vollgestopft, besond. mit Tabak und Cigarren […]. Die Nachricht

*vom Sieg bei Noyon hat hier alle froh gestimmt und wird auch wohl einigen Zweifel-Scheißern daheim das Vertrauen gegeben haben. Wenn man unsere Leute sieht, weiß man schon, daß nichts fehlt. Am Dienstag treten wir vermutlich die Heimreise an, und dann freue ich mich, Dir viel erzählen zu können.
Viele herzliche Grüße und Küsse, Dein Lucke*

Im Januar 1915 war Thoma in Belgien und Nordfrankreich wieder mit einem Autokonvoi voll »Liebesgaben« unterwegs. Zwei Monate später meldete er sich freiwillig als Sanitätsmann im II. Bayer. Kraftwagen-Transport-Zug des Roten Kreuzes beim 41. Reserve-Armee-Korps an die Westfront. Thoma kam dann aber an die Ostfront und nach Russland. Auch von dort schrieb er mehrere Briefe an Marion. So berichtete er ihr am 12. Mai aus Stara Wies:

*Lbst Kzl,
Mädle, was sehe ich alles für Bilder, Schlachten, Gefangene, brennende Dörfer, brennende Petroleumtanks, Gefallene, Verwundete, ungeheure Truppenmassen auf dem Marsch, Wagenkolonnen, auf gehängte Spione, etc. etc. Das ist Krieg, wie ihn sich die kühnste Fantasie ausmalt, viel Arbeit und manche Entbehrungen (kein Trinkwasser p.p.) aber je dicker es kommt, desto fröhlicher ist's mir ums Herz. Am Bauerntisch auf der Tuften, da gibts ein Erzählen! Schau auf Dich, sei fröhlich und gesund!
Viele liebe Grüße und Küsse
Dein L*

Am 6. Juni wurde Thoma mit dem Eisernen Kreuz II. Klasse ausgezeichnet, was ihm unglaublich viel bedeutete:

*Liebes Kätzlich,
Unser Generalarzt hat mirs mit sehr ehrenden Worten übergeben, und Du könntest mich nun damit geschmückt sehen. Ich habe eine damische Freude darüber, und will es einmal gesund und froh an der Tegernseer Joppe tragen. Wir haben eine stramme Woche hinter uns. Nie Bett und Schlaf, alleweil auf der Landstraße und Verwundete holen. Vorgestern haben wir den 3000sten gefahren. […]*

In Brest-Litowsk erkrankte Thoma so schwer an der Ruhr, dass er in die Heimat zurückkehren musste. Am 1. September 1915 traf er in Tegernsee ein. Dem »Herrn Dokta« verlieh die Gemeinde Tegernsee das Bürger- und Heimatrecht. Thoma fühlte sich kränklich, begann aber wieder literarisch zu arbeiten. Hatte er im Dezember 1914 den Einakter »Christnacht 1914« verfasst, so begann er im Dezember 1915 die Weihnachtslegende (im Lenggrieser Dialekt) »Heilige Nacht«, die er im März 1916 vollendete.

»Weine keine Tränen in mein Glück«

Im Sommer verbrachte Marion wieder einige Wochen bei ihrem geschiedenen Ehemann auf der Tuften. Am »Himmel der Freundschaft« zeigte sich noch keine Wolke. Zwei Sommer später, im September 1918, endete eine Beziehung, die trotz der Scheidung im Jahr 1911 insgesamt 13 Jahre Bestand gehabt hatte. Thoma war im August Marie Liebermann von Wahlendorf wiederbegegnet, die er 15 Jahre zuvor bei dem Nürnberger Industriellen Faber kennengelernt hatte. Obwohl sie verheiratet war, erhoffte er sich mit ihr nun ein neues, ruhiges und beständiges Glück. Wie schon bei der offiziellen Scheidung 1911 sollte dieser erneute Abschied Marions von der Tuften möglichst ohne Aufsehen vor sich gehen. Seine beiden Abschiedsbriefe sprechen für sich:

Rottach 24. Sept. 18

Liebe gute Marion,
Verzeih mir, wenn meine Worte hart waren und Dir weh getan haben. Das war nicht die Absicht. Sie sollten nur ernst sein und meinen Ernst zeigen, an dem Du, wie ich zugebe, manchesmal hast zweifeln dürfen.
Jetzt aber nach Deinem guten und herzlichen Briefe sage ich Dir, daß ich heute so wenig wie je Dein Herz treffen will. Das weiß Gott.
Immer wird Dir meine Hülfe und meine brüderliche, herzliche Freundschaft erhalten bleiben. Und damit ist es ja am Ende dann so, wie es seit acht Jahren war. Alle Vorwürfe schweigen, da wir nun wirklich frei sind und den Versuch aufgeben, einen Schein zu wahren, an den hier niemand glaubte.
Im Gegenteil, gutes Kätzlich, ich wünsche Dir, daß Du ein festes Glück bei einem Manne findest, der innerlich und äußerlich mehr zu Dir paßt, als ich.

Darin hast Du mich ja nie im Unklaren gelassen, und alle Schuld trifft mich. Aber in langer Einsamkeit bin ich verbittert gewesen und habe mehr gesagt, als notwendig zur vernünftigen Trennung war.
Vergiß das und sage Dir selbst, kleine Marion, daß wir jetzt viel ehrlicher und klüger zu einander stehen, als die ganze Zeit hindurch.
Ich werde immer gut sein zu Dir, darum sollst Du mich gar nicht erst bitten. In so viel Jahren bin ich Dir ein Bruder geworden; eine Ehe, wie man sich das denkt, war ja nicht zwischen uns.
Nun Deine Absicht, hier Lebewohl zusagen.
Ich muß Dich bitten, in den nächsten Wochen das nicht zu tun, und später auch nur so, daß Dich keine kalte Neugierde verletzen kann.
Jetzt würde es Begegnungen geben, die Dir und mir schmerzlich und peinlich wären, anderen Leuten, auch den Dienstboten, aber Sensation bieten würden. Das ginge wie ein Feuer in Tegernsee auf und Du würdest gerade das finden, was wir beide ängstlich vermeiden wollen.
Ich komme am Samstag Früh 8 Uhr zu Dir; da sage ich Dir mündlich alles, und Du wirst sehen, daß ich nicht daran denke, hart oder töricht zu sein. Mit Packen hast Du wohl einige Wochen Zeit und Du sollst es nie so einrichten, daß Babett oder Minna den Eindruck von Abschiednehmen haben.
Gewährt mir das Schicksal ein Glück, das ich so sehnlich wünsche und gegen das ich blind war, dann wirst Du, gute Marion, edle Menschlichkeit und ein reiches, von kleinlichen Dingen freies Gemüt finden, das Dir jede *Kränkung ersparen würde. Nun steht das wohl in weitem Felde, aber ich sage es, weil es der Wahrheit entspricht, und weil es Dir vielleicht auch ein Trost ist.*
Zeige den Dienstboten keine Wunde; für die ist das ein begehrter Roman. In etlichen Wochen kommst Du, wenn aber Packen auffällig ist, zeigst Du mir alles und ich schicke es Dir.
Am Samstag sprechen wir ruhig und gut als alte, herzliche Kameraden miteinander. […] Immer werde *ich gut zu Dir sein und Dir alles Glück wünschen.*
Ludwig

[Datum gemäß Kuvert 25. September 1918]

Liebes Kätzlich
Nach dem Telefongespräch.
Deine Stimme weint; das mußt nicht tun, Mädel.

Geh, sei tapfer und gescheit. Eheleute haben wir seit so langer Zeit nicht sein wollen und können, gute Kameraden aber waren wir und bleiben wir. Tu's mir zuliebe, und wenn ich wirklich noch ein Familienleben finde, gönn's mir, mein altes Kätzlich, und weine keine Tränen in mein Glück. Die brennen mich und tun mir weh. Und doch können wir alle nicht anders, als unser Schicksal erfüllen.
Gelt, sei ein tapferes Mädel. Ich wette, Dir hat das Leben auch noch manches Schöne aufgespart, und wenn Dich jetzt Schmerzen ernster machen, schält sich erst recht Dein braver Sinn heraus, der unterm Vergnügen ein bissel versteckt geblieben war.
In mir wohnt kein böser Gedanke gegen Dich.
Grüß Dich Gott, und wenn Du an mich denkst, tu es lieb und schwesterlich.
Dein Ludwig

Der weitere Lebensweg von Marion – »Ich wünsche Dir […] ein festes Glück«

Nun war also die endgültige Trennung des längst geschiedenen Ehepaars Marion und Ludwig Thoma erfolgt. Thoma hat alle Briefe – bis auf den oben erwähnten – von Marion vernichtet, als er Maidi von Liebermann zu seiner zukünftigen Frau erkor. Und dies, obwohl sie den »Weiberheld« bat, es nicht zu tun.

Wie aus dem Briefwechsel zwischen Ludwig Thoma und Maidi von Liebermann hervorgeht, begann Marion, um ihren einstigen Mann und langjährigen Lebensgefährten zu kämpfen. Sie schrieb ihm weiterhin viele Briefe, die Thoma allerdings in seinem Haus offen herumliegen ließ, was Maidi von Liebermann wiederum ärgerte. Außerdem war sie äußerst eifersüchtig auf Marion, worüber noch zu berichten sein wird.

Trotz vieler Nachforschungen ist es nicht gelungen, das Scheidungsurteil von 1911 aufzutreiben. Thoma hatte sich schon seit dem Beginn ihrer Beziehung Sorgen um Marions Wohlergehen gemacht. Als 1906 der »Simplicissimus« in eine GmbH umgewandelt wurde, überschrieb er einige seiner Einnahmen daraus direkt auf Marion. Auch als er im gleichen Jahr sein

Grundstück in Tegernsee erwarb, erklärte er, obgleich noch unverheiratet, »mit seiner Gattin im gesetzlichen Güterstande nach dem BGB zu leben«. Nach der Scheidung übernahm er offensichtlich Marions Unterhalt sowie die Finanzierung ihrer vielen und oft exklusiven Reisen. So dürfte Thomas Fürsorge für Marion auch nach der endgültigen Trennung 1918 nicht aufgehört haben. Sie hatte keinen Beruf erlernt, und Thoma hätte es sicher nicht gewünscht, dass die Frau, die seinen Namen trug, irgendeiner Erwerbstätigkeit nachginge. Eine schwierige Zeit begann für Marion allerdings nach Thomas frühem Tod, denn er hatte in einem Testament Maidi von Liebermann als Haupterbin eingesetzt (siehe. S. 249). Ob Marion Thoma ihren geschiedenen Mann während dessen Krankenhausaufenthalt in München im August 1921 besuchte, ist nicht überliefert. Sie wollte aber auf jeden Fall zu seinem Begräbnis am 29. August und fuhr von München aus mit dem Zug nach Tegernsee.

Im Zug saßen schon Olaf Gulbransson und weitere Mitarbeiter des »Simplicissimus«. In Holzkirchen stieg dann noch Ludwig Thomas alter Schlierseer Nachbar, Konrad Dreher, in den Zug. Er war es dann, der Marion Thoma inständig bat, doch auf die Teilnahme am Begräbnis ihres geschiedenen Mannes zu verzichten. – Er machte ihr wohl klar, dass ein Zusammentreffen mit Maidi von Liebermann doch einige Peinlichkeiten mit sich bringen würde. Marion stieg schließlich in Schaftlach wieder aus.

Möglicherweise sind sich Marion Thoma und Maidi Liebermann zum ersten Mal bei der Testamentseröffnung begegnet. Es gab keinerlei Sympathien füreinander. Marion wäre gerne wieder einmal auf der Tuften zu Gast gewesen, doch das wollte ihre Nachfolgerin nicht. Auch kam es wegen des finanziellen und literarischen Nachlasses von Ludwig Thoma zu einigen Prozessen zwischen den beiden Frauen. So schrieb Hans Mair, ein enger Freund Thomas, in den »Münchner Neuesten Nachrichten« einen ausführlichen Bericht zur geplanten Veröffentlichung von Thomas Liebesbriefen an Marion:

Um die Liebesbriefe Ludwig Thomas entbrannte ein Prozeß, den Maria von Liebermann veranlaßt hat. Frau Marion hat Thomas Freund und seinerzeitigen Tegernseer Nachbarn, Dr. Walther Ziersch, mit der Herausgabe der an sie gerichteten Briefe beauftragt, die wohl zu den menschlich schönsten Do-

*kumenten aus Thomas Feder gehören. Gegen diese Veröffentlichung hat Maria von Liebermann, geb. Feist-Belmont, bei der ersten Ferienkammer des Landgerichts München I. eine einstweilige Verfügung erwirkt, wonach Frau Marion Thoma und Dr. Ziersch unter Androhung einer Geldstrafe von 2000 M. die beabsichtigte Veröffentlichung verboten wird. Die Begründung: Maria von Liebermann ist die Alleinerbin des Nachlasses von Ludwig Thoma, der auch alle Urheberrechte an den von Thoma an andere geschriebenen Privatbriefe zustehen, soweit diese ihres Absenders und Empfängers wegen oder wegen ihres Inhalts literarische Bedeutung haben. Die einstweilige Verfügung stützt sich auf eine eidesstattliche Erklärung von Korfiz Holm über das Verlagsverhältnis des Verlags Albert Langen, in dem kürzlich ausgewählte Briefe Ludwig Thomas erschienen sind. Für diese Sammlung haben übrigens sowohl Marion Thoma wie Dr. Ziersch aus ihrem Besitz den Herausgebern Frau von Liebermann und Prof. Hofmiller bereitwilligst Briefe Thomas zur Verfügung gestellt. Frau Thoma und Dr. Ziersch haben durch Justizrat Rudelsberger gegen die einstweilige Verfügung Beschwerde eingelegt, unter Berufung darauf, daß Privatliebesbriefe nicht als literarische Werke im Sinne des Urheberrechts zu betrachten sind. Auf diesen Standpunkt hat sich auch das Reichsgericht gestellt, indem es Privatbriefe Nietzsches zur Veröffentlichung freigab. Justizrat Grimmeis, der Frau von Liebermann vertrat, bestätigte, daß das Verbot der Briefausgabe **k e i n e   S c h ä d i g u n g** für Frau Thoma sein solle. Man habe ihr für früher veröffentlichte Werke 40 M für jeden Brief gezahlt und wollte dies auch bei diesen Briefen so halten. Man habe ihr 9000 M angeboten, sie hat abgelehnt.*

Marion Thoma bestätigte, dass sie pro Brief bei der genannten Briefausgabe 40 Mark erhalten habe: »Das mußte ich bekommen, denn ich bin arm.« Das Gesuch von Maidi von Liebermann wurde zurückgewiesen. Die Antragstellerin hatte die Kosten des Verfahrens zu tragen.

Der Prozess wurde in einer Zeitungsglosse aufgegriffen und auf bayerisch kommentiert:

Tegernseer Brief

Rottach, 30. August.

Es ist ein Kreuz, kaum bist hier gelandet, hast dich durchgedrängelt vom »Dampfschiff« über die »Schiffsbrücke« – bei uns geht's zua – dann empfängt

dich schon einer mit den Worten: »*Hast as schon g'hört?*« »*Was denn?*« »*No ja, daß sie, die Liebermannin, an Prozeß og'fangt hat.*« »*So, an Prozeß, gegen wen denn?*« »*Ja, gegen d' Marion halt, weil die aa ihre Brief in ein'm Buach g'sammelt hat, und dös is ihr nit recht, denn die Brief waarn literarisch und all's von Ludwig Thoma, was literarisch is, dös g'hört ihr, zwegn am Diridari, woaßt scho, sagt sie, Liebermannin.*«
Da wär ich also wieder glücklich eingesponnen. Ludwig Thoma kann sich im Grabe umdrehen, und immer wieder neuerdings. Sie lassen ihm keine Ruh.

Im September 1918 hatte Ludwig Thoma an sein »gutes Kätzlich« geschrieben: »Ich wünsche Dir, daß Du ein festes Glück bei einem Manne findest, der innerlich und äußerlich mehr zu Dir paßt, als ich.«

Marion hatte lange versucht, dieses »feste Glück« zu finden. Schon 1921 hoffte Thoma, dass sie »diesen Reppert« heiratete und damit endlich ihren Namen änderte. Er habe zwar nur für seine eigenen Handlungen einzustehen, »und doch ärgert es mich, daß Schieber u. Snobs meinen Namen nennen«.

Marion Thoma ging dann tatsächlich eine dritte Ehe ein, die allerdings nur eineinhalb Jahre dauerte: Im Standesamt München I schloss »die geschiedene Ehefrau Thoma Maria (nicht Marion), geschiedene Schultz, geb. de la Rosa, am 4. November 1931 die Ehe mit Sigmund Rottenkolber, geb. am 13. September 1887. Die Ehe wurde durch rechtskräftiges Urteil des Landgerichts München I, vom 13. April 1933 geschieden.«

Nach der Scheidung nannte sich Maria Rottenkolber wieder Marion Thoma – sehr zum Leidwesen von Maidi von Liebermann, die nun wiederum über einen Rechtsanwalt versuchte, Marion am Tragen des Namens Thoma zu hindern. Was offensichtlich diese wenig beeindruckte: Sie trug bis an ihr Lebensende den Namen ihres berühmten zweiten Mannes.

Welche finanziellen Mittel Marion nach der dritten Scheidung zur Verfügung standen, ist unbekannt. Sie gab Spanischunterricht und hatte zeitweise eine gut florierende Hundezucht; außerdem dürfte sie Einnahmen aus ihren von Walther Ziersch 1928 herausgegebenen Liebesbriefen Thomas – »Ludwig Thoma, die Geschichte seiner Liebe und Ehe« – gehabt haben.

Als Marion noch Thomas »liebstes Betzl« war, hatte er sie öfters wegen eines Magenleidens zur Kur geschickt. 30 Jahre nach Thomas Tod, im November 1951, musste sie sich einer schweren Magenoperation unterziehen, von der sie sich nie wieder richtig erholte. Sie wohnte damals in Oberaudorf in einer Pension, in der sie keine ausreichende Pflege hatte. Außerdem beeinflussten ihre schon chronischen materiellen Sorgen, wie unter anderem die Rückzahlung ihrer Krankenhausschulden vom November und Dezember, ihre Genesung in ungünstiger Weise. Der sie behandelnde Arzt, Dr. Walter Peyerl, riet ihr dringend zu einer Kur im Erholungsheim Dr. Spengel am Samerberg. Eine gute Bekannte Marions, Frau von der Velden, nahm sich ihrer an. Aus der Kur erhielt sie am 31. Januar 1952 einen traurigen Brief von Marion, in dem sie schilderte, dass es ihr sehr schlecht ginge.

Marion war vor allem nach der Währungsreform 1948 in sehr große finanzielle Schwierigkeiten geraten. Sie hatte einen Teil ihrer Möbel verkaufen und wohl auch ihr Haus in Waldtrudering, Tangerstraße 42, aufgeben müssen. Dort hatte sich seit dem 1. September 1939 ihr dauernder Wohnsitz befunden. Am 20. September 1957 ging sie schließlich in das städtische Altersheim an der Agnes-Bernauer-Straße in München.

Zeitzeugen, die Marion Thoma noch im Altersheim in Schwabing besuchten, berichten von einer energischen, bis ins hohe Alter gutaussehenden, mondänen Frau. Die einen bezeichnen sie als eine würdige »Witwe« Ludwig Thomas, die anderen als eine Frau mit übertriebenem Selbstbewusstsein, die stets ein gerahmtes Foto ihres geschiedenen zweiten Mannes mit sich trug, um so auf sich aufmerksam zu machen. Sie äußerte sich stets sehr liebevoll über Ludwig Thoma.

Marion war befreundet mit Jo Weigert, der Witwe des einstigen Hofschauspielers Gustl Weigert. In deren Nachlass sind noch einige Postkarten Marions erhalten. So bat diese Jo sehr oft, sie nicht im Altersheim zu vergessen. Als Jo Weigert im Sommer 1962 Marion Kartengrüße aus Rom sandte, wünschte sie sich auch dort zu sein. Sie bat Jo Weigert: »Laß mir doch (aus einem bestimmten Grund) recht bald die bewußten Thomanotizen wieder zukommen!«

Marion lud den Thoma-Freund Gustl Brehm ein, mit ihr auf die »Wiesn« (das Oktoberfest) in das Zelt »Winzerer Fähnderl« zu gehen. Außerdem wollte sie mit ihm im Herbst 1960 eine Prozessangelegenheit, »eine wichtige Sache wegen Liebermann«, besprechen.

Hans Ferner, der einstige Gartengestalter auf der Tuften, blieb zeitlebens mit Marion Thoma in Kontakt. Er gratulierte Marion 1963 zum 87. Geburtstag, die ihm daraufhin Folgendes antwortete:

Zunächst danke ich Ihnen herzlich für Ihre witzigen Zeilen, die mich sehr gefreut haben. Eines möchte ich sagen, daß ich noch nicht 87 Jahre alt bin, sondern erst 83 und geistig sehr rege bin. Natürlich kann ich nicht mehr die feurigen Tänze tanzen. Vor einigen Jahren hatte ich einen Knöchelbruch und seitdem habe ich an beiden Beinen Athrose. Mit dem Laufen ist es sehr schlecht und ich habe große Schmerzen. Ich möchte Sie gerne einmal wieder sehen. Die dicke Marie [Thomas Köchin, d. Vf.] war uns allen auch ein Greuel. Frau von Liebermann bitte ich nicht zu besuchen; dafür habe ich meine Gründe.

Nach diesem lieben Brief besuchte Hans Ferner Marion auf Zimmer 133 des Münchner Altersheims. Er fand die Schönheit von einst recht leidend im Bett liegend vor. Er half ihr aus dem Bett in einen Lehnstuhl, wobei er sich nicht verkneifen konnte zu sagen, sie hätte ihn um einen solchen Dienst schon vor 50 Jahren bitten können. Sie meinte darauf: »Aus dir wird doch kein Lump geworden sein!« Als Ferner merkte, dass Marion so gerne einmal in »ihr« Haus auf der Tuften zurückkehren würde, schlug er ihr eine Versöhnung mit Maidi von Liebermann vor, was diese aber aufs schärfste zurückwies.

Im Januar 1967 antwortete Marion wieder auf eine Postkarte, die sie von Ferner bekommen hatte. Sie bat um einen erneuten Besuch, wollte aber im Voraus das genaue Datum wissen, damit sie ihn »festlich empfangen« könne. Zu einem weiteren Treffen kam es nicht mehr, denn Marion starb im September des gleichen Jahres.

Hans Ferner fuhr hin und wieder nach Rottach und sah in »seinem« Garten nach dem Rechten. Er machte sich mit Maidi von Liebermann bekannt, die ihn freundlich zum Kaffee einlud. Als er Marions Wunsch, das Haus auf der Tuften noch einmal zu sehen, zur Sprache brachte, reagierte die Gastgeberin darauf sehr unwirsch und verbat sich, über Marion zu sprechen. Hans Ferners Kommentar soll hier nochmals wiederholt werden: »In Puncto Frauen war Ludwig Thoma kein Menschenkenner.«

Der Journalist Helmut Braun lernte Marion Thoma 1967 auf dem Samerberg kennen, wo sie im »Café Rosengarten« zur Erholung weilte, und er besuchte sie auch im Münchner Altersheim. Er war der Meinung, dass eine Ehe zwischen einer »Palme« und einer »Tanne« von vornherein zum Scheitern verurteilt gewesen war. Doch er empfand nach dem Gespräch mit der alten Dame, dass sie und Ludwig Thoma sich einst wirklich leidenschaftlich liebten. Anders sah Braun die Verbindung zwischen Thoma und Maidi, die er zuvor aufgesucht hatte. Er war froh, dass sie nie Thomas Frau geworden war. Beide alten Damen hatten etwas gemein: »Sie hassen sich bis in den Tod.«

»Des Dichters ›geliebtes Katzl‹ – Marion Thoma in München gestorben«, konnte man am 26. September 1967 in der »Münchner Abendzeitung« lesen. In dem Artikel wird erwähnt, dass Marion sich auch als alte Dame immer wieder rechtfertigte, warum sie sich so schnell von Ludwig Thoma scheiden ließ:

Ich war zu jung, zu lebenslustig, zu unerfahren für ihn. Als wir jung verheiratet waren, wollte ich natürlich tanzen oder ins Theater gehen. Ludwig hatte nicht viel Sinn dafür, er blieb am liebsten auf der Tuften und ließ mich tagaus, tagein in Haus und Küche werkeln […].

Marion Thoma als alte Dame, die sich als die eigentliche »Witwe« Ludwig Thomas sah.

Der »Münchner Merkur« brachte ebenfalls (ohne Bild) einen Nachruf auf Marion Thoma: »Sie inspirierte Ludwig Thoma. Marion Thoma, die erste Weggenossin und Frau Ludwig Thomas, verschied 87jährig im Altersheim an der Agnes Bernauer-Straße. Die Schwabinger Freunde, von denen sie bis zuletzt besucht worden war, erfuhren zu spät davon und konnten sie nicht mehr auf ihrem letzten Weg begleiten. Marion, in Manila auf den Philippinen geboren, faszinierte mit ihrer eigenwilligen, fast knabenhaften Schönheit Thoma zu mancher dichterischen Arbeit, so auch in der Gestalt der Cora in Tante Frieda.«

Ihre letzte Ruhestätte fand Marion Thoma auf dem Waldfriedhof in München, weit entfernt von dem bayerischen Dichter Ludwig Thoma, dem sie einmal alles bedeutet hatte.

Marie Liebermann von Wahlendorf. Gemälde von Katharine Ketteler, 1961.

DIE GELIEBTE: MARIE LIEBERMANN VON WAHLENDORF

»Du mußt die meine werden, die liebe stolze Frau«

Am 8. August 1919 jährte sich für Ludwig Thoma ein wichtiger Tag. Er schrieb an Marie Liebermann von Wahlendorf, die er liebevoll Maidi nannte:

Du Geliebte! meine teure, liebe liebste Frau! Bist's ja doch! Und bist's heute vor einem Jahr von Gottes und Rechts wegen geworden, wie Du zu mir an die Ofenbank kamst und ich Deine Hand so derb anfaßte. Ich hatte sie, ich halte sie.
Heut hab' ich viel von Dir geträumt, Schönes und Schweres durcheinander.
»Ach, wie sehn' ich mich nach Dir,
Ach, wie teuer bist Du mir
Selbst in einem schweren Traum.«
Das ist aber nicht von mir, sondern vom jungen Goethe, Deinem Landsmann. Den habe ich noch lieber, seit wir eins geworden sind, und seit jenem lieben Vormittag, wo wir zusammen im Goethehaus waren ...

Thoma blickte auf ein Jahr zurück, das für ihn so hoffnungsvoll begonnen hatte. Er glaubte endlich, nach dem »tiefsten Leid, die Erfüllung seines Lebens gefunden zu haben«. Er wollte darum kämpfen, denn: »Du mußt die meine werden, die liebe, stolze Frau, der ich die Arbeit meines Lebens zu Füßen legen darf, die Herrin hier und mein einziger Kamerad.« Ludwig Thoma war voller Gewissheit, »sie kommt und sucht und findet Glück und Ruhe bei dir und gibt mehr, tausendmal mehr davon, wenn sie es von dir annimmt«. Das schrieb er im Sommer 1918; im folgenden Herbst kam Maidi mit ihrer ganzen Familie zu ihm zu Besuch, worüber noch berichtet werden wird.

Ende November, in einer politisch schwierigen Zeit, entschloss sich Thoma, zu seiner Geliebten nach Berlin zu reisen. Vor seiner Abreise musste

Thoma noch erfahren, dass »unsere bayerische Regierung Eisner« im Nationaltheater die Aufführung seiner Einakter verbieten ließ.

Seine Berliner Eindrücke hat Ludwig Thoma ab dem 7. Dezember 1918 in einem kleinen Zimmer des Hotels »Fürstenhof« am Potsdamer Platz »für eine spätere, hoffentlich bessere Zeit« aufgeschrieben.[1]

Thoma geht sehr ausführlich auf das politische Geschehen ein, erwähnt dagegen Maidi eher selten. So brachte sie ihm eine Broschüre des Botschaftsrates a. D. Hermann Freiherrn von Eckardstein, der am Stammtisch im »Linden-Restaurant« neben Regierungsrat Martin als politisches Orakel galt: »Diplomatische Enthüllungen zum Ursprung des Weltkrieges«. Thoma kritisierte, dass die Broschüre kaum in besserem Deutsch geschrieben sei als der Titel.

Ein »trauriges, niederdrückendes Schauspiel«, nannte Thoma den Einzug der Gardeschützendivision durchs Brandenburger Tor. Er stand in dem Rondell vor dem Tor bei dem »scheußlichen Denkmal der Kaiserin Viktoria, der eine Vorhangschnur mit Quasten an der Taille baumelt. Die liebste M. stand neben mir«. Als der Zug kam, voran die gemischten Kompanien, Sachsen, Bayern, Württemberger, hob Thoma seine Maidi hoch, damit sie etwas sehen konnte: »Die Soldaten sahen mürrisch und freudlos darein, das Publikum schrie Hurrah, aber alles war so unmilitärisch wie unfestlich. In der Charlottenburger Chaussee, der Aufmarschstraße, fuhren Autos und Wägen mit verdächtigstem Gesindel besetzt. […] M. war abgestoßen und so niedergeschlagen, wie ich. Wir gingen, ohne das Ende abzuwarten, über die zertretenen schmutzigen Straßen des Tiergartens.«

Von Berlin kehrte Thoma wieder in sein Haus am Tegernsee zurück, versicherte seinem »aller-allerliebsten Mädel, mein liebes süßes Wurstel«, dass er sie in seine Welt holen wolle und sie dann sehen werde, dass sie doch noch schön ist … »Gelt, gnädige Frau, Du liebe, dantschige, runde Frau Doktor.«

Über seinen Berlin-Aufenthalt berichtete Thoma auch Maidis Mutter, die er mit »Liebe Mama« ansprach. Maidi sei in Berlin fest entschlossen gewesen, für das gemeinsame Glück zu kämpfen. Sie wolle aber alles vermeiden, was nach einem Gewaltstreich aussähe. Maidi wolle an Weihnachten nach Frankfurt kommen, um dort mit der Vergangenheit Schluss zu machen. Der nächste Schritt solle dann Maidis Umzug nach München sein, »und ich bitte Dich schon heute, liebe Mama, Deine Marie zu bestärken und durch

Deine eigene Übersiedlung die betreffende Möglichkeit zu schaffen«. Maidis Mann müsse vor Tatsachen gestellt werden; außerdem habe er endlich zu verstehen, das er Maidi keinerlei Sicherheiten [finanzieller Art, d. Vf.] mehr gewähren könne:

Hilf mir, liebe Mama, daß Maidi übers Mitleid wegkommt. Es ist besseres Mitleid, wenn wir ihm durch eine Rente die Existenz erhalten, als wenn Maidi mit ihm zugrunde geht.
Maidi war unendlich lieb und gut, und versprach fest, am Dienstag 17. längstens abzureisen. Ich bitte Alfred [Maidis Bruder, d .Vf.] *herzlich, sie abzuholen. […] Ich würde sofort, wenn Maidi mir telegraphiert, daß sie abgereist ist, nach Frankfurt kommen, wenn Du mir es erlaubst, Weihnachten bei Euch zu sein.*

Maidi Liebermann von Wahlendorf trennte sich kurz darauf von ihrem Ehemann. Zur großen Enttäuschung von Ludwig Thoma entschied sie sich jedoch für eine Ausbildung zur Sängerin in Stuttgart. Sie wollte als noch verheiratete Dame der Gesellschaft auf keinen Fall – wie ihre Vorgängerin – mit dem Dichter auf der Tuften zusammenleben.

Damals entschloss sich Thoma zur Wiederaufnahme seiner Beziehung zu seinem langjährigen Freund Conrad Haußmann, die durch Thomas Haltung im Krieg vorübergehend erloschen war. Er bat ihn, ihm ein Telegramm zu senden, wenn er ihm in einer Vertrauensangelegenheit schreiben dürfe. Haußmann wurde, wie Ganghofer damals bei Marion, nun für Thoma zum Beichtvater und schließlich zum Anwalt, der die Scheidung Maidis betreiben sollte. Nach Haußmanns telegrafischer Antwort schrieb ihm Thoma am Neujahrstag einen Brief, in dem er »ein Resümee seines Lebens, der bedrückenden Gegenwart und seiner offenbar gewordenen Liebe zu Maidi zieht«.[2]

Rottach. 1.1.19
Herzlichen Dank für Dein Telegramm, das heute eintraf. Und nun laß Dir einen Roman erzählen, von dem Du etliche, häßliche Kapitel kennst.
Ich gehe auf 15 Jahre zurück. Im Januar 1904 war ich mit Taschner in Nürnberg, wo Ignaz einen Platz ansah. Es handelte sich um eine Brunnenkon-

kurrenz. Das war bald geschehen; wir gingen dann zu Faber's, und trafen zufällig größere Gesellschaft. Am Abend vorher war Hausball, was wir nicht gewußt hatten. Ich sah damals Fräulein Maidie Feist-Belmont aus Frankfurt a. Main zum erstenmal. Und wußte nicht wie u. warum, fast ohne mit ihr ein paar Worte gewechselt zu haben, blieb mir der tiefste Eindruck zurück.
1 1/2 Jahre war mir der Gedanke an sie der Gedanke an Glück. Aber ich war zu scheu. Man hatte mir gesagt, sie sei reich, die einzige Tochter von Frau Auguste Feist, Inhaberin der Sektfirma.
Frau Dr. Tausch, die recht wohl sah, wie es um mich stand, schwieg, und mir galt dies Schweigen fast als Gewißheit, daß ich keine Hoffnungen hegen könne. Dann kam der Sommer 1905, in dem ich mein Leben verpfuschte. Kapitel, die Du kennst.
Daß ich Marion auch nach der Scheidung sah, war nicht Abhängigkeit, aber dummes Mitleid. Laß mich darüber rasch weggehen.
Schon im Oktober 1905 sagte mir Frau Ganghofer, daß Fräulein Mädie Feist mich gerne genommen hätte! Hätte sie mir ein Messer ins Herz gestoßen, wär's mir leichter gewesen.
Von dem Tag an war ich unglücklich. Es ist nicht meine Art, über meine Gefühle zu reden u. ich habe nicht bloß gegen Dich, ich habe gegen alle geschwiegen.
Aber innerlich fraß es an mir.
Mein Glück verscherzt, verludert.
Denn das glaubte ich doch, mußte ich glauben. Wie sollte das feine, liebe Ding noch anders als mit Verachtung an mich denken?
Und doch!
1907, 1908, 1909 – jetzt weiß ich es – hätte sie mich an jedem Tag genommen, an dem ich mich befreit hätte.
1910 heiratete sie einen Herrn Willy von Liebermann aus Berlin und wurde unglücklich. Das ausführlich zu schildern, geht heute nicht. Einmal mündlich. Er brachte diese reizende, aus bestem Hause stammende Frau, deren Eigenschaften sie zum Liebling der Frankfurter Gesellschaft gemacht hatten, in unglaubliche Situationen.
Vier Sommer 1911–1914 war Mädie hier in Egern. Ich sah sie und ihr Kind, wußte nicht, wie unglücklich sie war u. scheute mich, sie öfter zu besuchen, um nicht das bißchen Ruhe ganz zu verlieren.

Dann hörte ich 1916, daß sie in schlechten Verhältnissen in Berlin lebte. Ich schickte ihr damals meine Hlg. Nacht. Sie ließ mir mündlich danken.
Heuer – im August – sah ich sie wieder, hier in Egern. Sie war zu Besuch bei einer Freundin.
Und da nahm mich doch das Schicksal endlich beim Kragen u. ließ mich sie endlich bitten, mich zu besuchen.
Sie kam mit ihrer Freundin, kam wieder u. beim drittenmal, als wir allein am Brunnen saßen, machte ich ein paar Bemerkungen über mein verfehltes Leben. Am nächsten Morgen, als ich sie abholte, fragte sie in ihrer schlichten, geraden Art, ob sie das sei, auf die ich angespielt habe.

Ein Wort gab das andere. Wir mußten beide weinen, um ein versäumtes Glück. Aber, laß mich nun kurz sein, von da ab wußten wir, daß wir einander liebten. Wir schrieben uns, im September kam sie wieder; im November ging ich nach Frankfurt zu ihrer Mama – die glücklich ist über die Wendung – u. schon im Oktober hatten wir uns fest versprochen, daß wir nicht mehr von einander lassen.

Im November eröffnete sie das klipp und klar dem Herrn v. Liebermann. Der Ehemann sieht durch Verlust Maidies sich jeder Möglichkeit, weitere Geschäfte auf den Kredit von Feist jun. zu machen, beraubt. Vielleicht ist das Unglück, das er zu empfinden vorgibt, nicht ganz gespielt. Jedenfalls stellt er sich auf den formellen Standpunkt; will nicht einwilligen, verlangt eine Probezeit u. s. w. Indes gibt es hier Auswege. Er hat nichts, seine reichen Brüder werden ihm kaum was geben, u. so wird er am Ende doch die Rente annehmen müssen, die ihm die Familie Feist bietet, wenn er klein beigibt.

Kämpfe wird es noch kosten, doch sie schrecken mich nicht, u. Mädie ist fest entschlossen trotz des Mitleides, das sie mit dem haltlosen Kerl immer noch hat.

Ich werde Dir vielleicht bald mündlich mehr u. näheres sagen, denn Maidie geht nach Stuttgart, um Gesangsstunden zu nehmen, Ruhe zu haben u. sie braucht sie nach den Aufregungen der letzten Monate. Ich hoffe, Du erlaubst mir, sie Dir vorzustellen. Ihre Mama begleitet sie, u. wird die ersten Wochen bei ihr bleiben.

Sie wird Dir gefallen u. Du mußt verstehen, daß mein Le-

Marie Liebermann von Wahlendorf, Ludwig Thomas Geliebte, fotografiert als Ehefrau von Willy Liebermann von Wahlendorf von Ludwig Ganghofers Bruder Emil in Egern am Tegernsee, 1917.

ben noch Inhalt haben kann u. einen Zweck, wenn ich sie erringen darf. Um Deinen Rat werde ich Dich mehr wie einmal bitten müssen.
Ich brauche Dir wohl nicht erst zu sagen, daß ich im August an Frau Marion schrieb und ihr eröffnete, daß ich kein Recht mehr hätte, gegen die Meinung der Welt mich gleichgültig zu zeigen.
Das ist restlos vorbei, und ging glatt und ohne Lärm.
Da hast Du meinen Roman. Mögen seine Schlußkapitel versöhnend werden! Kein Mensch hat je ein schöneres Glück törichter verscherzt, als ich.
Ich habe manches gehört, was Du nicht gesagt hast; ungesprochene Worte können laut klingen u. tief treffen. Aber ich war *tief unglücklich, Konrad, und trotzig, weil ich es war.*

Ludwig Thoma sind in seiner verständlichen Euphorie in diesem Bekenntnis einige Datierungsfehler unterlaufen. Er hatte im Brief nicht erwähnt, dass er auch Maidis Mutter, Auguste Feist-Belmont, schon seit März 1907 kannte. Sie erwarb damals ein Grundstück neben Thomas Haus. Maidi erzählte in späteren Zeitungsinterviews davon, dass Thoma ihr 1907 voll Stolz sein halb fertiges Haus gezeigt habe, in das er dann ein Jahr später mit seiner Ehefrau Marion einzog. Maidis Bruder Alfred sah sich das Grundstück im Mai 1907 an und sandte seiner Schwester eine Postkarte, auf der er bestätigte, dass ihm die Lage gut gefalle. Der Nachbar Ludwig Thoma fügte hinzu: »Und auf gute Nachbarschaft mit besten

Die junge Marie Feist-Belmont – so sah sie Thoma zum ersten Mal im Februar 1904 in Nürnberg.

Grüßen.« Die angeblich vertane Chance von 1904, die unverheiratete Maidi für sich zu gewinnen, hätte Thoma damals wieder gutmachen können. Doch im Mai 1907 unternahm er seine Hochzeitsreise mit Marion und war glücklich. Wie konnte ihn da Maidi interessieren? Wenn er das später auch immer wieder so hinstellt. Außerdem beschrieb er in seinem Brief an Maidi vom 4. Oktober 1919 eine Eisenbahnfahrt im Jahr 1912 in die Wachau: »Ja, das waren Herbsttage. Wie hätte ich gejubelt, wenn ich Dich hätte einladen dürfen! Gott, dann wären wir nach Wien hinein, von Krems aus. Aber wie könnte ich denken, daß man die reservierte Dame einladen dürfte? 1912 war's. Es ist infam, an der Vergangenheit so zu leiden ... Wie dumm war ich – wie dumm warst Du! Du hast's gewußt, daß Du ›wolltest‹. Ich war nicht kühn genug, es zu ahnen.«

Maidis Ehemann: Willy Liebermann von Wahlendorf – »Er kannte den Einfluß seines berühmten Namens auf Frauen«

In Ludwig Thomas Brief an Conrad Haußmann vom 1. Januar 1919 steht die Bemerkung: »Maidi heiratet 1910 einen Herrn Willy Liebermann aus Berlin und wurde unglücklich.« Thoma nannte Liebermann außerdem einen haltlosen Kerl, der seine Geschäfte nur über die Familie seiner Frau bewerkstelligen könne. Was Thoma nicht ahnen konnte, ist die Tatsache, dass Dr. Willy Ritter Liebermann von Wahlendorf im Jahr 1936 in seinem Exil in Meran seine Memoiren verfasste unter dem Titel: »Mein Kampf – Lebenserinnerungen eines Juden«; sie erschienen 1988 aus verständlichen Gründen unter dem Titel »Erinnerungen eines deutschen Juden 1863–1936«.

Willy Liebermann von Wahlendorf (1863–1939) entstammte der bekannten jüdischen Familie Liebermann, zu der auch der Maler Max Liebermann und unter anderem Walther und Emil Rathenau gehörten. Willy Liebermann studierte Chemie. Er war zusammen mit zwei Brüdern in einem sehr reichen Hause in Berlin aufgewachsen. Der Vater besaß eine derart bedeutende Gemäldesammlung, dass selbst Kronprinz Friedrich Wilhelm von Preußen und Kronprinzessin Viktoria sich diese im Hause Liebermann ansahen. Willy Liebermann war Herrenreiter, Mitglied einer schlagenden Verbindung, weltgewandt und lebenslustig. 1901 heiratete er Else Lenning, »aus vorzüglicher jüdischer Familie«, die Besitzer des bedeutenden Steinsalzwerkes in Hohensalza war. Das Ehepaar hatte sich bereits 1908 auseinandergelebt und ließ sich scheiden. Die beiden kleinen Töchter blieben bei der Mutter; Ellen, eine von beiden, starb 1929 als junges Mädchen. Zwei Jahre nach der Scheidung begegnete Liebermann einer jungen Frankfurterin, die ihn durch ihre menschliche Güte und Natürlichkeit verzauberte. Es war das 25-jährige Fräulein Marie Feist-Belmont. Die jüdische Familie Feist-Belmont, ein Name, der in der Sektbranche einen guten Klang hat, ist durch Vettern mit den amerikanischen Belmonts verwandt. Maries Vater war der Bankier Carl Feist-Belmont, ihre Mutter Auguste, geb. Graubner, eine Christin. Tochter Marie wurde in der evangelisch-reformierten Gemeinde getauft. Sie wuchs in einem sehr großbürgerlichen Hause auf und es wurde ihr eine ausgezeichnete Schulbildung zuteil. Willy Liebermann von Wahlendorf und Marie Feist-Belmont heirateten 1910; in diesem Jahr wurde auch ihr Sohn Edgar geboren.

In seinen Memoiren zeigt Willy Liebermann in dem Kapitel »Roman meines Lebens« sein verzweifeltes Ringen um seine Ehefrau Marie. Ludwig Thoma war also wiederum in eine Ehe eingebrochen. Da aus den bisherigen Thoma-Biografien nur des Dichters eigene Schilderungen über den Ehebruch bekannt sind, sollen hier auszugsweise Liebermanns eigene Worte dazu folgen. Es fällt dabei auf, dass sich Thoma schon während des Kriegs um Mädie bemüht haben soll und nicht erst 1918.

Meine damalige Frau hatte von Kindheit auf eine starke Zuneigung für den oberbayrischen Tegernsee und die dortigen ländlichen, man kann fast sagen bäuerlichen, Kreise gehabt, und hatte fast jedes Jahr den Sommer dort verbracht. Ich persönlich habe diesen Geschmack nie geteilt, auch nie für die dortigen besseren ländlichen Kreisen entstammenden Bewohner, unter denen der Satiriker Ludwig Thoma, der bekannte Romanschriftsteller Ludwig Ganghofer, sodann ein Sohn des Tiroler Malers Defregger und einige andere die bekanntesten Persönlichkeiten waren. Ich hatte auch immer das Gefühl, daß in ihrem gesucht bieder-einfachen, fast bäurischem Auftreten viel mehr Geziertes und sicher nicht mehr Aufrichtigkeit als in uns

Städtern lag. Ludwig Thoma war von allen diesen Personen die bedeutendste und wurde dort allgemein als großer Geist verehrt; auf jeden Fall war er ein außerordentlich witziger, sarkastischer Kopf, auch hervorragender Lustspieldichter und Romanschriftsteller, und hatte sich in früheren Jahren als unbedingter Demokrat und Mitarbeiter des die oberen Stände heftig geißelnden Witzblattes, des »Simplicissimus«, einen hervorragenden Namen gemacht. Die Demokratie freilich hatte Th. im Kriege gründlich an den Nagel gehängt, sich politisch stark gedreht und war nicht nur hypernational, sondern auch ein Mitgründer der »Deutschen Vaterlandspartei« geworden, die damals alle diejenigen Personen offiziell vereinigte, die die deutsche Ehre gleichsam für sich allein gepachtet zu haben glaubten. Über Juden und die Judenfrage hatte ich auch einmal eine Unterhaltung mit ihm gepflogen, aus der zumindest hervorging, daß er, ohne vielleicht Antisemit zu sein, der damals als national und salonfähig erachteten Ideologie von der Schädlichkeit der Juden für das Deutsche Volk doch stark anhing. Thoma muß als zweifellos kluger Kopf natürlich interessante Seiten gehabt haben; aber die ziemlich stumpfe Art seines Sichgebens war alles andere als die eines Causeurs oder auch nur guten Unterhalters, und nie hätte ich gedacht, daß dieser unelegante und auch in der ganzen untersetzten Figur einen, ich darf wohl sagen, bäuerlichen Eindruck hervorrufende Mann, mir gefährlich werden könnte, mir, dem man beim ersten Anblick doch immerhin den Mann ansah, der in der großen internationalen Welt verkehrte.

Thoma war mit einer Frau verheiratet gewesen, die nicht zu viel Rücksicht auf ihn und seine volkstümliche Bedeutung genommen hatte; er soll Frauen gegenüber auch schwach gewesen sein und seelisch sehr unter ihr gelitten haben. Meine Frau hatte davon gewußt und ihm seit langem ein freundschaftliches Gefühl des Mitleids entgegengebracht. Nun, jetzt während der Kriegsjahre und meiner häufigen Auslandsreisen hatte er viel Gelegenheit gehabt, mit meiner Frau zusammenzukommen und hatte dann im Frühling 1918 wohl größere Hoffnung darauf gesetzt, mich ausstechen zu können. Jedenfalls rief er meine Frau im Hochsommer 1918, wo ich einige Wochen mit ihr, unserem Sohn und den beiden Töchtern verbrachte, jeden Tag im Wildbad telephonisch an. Meine Frau sprach in alleroffenster Weise darüber und bat mich nur, ihm, dem unglücklichen Menschen, doch die Freundschaft halten zu dürfen; und – so wenig wir Männer auch im allgemeinen von Frauen wissen, schon weil wir am liebsten gar nicht zuviel wissen möchten – so sicher bin ich auch, daß meine Frau, die eine durchaus vornehme, zuverlässige und alles andere als eitle oder kokette Frau war, es ehrlich meinte, als sie mir spontan sagte, es ginge ihr selbst manchmal zu weit, Thoma verehrte sie sehr und hätte gesagt, daß ihm das Leben ohne ihr Mitgefühl wertlos sei. Ich machte meine Frau aufmerksam, daß wir unter solchen Umständen den schon lange mit den Kindern geplanten Herbstaufenthalt am Tegernsee nicht ausführen könnten und daß ich ihm erst einmal schreiben würde; sie antwortete, sie sei durchaus einverstanden, auch sie hielte das für das beste, nur bäte sie mich, es nicht zum Bruche mit ihm zu bringen.

Nun schrieb ich Thoma, als Mann zu Mann, fast möchte ich sagen, als Deutscher zum Deutschen, ehrlich und aufrichtig, im sichersten Bewußtsein der absoluten Lauterkeit meiner Frau, aber auch in der festen Überzeugung, daß kein Mensch seiner Erziehung es wagen würde, mir gegenüberzutreten. Ich schrieb ohne viel Hintergedanken und Floskeln ungefähr, ich hörte, er verehre meine Frau scheinbar mehr, als es ratsam sei; ich sei kein Unbekannter und hätte ein Leben des Kampfes für meine Ehre hinter mir, und er könne sich denken, daß ich niemals Übergriffe gestatten würde. Mir sei zwar nichts Menschliches fremd, ich wollte ihm die Freundschaft meiner Frau durchaus nicht rauben, aber er wüßte so gut wie ich, daß es Grenzen gebe. Ich bäte ihn in aller Ruhe, mit sich selbst ins Reine zu kommen und mir offen mitzuteilen, ob es für uns nicht besser sei, die Reise zu unterlassen. – Bald kam seine Antwort, klug, männlich, anständig, etwa, daß er mir meine Offenheit hoch anrechne und mir innigst für sie danke; er kenne seine Pflichten vollkommen und sei sich voll bewußt, was er als Mann mir als solchem schuldig sei.

Beruhigt fuhren wir nun nach Gmund am Tegernsee und schon am folgenden Tag – noch sehe ich genau das Bild, wie wir uns gegenübersaßen – unterhielt ich mich mit Thoma lange Zeit freundschaftlichst auf unserem Balkon. Ich wiederholte ihm ungefähr das Geschriebene, machte ihn darauf aufmerksam daß ich dem Unrecht gegenüber ein nachgewiesenermaßen völlig unbeugsamer Charakter sei und sagte ihm, daß er im zwanglosesten Verkehr mit meiner Familie hoffentlich wieder seine Ruhe und Seelenfrieden, die er wohl in seiner Ehe verloren habe, wiederfinden werde. Ja, er solle sogar, wenn wieder das Unglück der Einsamkeit über ihn käme, sich nicht scheuen und uns ruhig in Berlin besuchen. Er dankte mir darauf von ganzem Herzen, meinte, er habe *nie gewußt, was für einen vornehmen Mann er vor sich habe, ich solle seinem Worte als Corpsstudent (obwohl er nebenbei damals dem Corps gar nicht angehörte) und als Mitgründer der »Deutschen Vaterlandspartei« trauen, daß er die Grenzen wahrer Freundschaft nie überschreiten würde. So ungefähr*

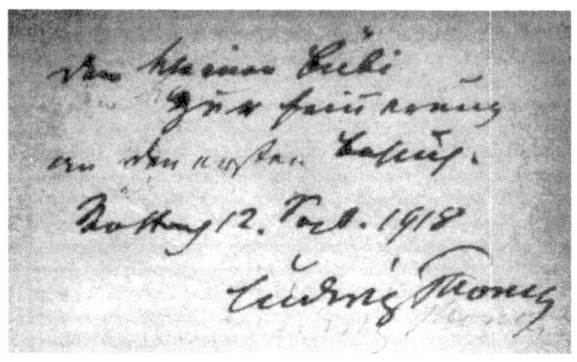

lauteten seine Worte. Wir drückten uns lange die Hand, sahen einander lange in die Augen und – von diesem Augenblick an habe ich nicht nur erlaubt, daß Th. täglich zu uns kam, sondern sogar, daß wir nach einiger Zeit zu ihm ins Haus zogen; ja, ich habe, mich selbst mit den Kindern beschäftigend, sogar manchmal darauf geachtet, meine Frau bei ihm zu lassen. Denn ich hatte sein Wort.
Es war Oktober 1918. Große Truppenmassen fluteten bereits aus dem Felde zurück und bald nahm die Reise von Berlin nach Tegernsee schon drei bis vier Tage in Anspruch, so daß ich, als mich in Berlin eine gewisse innere Unruhe zu quälen anfing, schon nicht mehr dorthin reisen konnte. Als mir dann aus Briefen meiner Frau das Unglück mehr und mehr zu dämmern anfing, fuhr ich Mitte November wenige Tage nach Kriegsschluß nach Frankfurt, wo ich meine Frau traf, die mir tieftraurig, offen und ruhig erklärte, daß sie für mich verloren sei.
Die Welt brach für mich zusammen, denn ich liebte meine Frau und schätzte sie sehr; nur wer selbst ein solches Unglück durchgemacht hat, ist fähig, mich zu verstehen. Ich starrte dumpf vor mich hin …
Nach einiger Zeit des Überlegens wünschte ich Thoma, der auch im Hause meiner Schwiegermutter war, zu sprechen. Was jagt einem in solchem Mo-

ment nicht alles durch den Sinn? Rache, Fordern, Schlagen, Töten, sich selbst mit; das alles schießt ja wirr durch den armen Kopf und ist, wie man es doch selbst weiß, alles so unendlich nutzlos; man meint, der Himmel müsse ein Einsehen haben und der Frau ein einziges liebes, gutes Wort in den Mund legen, und in demselben Augenblick löste sich der furchtbarste Schmerz in höchstes Glück auf.

Mein Gegner war Dichter; sein Geschäft war es, das, was ich hier mühsam zusammenstammele und zusammenstopple, leicht aus dem Ärmel zu schütteln; und er kannte sein Geschäft und seine Geschicklichkeit, als Schriftsteller im Dialog jedes aufkeimende Gewissensbedenken sofort durch die passende, beruhigende Antwort zu ersticken; er kannte auch die Wirkung der Suggestion, den Einfluß des Nimbus seines berühmten Namens auf Frauen, und hatte wohl, dem Ziele nah, sein Wild mit Worten und Gründen so umstellt, daß es willenlos das glaubte, was er ihm wohl in Dutzenden von Unterhaltungen vorerzählt haben mochte.

Denn, wenn ich nicht irre, saß meine Frau bei dieser oder einer anderen Unterhaltung mit Thoma dabei, und ich sah, daß, wenn ich sie etwas fragte und sie antworten wollte, sie ihn ansah, gleichsam, als ob er ihr jedes Wort auf die Zunge legte … Auch Thoma fühlte den furchtbaren Ernst der Stunde, auch er, der Sieger, mußte trotz seines Gleichgefühls bangen. Er sagte mir, er wisse, wie weh es mir täte; aber es ginge nicht anders; meine Frau wolle von mir fort zu ihm, und ich solle sie freigeben. Auf mein Zögern, ich müsse überlegen, was geschehe, meinte er, man könne doch eine Frau nicht festhalten. Ich antwortete, wenn ich die Nutzlosigkeit des Bleibens einsähe, würde ich meine Frau nicht halten; sie ohne Grund fortgehen zu lassen, wo ein Kind da sei, sei ja zwecklos. Wenn sie heiraten wolle, so könne sie fort und sie könne jeden Mann auf Gottes Erdboden heiraten, nur einen nicht, ihn selbst. Er würde sie, solange ich lebte, nie heiraten können. Auf seine Frage, warum er gerade nicht, antwortete ich ihm: »Weil Sie mir gegenüber Ihr Ehrenwort gebrochen haben, Herr Doktor.« Lebhaft antwortete er: »Das habe ich nicht getan, ich habe Ihnen mein Ehrenwort gegeben, daß ich Ihre Frau nicht verführen werde, und das habe ich gehalten, treu gehalten.« Scharf entgegnete ich: »Herr Doktor, Sie wollen mir einreden, ich hätte mich mit Ihnen oder je mit einem Menschen darüber unterhalten, ob Sie meine Frau verführen oder nicht. Sie haben mir Ihr Heiligstes, Ihr Wort gegeben, daß Sie mir mein

Das Liebespaar Maidi von Liebermann und Ludwig Thoma, Februar 1920.

Bestes auf der Welt, mein Eheglück nicht anrühren werden, und Sie haben es gebrochen. Nur durch Ihr Wort haben Sie mein Vertrauen erschlichen, nur dadurch habe ich Ihnen mein Allerbestes vertraut, es Ihnen freiwillig ins Haus gebracht, und Sie haben es mir gestohlen. Und darum sind Sie der einzige Mann auf der weiten Welt, der sie nie wird heiraten können, solange ich bin.« Er antwortete: »Es ist aber Bestimmung.« Und ich: »Warten wir ab, was Bestimmung ist.« Dann war die Unterhaltung zu Ende. – ...
Meiner Frau habe ich nie Vorwürfe gemacht, denn trotz des Sprichwortes, daß »immer zwei dazu gehören«, weiß ich aus eigenen Erfahrungen genügend, daß, wenn ein Mann, der alle Minen springen läßt und viele Wochen,

durch nichts gehemmt, Zeit und Gelegenheit dazu hat, ja, wenn sogar noch eine Anzahl Freunde ihm behilflich sind, eine Frau dieser geistigen Beeinflussung – und von etwas anderem ist unter anständigen und nicht übelwollenden Menschen Gott sei Dank nie die Rede gewesen! – nur schwer wird widerstehen können. –

Maidi von Liebermanns Sohn Edgar – »Habe doch Sehnsucht nach Bubi«

Es fällt auf, dass in bisherigen Veröffentlichungen zu Ludwig Thoma Maidis Sohn Edgar weder genannt noch zusammen mit seiner Mutter je auf Fotos gezeigt wird. Oft musste Maidi um Verständnis dafür bitten, dass sie nicht nach Rottach kam, sondern zu ihrem Sohn fuhr: »Habe doch Sehnsucht nach Bubi. Brauchst nicht eifersüchtig zu sein.« Thoma schenkte ihm mehrere Bücher, die er dem »kleinen Bubi« widmete. Edgar erinnert sich noch gerne an einen Besuch mit seinen Eltern bei Thoma im Jahr 1918. Er hatte damals im Haus auf der Tuften als Spielgefährten seine Stiefschwestern Renée und Helen. Edgar von Wahlendorf empfand Ludwig Thoma allerdings als den Mann, der die Ehe seiner Eltern zerstörte, worunter er sehr litt. Da sein Vater in Berlin blieb, die Mutter einer Gesangsausbildung in Stuttgart nachging, hatte er, gerade acht Jahre alt, bei seiner Feist-Belmont-Großmutter in Frankfurt am Main zu bleiben. Dort fühlte er sich zu Hause. Edgar besuchte das Lessing-Gymnasium. Er wurde in der evangelisch-reformierten Gemeinde in Frankfurt durch Pfarrer Dr. Förster konfirmiert. Sein Onkel Alfred, der Bruder seiner Mutter, wurde ihm zum Vater. 1944 wurde dieser jedoch verhaftet und kam im Konzentrationslager Buchenwald um.

Erst 1922, ein Jahr nach Thomas Tod, plante Maidi von Liebermann, ihren Sohn ganz zu sich nach Tegernsee zu holen. Sie schrieb am 10. Mai an Rothmair: »Am letzten Sonntag habe ich meinen Jungen geholt und gleichzeitig hat ein Hauslehrer seinen Einzug gehalten, der aber wegen Untauglichkeit am Samstag wieder verschwindet.« Es erwies sich, dass dieser mehr an der attraktiven Mutter als an der Ausbildung des Sohnes interessiert war. Im August und Oktober 1922 war Edgar erneut bei seiner Mutter auf der Tuften. Am 31. Oktober schrieb Maidi Liebermann an Rothmair: »Mein Junge war jetzt 14 Tage bei mir, leider mußte er wieder zurück in die Schule.« Die Ferienzeiten verbrachte Edgar somit oft bei seiner Mutter am Tegernsee. Als 14-Jähriger lernte er beim Baden einen jungen Rottach-Egerner kennen. Er brachte ihn öfters mit nach Hause zu seiner Mutter. Aus der Freundschaft zum Sohn Edgar entstand eine enge Bindung zu dessen Mutter. Der große, schlanke, sehr gut aussehende Hans Förg ging später für einige Jahre nach Amerika. Er wurde der Lebensgefährte der über 20 Jahre älteren Maidi von Liebermann.

Nach Beendigung seiner Schulzeit in Frankfurt am Main begann Sohn Edgar eine Banklehre in Berlin. Dort besaß seine Mutter eine feine, kleine Wohnung am Lützowplatz. Maidi, die Weltbürgerin, liebte zwar Tegernsee, doch München, Frankfurt und Berlin, das war ihre Welt. Theater, Konzerte, Ausstellungen, Wiedersehen mit Freunden, das musste sein. Und außerdem lebte sie in Berlin mit ihrem erwachsen werdenden Sohn Edgar zusammen. War die Mutter nicht in Berlin, dann bekam Edgar eine Haushälterin zur Seite. Es war die noch von Ludwig Thoma als Köchin eingestellte Minna Gottschlicht. Sie war eine rührende treue Seele, die Ludwig Thoma sieben Jahre gedient hatte und die nie aus Tegernsee herausgekommen war. Nun nahm sie der junge Edgar von Wahlendorf mit, zeigte ihr München, brachte sie auch zu seiner Großmutter nach Frankfurt; und dann sorgte sie zeitweise für ihn in Berlin. Für ihre Treue zu ihrer Herrschaft erhielt sie die Goldene Dienstbotenmedaille. Das alles erinnert ein wenig an das Viktorl im Leben Ludwig Thomas.

Mit 21 Jahren verheiratete sich Edgar von Wahlendorf und ging als Kaufmann nach Südafrika, wo er 42 Jahre lang lebte. Sein einziges Kind ist die Tochter Irmin.

Maidi von Liebermann besuchte ihren Sohn und dessen Familie wiederholt in Südafrika. Wegen der politischen Verhältnisse hatten sich Mutter und Sohn in den Jahren 1936 bis 1945 allerdings nicht gesehen. Danach aber unternahmen sie gemeinsame Reisen nach Japan, Hongkong, die USA und Thailand. Maidi von Liebermann baute in Steinberg in Tirol ein Haus, das von außen dem vorgeschriebenen alpenländischen Stil angepasst ist; die Inneneinrichtung aber verrät die Herkunft aus dem Frankfurter Großbürgertum. Dort lebt heute ihr Sohn Edgar – wenn er nicht auf Reisen ist.

Scheidungspläne in Stuttgart

Conrad Haußmann war bereit, die Scheidung Liebermann vs. Liebermann einzuleiten und durchzuführen. So trafen sich Maidi und Ludwig Thoma schon am 2. Februar 1919 mit ihm in Stuttgart. Von dort sandten sie eine Postkarte an Ludwig Ganghofer. Thoma schrieb darauf voll Optimismus: »Wie kann das sein? Nebel – und doch Sonnenschein?« Maidi fügte allerdings hinzu: »Leider noch viel Nebel!«

Ende April entschloss sich Ludwig Thoma, erneut zu seiner Geliebten nach Stuttgart zu reisen, und dies in einer politisch höchst unruhigen Zeit. Telefonverbindungen nach München gab es kaum mehr. Die Stadt war von Regierungstruppen eingekreist. Das »Berliner Tagblatt« sprach von Münchner Sowjettruppen! »Weiße Garde – Rote Garde – Sowjettruppen – eine Fastnacht, die mit einem blutigen Aschermittwoch enden muß.«[1] Die Reise nach Stuttgart dauerte drei Tage. »Ich stieg voll Erwartung aus dem Coupé. Mein Blick sucht und findet ein ängstliches Gesichtchen. Und dann. – E n d l i c h ! Wieder da. Es war eine kurze und doch so lange Trennung. Mein teures M. in Angst um mich, ich um sie.« In Stuttgart herrschte Ruhe, und Thoma fühlte, dass die »Achtung vor München und Bayern […] auch beim kleinen Mann tief gesunken« sei.

In seinem Tagebuch finden sich dann folgende Einträge:

Samstag, 3. Mai
Wundervoller Tag seit Montag. Die liebste Maidi herzlicher als in der vorhergehenden Zeit. Wir machen Spaziergang, treffen uns im Hotel, bei ihr zu Hause. Ich habe das sichere Gefühl, daß unsere Sache ganz von selbst Fortschritte macht. Maidi wird doch meine Frau.

Sonntag, 4. Mai
Das liebe gute Maidi herzlich, wie immer.

Donnerstag, 8 Mai
Die liebste Maidi ist gekommen. Ich bin so seltsam unruhig, so traurig. Ob mein bescheidenes Los unter den Trümmern des Vaterlandes begraben sein wird?

Freitag, 9. Mai
Heute will ich die liebste Maidi bei Redwitz treffen. Täglich wird sie mir lieber, täglich wird mein Gefühl zu ihr von tiefster Liebe zum gröbsten Mitleid hin und her getrieben. Sie schilderte mir gestern ihre Gänge zu Rechtsanwälten, daß sie weinend in den Vorzimmern stand.

Sonntag, 11. Mai
Meine geliebte Maidi wird mir mit jedem Tag unentbehrlicher. Ihre gedrückte oder traurige Stimmung greift mir so sehr ans Herz. Ich muß ihr Leben noch zum Guten führen.

Montag, 12. Mai
Zur traurigen Stimmung übers Allgemeine kommt nun auch die gedrückte über den Abschied. Immer wieder ins Ungewisse. Ich lasse die liebste, liebste Maidi auch in Sorge und Zweifeln zurück und das tut mir am wehesten. Alles, was einmal so einfach, leicht und selbstverständlich war, ist jetzt kompliziert. Aber es muß doch mit ehrlichem Willen und fester Treue gelingen, aus diesen Dingen zum Guten hinauszukommen.

Es wird sich zeigen, daß alle Hoffnungen auf eine Scheidung trogen. Erst 1926, also fünf Jahre nach Thomas Ableben, trennte sich das Ehepaar Marie und Willy Liebermann von Wahlendorf endgültig. Letzterer verheiratete sich erneut.

Maidi von Liebermann zwischen zwei Männern – »Mein Leben wird zur Sackgasse«

Die Dreiecksbeziehung zwischen Maidi, Willy und Ludwig Thoma, die sich schließlich zu einem Strindberg'schen Ehedrama auswuchs, soll hier erstmals aus der Sicht von Maidi von Liebermann beleuchtet werden.

Nach dem Ehebruch auf der Tuften im August 1918 traf Maidi ihren Mann in Wildbad. Willy von Liebermann wollte wissen, was in Tegernsee vorgefallen war. An Thoma schrieb sie:

Er frug mich auf Ehre und Gewissen, ob Du mich geküßt hättest u. da mußte ich lügen. – Ludwig – ob wir uns geküßt haben? Ich fühlte noch immer Deine Lippen ... Mit großer Mühe sagte ich Willy so ziemlich alles über uns. –
Ich stellte ihm vor, wie wundervoll es für mich ist, endlich einen Freund zu haben u. daß er mir durch seinen Zorn alles verderben würde. – Also bitte schreibe Deine Briefe immer in dem Stil. – In meinem Innern sieht es grauenvoll aus ... Ich glaube manchmal den Verstand verloren zu haben ... Könntest Du mich trösten!

Maidi musste sich eingestehen, dass sie das, was sie in den letzten Tagen erlebt hatte, noch nicht mit klarem Verstand erfassen konnte.

Warum hat Gott uns nicht früher zusammengeführt – dieser Gedanke zernagt mich noch. Aber Du hattest ja mein Geschick allein in der Hand. Könnten wir die Jahre rückgängig machen u. sie erleben – was gäb' ich darum. – Ich habe große Sehnsucht nach Dir, aber mein Mann ist eben nach der 6wöchentlichen Trennung doppelt lieb u. nett zu mir. Gerade auch jetzt, weil ich gut zu seinen 2 Mädchen bin, die nicht gerade das schönste Leben haben ... Ich bin glücklich, wenn wir uns wiedersehen. Auf alle Fälle sehe ich, daß ich meinen langersehnten Wunsch, in München Gesang zu studieren, erfüllt bekomme. B i t t e schreibe mir hierher ziemlich kühle Briefe, denn sonst habe ich zu schwer zu kämpfen. – Mein lieber, lieber Ludwig, schlaf wohl, ich bin in Gedanken immer bei Dir.
Liebe Küsse von Deiner Maidi.
Ich wollte Dich eben anrufen, doch wird in Tegernsee schon um 7 Uhr das Amt geschlossen.

Vom August 1918 bis zum August 1921 schrieb Maidi an Thoma 184 Briefe, 120 Postkarten und sandte ihm 17 Telegramme sowie ein Gedicht. Von ihrem Geliebten erhielt sie nicht weniger als 814 Briefe, 13 Postkarten und ebenfalls ein Gedicht. Einer der Schlüsselbriefe zur Situation, in der sich Maidi befand, ist der folgende, den sie im August aus Wildbad an Thoma sandte:

Mein lieber Ludwig,
[...] Darf ich denn nicht auch einmal glücklich sein? In meinem Leben habe ich wirklich noch niemand was getan oder schlecht behandelt – bis auf dies einemal, wovon ich Dir kurz erzählte ... Und nun werde ich älter, das Glück zeigt sich von Weitem. Wird das Schicksal es nicht e i n m a l gut mit mir meinen u. mir Mut schenken den Weg richtig freizufinden? Mein Ludwig, Dein langer Brief war für mich ein Trost! Stundenlang möchte ich solche Briefe lesen. – Es freut mich ja so u. beruhigt mich, daß endlich der »bewußte« Brief weggeschickt ist. – Es ist mir ja doch vollständig unklar, daß Du diesen Brief [an Marion, d. Vf.] *nicht vor 10 Jahren geschrieben hast, wenn Du wirklich schon oft an mich dachtest. – Vielleicht hattest Du damals nicht den Mut? Du mußt doch geliebt haben, sonst macht man doch gleich reinen Tisch u. sieht zu, alles möglichst schnell vergessen zu machen. Du hast einem ja dadurch doch auch jede Möglichkeit abgeschnitten zu mir zu kommen. – Denke, wenn wir diesen Sonntag Nachmittag vor 10 Jahren unter der Linde gesessen hätten, dann ... ich kann nicht daran denken, ich habe solches Herzklopfen u. Schmerzen, daß ich mich kaum beruhigen kann. – Es muß doch noch durch die Kriegszeit gekommen sein, daß Dein Herz sich mir zugeneigt hat, denn sonst hättest Du anders gehandelt ...*
Mein Leben war bis jetzt so unglaublich ruhig, daß ich mir nicht nachsagen lassen möchte, daß wir ein Verhältnis hätten. Und die Welt traut sich doch solches zu verbreiten. Nicht allein für mich u. meinen Bubi, sondern auch für Willy, dem ich diese Schande, nie antun werde. Rein und klar muß alles sein. Über heimliche Briefe mach ich mir schon genug Sorgen u. Du weißt ja noch über was! –
Ob ich Vertrauen zu Dir habe? Aber mein Ludwig, mehr als das – alles ist ja nur dazu da, daß unser Glück in Erfüllung gehe ... Aber vielleicht siehst Du zu viel Glück in mir u. bist schließlich enttäuscht. – W a r u m hast Du mich so lieb, das frage ich mich immer und immer wieder ... Wieso hast Du mich, wenn Du mich doch so lieb hattest, nicht einmal bei Seite genommen u. Dein Herz ausgeschüttet? – Warst Du zu stolz, Deinen Mißgriff [= Marion, d. Vf.] *einzugestehen oder warum hatte es Dich damals garnicht zu mir hingezogen? –*
Damals war ich so stark u. überschäumend, daß ich nicht wußte, wohin mit all' dem Überschuß an Lebendigkeit. Viel zu wild und rassig war ich. Und

dann in dem ersten Jahr meiner Ehe so sinnlich und verlangend. Aber unser Uhrwerk steht nun seit fast 8 Jahren still. Nach Bubi's Geburt war ich sehr schwach, dann kamen bald die Sorgen u. haben mir so viel von Kraft u. Leben gestohlen. – Glaubst Du, daß Du die alte Uhr wieder in Gang bringst u. die Leidenschaften und Sinneslust wieder wecken kannst?

Ein Jahr später klingen Maidis Briefe an Thoma weitaus weniger hoffnungsvoll: »Mein Leben wird zur Sackgasse.« Ihr Mann Willy erklärte ihr, dass er sie nie freigeben werde. Wohin sie auch mit Thoma fliehen wollte, er würde ihn totschießen, denn er hätte nichts mehr zu verlieren. Maidi machte Thoma Vorwürfe, dass er zu hitzig gewesen sei und außerdem versucht habe, Willy Geld anzubieten. Das sei der größte Fehler gewesen, den er gemacht habe, der nächste Fehler sei gewesen, dass er sie aus Berlin wegholen wollte. Thoma habe absolut falsch gehandelt, als er Willy 1918 in sein Haus eingeladen hätte. Jede Begegnung hätte vermieden werden sollen. Thoma hätte Willy schriftlich die Verhältnisse klar schildern sollen, die Sache mit dem gegebenen Ehrenwort wirke sich nun fatal aus:

Wir haben's ja auch zu dumm und falsch angefangen. Meine Übereilung war verkehrt, Du warst zu stürmisch. Wir müssen sehen, jetzt alles Verkehrte gut zu machen. Es ist ja auch ein Unding, daß die Menschen von Verlobung sprechen, wo ich noch verheiratet bin. […] Ich bin so verzweifelt und unglücklich.

Zum Jahresbeginn 1919 schüttete dann Willy Liebermann seiner Frau nochmals sein Herz aus, warnte sie vor Thoma und bat sie, zu ihm zurückzukehren:

2. Januar – […] Bitte tu mir den Gefallen, gib mir Ruhe, sodaß ich nicht völlig körperlich zerbreche … Gib mir Ruhe, und quäle mich nicht durch die furchtbarsten Schmerzen der Welt, die Eifersucht. Suche Dich eher von Thoma innerlich zu entfernen, verrenne Dich nicht weiter … Bin zweitweise furchtbar unglücklich.

4. Januar – Deine Worte über mein armes zerwühltes Herz tun mir sehr weh. Wie mich nichts so sehr schmerzt, als wenn ich Dich verreisen sehe. Aber Maidichen, solche Sachen gehen nicht ab, ohne furchtbare seelische Schmerzen

und das hätte Th., wenn er es wirklich ehrlich mit Dir nicht mit sich, meinte, vorher sagen sollen. Nicht mich trifft die Schuld. Könnte ich noch mehr Entgegenkommen zeigen, so hätte ich Dich nie geliebt ... Du bist nicht gerecht, weil Du, armes Kind, so leidest ...
Darum bitte ich Dich immer wieder: Sieh ein, daß Th. egoistisch handelte und verrenne Dich nicht in Gefühle, »in Liebe«. Ich will Dich nicht beeinflussen. Dein vornehmer jüdischer Charakter paßt zu dem erprobten, wenn auch schwachen Menschen besser als zu dem brutalen ... Charakter ...
Trotz aller meiner Dummheiten [...] gehören wir zusammen. Daher Verstand, Vernunft – nicht falsche Gefühle.

Aus Rottach erreichten Maidi fast täglich Briefe. So auch zum Jahresanfang 1919. Thoma wartete mit »heißem Heimweh« auf Maidi. Erwünschte sich nichts mehr, als »Behaglichkeit mit ein wenig Humor«, die erst dann zu ihm kommen wird, »wenn die liebste Frau neben mir am Tische sitzt. 1919? Noch 1919? Ja!!« Er bestätigte Maidi, dass sie in Haußmann einen klugen und wohlwollenden Scheidungsanwalt finden werde. Scherzend fügte er noch hinzu, sie solle den Pantoffel herrichten, unter den sie ihn vom ersten Tag an kriegen möchte. Am 3. Januar erhielt Thoma gleich zwei Briefe von Maidi, auf die er ausführlich antwortete. In diesen Schreiben zeichnet sich aber schon ab, dass Maidi den Menschen Thoma nicht so nahm, wie er war, sondern ihn nach ihren Vorstellungen formen wollte. Thoma begann nämlich damals schon sein Wesen, seinen Lebensstil, sein bisheriges Leben zu verteidigen. Er bezeichnet sich Maidi gegenüber als ihr »willenloser Knecht«, wehrte sich aber, als sie von seinem »Bös- und Hartsein« sprach oder ihn einen »trockenen Liebhaber« titulierte. Sie wünschte sich einen vornehm aussehenden Herrn, denn in Lodenjacke und Lederhose hielt er dem Vergleich mit ihrem eleganten und schlanken Ehemann nicht stand. Es ging soweit, dass sie ihn »Lieber Herr Dreck« nannte, da er und sein Hausstand ungepflegt waren. Thoma nahm es mit Humor: »Übrigens melde gehorsamst: So was von frisch gebadet, geduscht, gestriegelt und von Reinlichkeit strahlend wie der Prolet von der Tuften, der Bauer und Unkultivierte gibt's gar nicht mehr. Dagegen sind alle Frankforter Buwwe Drecksäu.«

Maidi ließ in ihren Briefen immer wieder anklingen, dass ihr Thomas Leben auf der Tuften nicht zusage: »Wenn Du Deinen Kaffeepot nicht unterm

Arm mitnehmen kannst u. den ganzen Tag Pfeife suddeln, dann ist's kein Leben für Dich.« Sie wollte gerne einmal mit seiner Schwester Käthi sprechen, um endlich die W a h r h e i t über ihn zu erfahren. Thoma versicherte Maidi, dass ihn weder Kaffeepot noch Suddelpfeife zu Hause festhielten, sondern sein liebes altes Tegernsee, seine Heimat: »Dieses starke Gefühl kennst Du nicht; [...] Daheim sein, ein Daheim haben ist ein wundervolles Gefühl, für das nichts entschädigt.«

Ludwig Thoma hatte sich immer wieder vorgenommen, nie mehr ein Wort gegen seinen Rivalen zu sagen. Doch immer nachdrücklicher bat er seine Geliebte, der Wirklichkeit ins Auge zu schauen: »Laß ihn sich an den Gedanken der Trennung gewöhnen, das ist das Beste für alle Teile. Wenn es Dir ernst ist wie mir, und es muß Dir doch ernst sein. Ist dann einmal alles in Ordnung, so wirst Du in der Sorge für ihn und auch in der Unterstützung, die wir beide ihm in allen Dingen, persönlich wie pekuniär zuwenden, Ruhe finden.« Diese Gedanken schrieb er im Januar 1919 nieder. Als sich immer klarer zeigte, dass das schon bei Marion angewandte Schema – das Wegholen der Geliebten mit Eheringen in der Tasche und die finanzielle Unterstützung des gehörnten Ehemannes – nicht funktionierte, wurde er ausfällig. Er nannte Willy Liebermann einen »schamlosen Kerl«. Maidi sollte ihn fragen, »ob er das von seiner galizischen Großmutter hat, daß er kein Verständnis dafür besitzt, daß er eigentlich hinausgeschmissen ist. Das mußt Du ganz bestimmt sagen.«

In Stuttgart kam es kurz darauf zu einem fürchterlichen Streit zwischen Thoma und seiner Geliebten. Er ließ sich gehen, denn »immer der Dritte, der Überflüssige zu sein«, war für ihn nicht mehr zu ertragen. Viele bittere Worte musste sich Maidi sagen lassen. Er meinte, dass auch im Zorn viel Gutes liege und sie solle nun nicht nur an diese »schlimme Viertelstunde« denken nach all den vielen gemeinsamen schönen Stunden. Maidi von Liebermann hatte bei diesem Streit ihrem Geliebten vorgeworfen, auch nicht frei »von dieser Frau« [= Marion, d. Vf.] zu sein. Doch weder rasende Eifersucht noch Streit oder demütigende Vorwürfe sowie anschließende Liebesschwüre änderten etwas in dieser Dreiecksbeziehung. Thoma gab schließlich ziemlich kleinlaut zu: »Weißt doch, daß ich unendlich mehr abhängig von Dir bin, als Du von mir.«

Um Abstand von all den sich auftürmenden Schwierigkeiten zu gewinnen, schlug Thoma Maidi damals eine Reise nach Holländisch-Indien oder nach San Diego in Kalifornien vor. Er wollte ihr seine Lebensversicherung schenken und sie schon 1920 zur Erbin seiner gesamten Habe einsetzen. Durch diese finanzielle Absicherung sollte ihr der Schritt in die immer wieder angesprochene Scheidung erleichtert werden.

Die Reise kam nicht zustande, da Maidi von Liebermann an ihrer Karriere als Sängerin arbeiten wollte. Thoma nannte das »Theater ein gräßliches Pflaster. Und mit ganz wenigen Ausnahmen ist dabei noch niemand glücklich geworden.« Er war der Meinung, dass das Singen nicht Maidis Lebensberuf werden könne. Sie wünschte sich aber nichts anderes. Seinen eigenen Beruf definierte Thoma, dass »man Dichter ganz und gar ist – oder überhaupt nicht […] der in seiner eigenen, selbstgeschaffenen Welt leben muß«. Und welche Rolle hatte er nun seiner zukünftigen Frau zugedacht? »Eine Frau soll ihrem Mann ein Kamerad sein […] jetzt sollst Du mir einer sein in einem ruhigen und doch sehr tätigen Leben […].« Außerdem »lieb sein, ein bißchen plappern, einen weichen, runden Arm um das Haupt des Schriftstellers legen«.

War nicht schon Thomas Ehe mit Marion daran gescheitert, dass er sie ausschließlich zu seiner Kameradin machen wollte, ohne Eigenleben? Auch von Maidi von Liebermann verlangte er, dass sie sich für ihn scheiden ließe, ihre so lange geplante Selbstverwirklichung als Sängerin aufgeben und ihren Platz an der Seite des Dichters sehen sollte. Thoma hatte überhaupt nichts aus den Erfahrungen in seiner ersten Ehe gelernt. Es war abzusehen, dass aus dieser Beziehung, die noch viele weitere, intime Facetten hatte, nie eine dauerhafte Bindung geworden wäre.

Eifersucht auf Marion – »die schlechte Frau«

»Abwechselnd von Willy und Dir mein Hirn zermartern lassen, kann ich nicht mehr«, so hatte Maidi von Liebermann bereits am 15. Dezember 1918 an Ludwig Thoma geschrieben. War schon dieses Problem für sie kaum zu bewältigen, so kam ein weiteres, nicht unerhebliches dazu: ihre rasende Eifersucht auf Marion, die sie »die schlechte Frau« beziehungsweise »Krebsel« nannte. Maidi von Liebermann stellte, wo es nur möglich war, Nachforschungen über Thomas Verhältnis zu seiner geschiedenen Frau an. In selbstzerstörerischer Besessenheit gab er Maidi immer wieder Antwort auf ihre bohrenden Fragen und Vorwürfe. Sie sagte Thoma sehr deutlich, was die Leute aus ihrem Bekanntenkreis von ihm hielten. Sie nannten ihn »Rauhbein, Bauern und Weiberhelden«! Marion habe auf viele Menschen einen gewöhnlichen Eindruck gemacht: »Die Menschen beurteilen Dich nur nach d e r Dummheit. Zu schade, mein armer Mensch, daß Du unter solch einer schlechten Frau so zu leiden hast. – Immer das erste Wort, wenn Dein Name fällt ist der von Madame.«

In der gesamten Korrespondenz von 1918 bis zu Thomas Tod ist immer wieder von der »Krebsel« (wohl eine Verballhornung des Namens Crespel, der Frankfurter Jugendfreundin Goethes) zu lesen. Es ging unter anderem um Schmuck, Möbel, eine Nähmaschine, Bettwäsche, Taschen und ein Müffchen. Ludwig Thoma hatte Marion bei der endgültigen Trennung 1918 zugestanden, alles was sie gerne besitzen möchte, von der Tuften mitnehmen zu dürfen. Doch ihre Nachfolgerin war der Ansicht, sie sollte alles an Thoma zurückgeben. Maidi von Liebermann meinte, ein Anwalt sollte eingeschaltet werden. Darauf antwortete Thoma: »Per Anwalt hat es weniger Wirkung [...] Wenn Du aber meinst, es sei besser per Anwalt, rufe ich Dispecker oder noch lieber Herzfelder. Der Dispecker Fritz ist mir ein bißchen zu redselig.«

Marion Thoma dachte nicht daran, auch nur ein Stück ihrem geschiedenen Mann zurückzugeben. Sie muss sehr wertvollen Schmuck besessen haben, alles Geschenke Ludwig Thomas.

Maidi von Liebermann verfiel auf die Idee, Thoma zusammen mit Ricca Lang in die Münchener Wohnung von Marion zu schicken, um dort auszuräumen:

Bitte, sei einmal stark. [...] Das ist nicht kleinlich von mir, sondern richtig – Du hast viele Fehler gemacht.
Warum willst Du dieser schlechten Frau, die nur aus Berechnung Dich heiratete und Deinen Namen in den Schmutz zog, noch alle Erleichterungen geben und besonders für einen anderen Mann. Daraus sehe ich doch, daß Du noch an ihr hängst und sie alles mit Dir machen kann.
Du hast mich oft gefragt, warum ich nicht zu Dir herauf kam. Warum kommen denn jetzt die Menschen von früher alle nimmer zu Dir. Man ist nur früher gekommen, aber warum kamst Du nicht selbst auf den Gedanken und

hast das Scheusal gerne um Dich gehabt? Bitte zeige ihr einmal die Zähne und geh' hin und räume aus. Bitte, wenn Du mich ein bischen lieb hast. Du bist ein schlechter Menschenkenner. […] Bitte hebe ihren Brief auf und zeige ihn mir. […] Bitte laß Dich nicht herumkriegen. Ich ärgere mich über die Krebsel zu dumm, saudumm.

Während einer Kur in Bad Kissingen 1919 lernte Maidi von Liebermann einen Hofrat kennen, der oft zur Kur am Tegernsee war. Redselig berichtete er, dass er den Dichter Thoma gerne kennengelernt hätte, doch sei vor ein paar Jahren den ganzen Sommer über Marion bei ihm gewesen, sodass er keine Möglichkeit gesehen hätte, Thoma auf der Tuften allein zu besuchen; eigentlich herrschte dort eine richtige »Weiberwirtschaft«. Zeitweise waren Helene Taschner mit ihren Töchtern, Ricca Lang aus Oberammergau sowie Marion, die man wenig freundlich »die Schwarze« nannte, bei ihm. Man habe Thoma oft in wenig solid aussehender Gesellschaft gesehen, wurde Maidi hinterbracht. Der Hofrat meinte, Thoma wäre doch so bayerisch derb, ob seine Charakterstärke nicht nur aus Grobheit bestünde, das würde man in Bayern so oft verwechseln. »Ich beruhigte ihn, aber innerlich wurmte es bei mir. Die Krebsel war im ganzen Winter 1915/16 bei Dir. Ich wußte es ja schon längst.«

Obwohl Thoma seinem »Möppche« ziemlich schroff geschrieben hatte, dass sie seine Vergangenheit nichts anginge und er ihr keine Rechenschaft schuldig sei, hielt sie ihm vor, dass er im Unrecht sei: »Glaubst Du nicht, daß mich diese Bemerkungen über den Winter '16 entsetzlich schmerzen? Wie Du mit der ›Krebsel‹ vergnügt herumzogst, Schlitten fuhrst und glücklich warst. Wenn ich tot wäre, daß ich das alles nicht mehr aushalten müßte.«

Maidi von Liebermann war wirklich verzweifelt. Sie blieb von keinem Klatsch und Tratsch verschont. Sie flehte Thoma an, sie bald zu besuchen, damit sie sich mit ihm aussprechen könne. Man hatte ihr gerade erzählt, wie sehr er Marion geliebt hätte: »Wie ein Junge sollst Du sie geliebt haben … ganz verrückt warst Du gewesen vor Liebe. […] Es muß was Wahres daran sein. Es sagen alle die Dich kennen, daß Du erotisch ganz abhängig von der Krebsel gewesen seist. Du warst sehr zärtlich zu ihr gewesen. […] Ich muß immer den gleichen Schmutz hören, warum willst Du mir alles ausreden?«

Mit wem Thoma außerdem noch liiert gewesen sein soll, wurde Maidi ebenfalls ausführlichst geschildert.

Als Thoma im Oktober 1919 Maidi immer wieder bat, zu ihm zu kommen, meinte sie: »Es ist mir so arg, daß mein Name so hereingezogen wird und durch den Hintergrund der ›Krebsel‹ fällt er immer auf fruchtbaren Boden. ›Die üblen Weiblichkeiten‹. Warum bin ich nun nicht bei Dir, doch aus demselben Grund. Ich bin so unglücklich, verschließe mich.«

Damals erfuhr Thoma, dass Marion in Oberstdorf sei und eine »sonderbare Rolle« spiele. Er entschloss sich, ihr nun durch einen Anwalt schreiben zu lassen, da »das Frauenzimmer wieder von München weg ist, ohne mir Schmuck u. Tasche zu hinterlegen«. Maidi von Liebermann sagte ihm klipp und klar, dass er immer noch nicht frei von dieser Frau sei, worauf er beleidigt meinte: »So niedrig taxierst Du mich ein. Wenn Du im Januar in Oberstdorf bist oder Mamma, muß ich dabei sein. Ich will nicht, daß Dich das Frauenzimmer anglotzt u. dann Du in Stimmung gegen mich gerätst. Du bist in dem Punkt zu beeinflußen. […] Aber bin ich bei Dir, so sieht die Person wie viele Leut es sehen, daß sie mich nichts angeht.«

Aus dem Winteraufenthalt in Oberstdorf wurde nichts. Doch Maidis Eifersucht auf die »Krebsel« kannte keine Grenzen. Letzten Endes brachte noch nicht einmal Thomas Tod eine Erlösung in diese schicksalhafte Beziehung von zwei Frauen, die ihn beide geliebt haben.

»Außerdem hoffe ich ja der jüdischen Rasse mein Liebstes zu verdanken«

Schon im April 1920 hatte Maidi von Liebermann ihren Geliebten auf sein politisches Verhalten angesprochen. Sie wusste auch von seinem Kontakt zum »Miesbacher Anzeiger«,[1] einem oberbayerischen Provinzblatt, für das er anonym schreiben sollte. Auf ihren Hinweis, dass sie antisemitisches Gedankengut bei ihm bemerke, log Thoma sie schlichtweg an und versicherte ihr:

1. Billige ich das antisemitische Programm nicht, das Unsinn ist. 2. Möchte ich mei Ruah. Ich bin wirklich kein Antisemit, so sehr ich die ostjüdische Kulturfeindlichkeit hasse. Außerdem hoffe ich ja der jüdischen Rasse mein Liebstes zu verdanken. […]

Es dürfte für Maidi von Liebermann sehr schwer gewesen sein zu verstehen, dass Thoma einerseits ihr als Halbjüdin mit einem jüdischen Ehemann ständig seine Ergebenheit zeigte und andererseits ab dem 15. Juli 1920 in der genannten Zeitung Artikel mit »rüde[n] antisemitische[n] Ausfälle[n]« verfasste.²

Thoma versprach Maidi allerdings, er werde keine derartigen Aufsätze mehr schreiben, wenn sie bei ihm auf der Tuften wäre. Doch das stand damals in weiter Ferne. Er verfasste an dem selben Tisch, an dem er seinem »Möppche« geschrieben hatte, er sei kein Antisemit, kurz darauf, am 17. Juli 1920, den Artikel »Antisemitisches«. Darin machte er vor allem das »Berliner Tagblatt« und die »Frankfurter Zeitung« für das Anwachsen der antisemitischen Stimmung in Deutschland verantwortlich. Einer seiner Kommentare: »Wir Arier haben es am Ende nicht nötig, ruhig zuzusehen, wie schmierige Lausbuben, Tango- und Spinatburschen zu Christenpogromen hetzen.«³

Über seine Beziehung zu Juden schrieb Thoma am 29. Dezember 1920 scheinheilig an Maidi von Liebermann: »Ich denke mir oft, daß ich mich bei der wohltuenden, netten Art anständiger Juden am wohlsten fühle.« Zwei Tage später, am 31. Dezember, »haute Thoma drein, daß die Fetzen fliegen«; im »Miesbacher Anzeiger« erschien sein Aufsatz »Berlin«, voll des Hasses gegen diese Stadt, in der Maidis Ehemann lebte. In Berlin sei schon vor dem Krieg nichts mehr deutsch gewesen, sondern es war ein halbes »Krakau-Tarnopol-Krotoschin«.⁴ Und jetzt nach dem Krieg »ist es eine Mischung von galizischem Judennest und New Yorker Verbrecher-Viertel«. Dort tanzen »dicke, herausgefressene Schieber mit ihren Toppsäuen und schlemmen – in Deutschland sitzt eine arme Familie um einen Tisch, auf dem ein Lichtlein brennt.« In diesem Artikel hatte Thoma versucht, die »›guten‹, die bürgerlich-nationalen Juden von den ›schlechten‹, d. h. angeblich kommunistischen oder sozialistischen ›Ostjuden‹ zu trennen.«⁵ Er machte auch seiner Altersliebe immer wieder klar, dass es Juden gäbe, die er sehr schätze; etwa den Schriftsteller und Philosophen Fritz Mauthner (1849–1925), weil dieser »ein gescheiter, humaner Jude« in Berlin sei.⁶

Es war Maidi von Liebermann äußerst unangenehm, von ihren Stuttgarter und Frankfurter Freunden auf Thomas politische Haltung angesprochen zu werden. Diskussionen, die sie darüber mit Thoma anzufangen wünschte, blockte er ab: »Wir zwei, mein liebstes Fözzche wollen aber nicht politisieren […].« Schon im Januar 1919 wollte er ihr »übers politische« nicht viel schreiben. Doch dann ließ er sich herbei, zur damaligen politischen Lage Stellung zu nehmen. Zuerst klärte er Maidi auf über Bauernbund und bayerische Volkspartei: »Bauernbund ist ganz was anderes als bayr. Volkspartei, die von Heim jetzt erst begründet wurde. Bauernbund war früher 1893 gegen die Schädigung der Bauern durch Handelsverträge gegründet worden und richtete sich scharf gegen Centrum, weil das Centrum für die Handelsverträge gestimmt hatte, durch die der Preis für Getreide stark sank.« Dann kam sein Hinweis, dass er seinen Beitritt zur Centrumspartei verweigerte:

Ich u. Centrum! Sag doch den guten Frankfurter Bekannten, daß ich in jeder kulturellen Frage, Kunst, Wissenschaft usw. unendlich weiter vom Centrum entfernt bin, als der Chefred. der Frkft. Zeitung. Ich bin 20 Jahre lang beschimpft und verlästert worden, weil ich – ohne Eitelkeit sei's gesagt – bloß mit geistigen Waffen dem Centrum mehr Abbruch getan habe, wie die ganze liberale Partei zusammen. Meine Filserbriefe haben Wutkrämpfe verursacht. Es gab eine Zeit, in der M i l l i o n e n Flugblätter gegen mich verteilt wurden. Jede ultramontane Zeitung, jedes kleine Provinzblatt brachte als Beilage eine wütende Schrift gegen den Verfasser der Filserbriefe. Ich würde sie heute unter den gleichen Verhältnissen wieder schreiben; wenn das Centrum an der Macht wäre und eine Gefahr bedeutete. Tempi passati.

Zu den Landtagswahlen im Juni 1920 kamen am 7. und 16. Mai Ratschläge von Thoma an Maidi von Liebermann nach Stuttgart:

Wähle rechts, Mädel, wenn Du schon wählst. Links ist Ratlosigkeit, Feigheit, und was schlimmer ist, unsaubere Bestechlichkeit. Über den Kapp-Putsch hörte ich Details von einem der mittat. Wie man da angelogen wurde. Natürlich wars dumm in dem Moment, aber die schlechten Hundsfotte saßen auf der anderen Seite bei Scheidemann, Erzberger und H. Für mich ists besser, teures Mädel, ich misch mich nicht drein. Das Blut ist noch zu heiß. Ich müßte Scheidemann niederschlagen.

Seine Ausführungen bekräftigte Thoma in einem weiteren Brief. Maidi solle rechts wählen, denn er wolle mit ihr auch darin zusammengehören.

»Ob Du in St. in der Wahlliste bist? Erkundige Dich. Aber wähl mir keinen Sozi und keinen Demokraaaaaaate …« Noch 1919 hatte er allerdings Maidi seine Sympathie für die Demokraten [= DDP] kundgetan: »[…] mit Kopf und Herz bei Haußmann, Payer usw.« Er selbst werde seine »Schar für Kahr u. Weiß-blau an die Wahlurne« führen. Gustav Ritter von Kahr war während des Kapp-Putsches zum bayerischen Ministerpräsidenten ernannt worden, »ein echter bayr. Beamter vom alten Schrot und Korn und liebt seine Heimat«, so Ludwig Thoma.Glaubte nun Maidi von Liebermann 1920, dass sich Thoma wirklich in die Politik nicht mehr einmischte, wie er ihr versprach, so hatte sie sich gründlich getäuscht, denn im Juli begann – wie schon erwähnt –, die Publikation seiner Artikel meist für die Titelseite des »Miesbacher Anzeigers«. Wegen seiner Autorenschaft brüstete er sich ihr gegenüber am 24. Jänner 1921: »Etliche Artikel im Miesbacher Anzeiger erregten Aufsehen bis nach Berlin hinauf. Mir macht es Spaß, hinter den Kulissen zu stehen und zu schauen.« Und am 18. April weiß er zu berichten, dass der »Miesbacher Anzeiger« in Norddeutschland immer mehr Aufsehen errege, »wozu ich schmunzle. Schnauf aber nie was davon!!«

Diese Warnung an Maidi war völlig überflüssig, denn Thoma war längst als der Autor erkannt. Im Juni 1921 schrieb sie ihm viermal, dass sie sich große Sorgen um ihn mache. Zum einem wegen seiner »ständigen Angriffe im Miesbacher Anzeiger«: »Du darfst nicht so starke Kraftausdrücke gebrauchen sonst passiert Dir doch einmal etwas. Alle Leute wissen, daß Du dahinter steckst«, zum anderen: »Übertreibe es nicht und verwende nicht so tolle Schimpfworte. Bitte!!« Doch Thoma dachte gar nicht daran, auf die Bitten der Frau, die er liebte, einzugehen. Er produzierte weiter und brachte es allein im Juni auf 31 Artikel. Maidis erneuter Vorstoß am 18. Juni 1921: »Mein geliebter Ludwig. Eben lese ich die Debatte im Reichstag, wo andauernd der Miesbacher zitiert wird. – Ich mache mir solche Sorgen, bitte übertreibe die Sache nicht.« Am 27. Juni reagierte sie sehr verärgert auf Thomas Hetztiraden:

Den Artikel über Frl. Frankfurt fand ich katastrov… zu diesen Sachen bist Du doch zu gut. Meine Wut auf Eck [= Herausgeber des Miesbacher Anzeigers, d. Vf.] *wird immer größer. Schreibe für eine anständige Zeitung, aber zu den hinterfozzigen Geschichten würde ich mich nicht hergeben. – Komm nur, dann fängst du Watschen und Kussis, Deine Maidie*

Es war auch für sie kaum zu verstehen, »daß die politische Meinung des Simplicissimus-Autors der Jahre vor dem Ersten Weltkrieg sich nun in unerklärbarer und unvertretbarer Weise gewandelt hatte zu einer reaktionären Anschauung des Nachkriegs-Journalisten, der zudem unverantwortliche antisemitische Hetze betreibe«.[7]

Der in den von Thoma verfassten Zeitungsartikeln zum Ausdruck kommende Antisemitismus wird oft in Verbindung mit seiner privaten Situation gesehen. Vielleicht war tatsächlich einer der Gründe, die »Verzweiflung über die späte und aussichtslose Leidenschaft zu Maidi von Liebermann, die ihr – jüdischer – Ehemann nicht freigab. […] Oder war es der Magenkrebs, der Geist und Seele Thomas niederdrückte?«[8] Aber auch der »Zeitgeist« wird in diesem Zusammenhang bemüht, das heißt man müsse jene »Miesbacher« Artikel aus der damaligen Zeit verstehen. Doch wie sagte Goethe in seinem Faust: »Was ihr den Geist der Zeiten heißt, das ist im Grund der Herren eigener Geist, […].«[9] Hier sei insbesondere auch auf Thomas Hetztiraden im »Miesbacher Anzeiger« gegen jüdische Schriftstellerinnen und Politikerinnen hingewiesen (siehe S. 225ff.). Diese können beim besten Willen nicht als »pathologische Entgleisung eines vom Tod gezeichneten, einsamen Mannes« entschuldigt werden.[10]

Interessant ist die Aussage Willy Liebermanns über Thomas Einstellung zum Judentum aus dem Jahr 1918:[11] »Aus einer Unterhaltung mit ihm über Juden und die Judenfrage ging zumindest hervor, daß er, ohne vielleicht Antisemit zu sein, der damals als national und salonfähig erachteten Ideologie von der Schädlichkeit der Juden für das Deutsche Volk doch stark anhing.« Schon als sich der Verleger Albert Langen im Sommer 1899 für Thoma als Mitarbeiter für den »Simplicissimus« interessierte, wollte ihn der damalige Redaktionsleiter Korfiz Holm vom Verlag fernhalten mit der Begründung, dass Thoma »sehr einseitig, ein Antisemit und Antidreyfusard« sei.[12]

In seinem letzten poetischen Werk, »Der Ruepp«, das er Anfang 1921 vollendete, umschrieb Thoma sein persönliches Leid im Ringen um Maidi von Liebermann. Auch vieles von dem, was er 1920/21 in den Miesbacher Zeitungsartikeln schrieb, etwa zum Untergang des Deutschen Reiches oder über den Kaiser,[13] »den Feist als Sektreisenden« hätte anstellen sollen, ging in das Stück »Der Ruepp« ein.

Es gelang Maidi von Liebermann, die in der Redaktion des »Miesbacher

Anzeigers« aufbewahrten Manuskripte nach dem Tod von Ludwig Thoma anzukaufen. Sie fügte sie seinem literarischen Nachlass ein.

Maidi von Liebermann fühlte sich in einer bestimmten Weise dem Jüdischen verbunden. Diese Aussage machte sie im Zusammenhang mit einem Brief Thomas, aus dem hervorgeht, dass Maidi sehr gerne mit ihm ins Ausland gereist wäre, was für ihn wiederum, damals aus politischen Gründen, nicht in Frage kam. Am 8. April 1921 berichtete er ihr, dass er von »der Dreifuss«, eine Karte aus Madrid bekommen habe:

Nun sei nicht gleich traurig! Sie holte ihren Mann in einem spanischen Hafen ab. Weißt Du, das alles klingt viel schöner, wie es ist. Man muß doch gar kein Herz haben, wenn man heute im Ausland sein kann. – Ich würde furchtbar darunter leiden. Die sog. Sympathien oder Nettigkeiten gegen die Deutschen wären mir das unerträglichste. Es ist ein bischen jüdisch, Mißachtung ertragen zu können. Atavismus, denn Jahrhundertelang haben die Juden das gelernt. Aber wer draußen trotz allem den Respekt als etwas selbstverständliches hingenommen hat, kann jetzt nicht von den Brosamen leben. Das mußt auch Du fühlen.

Auf diesen Brief antwortete Maidi am 11. des gleichen Monats: »Natürlich beneide ich die Dreyfuß, darin bin ich Jüdin, was liegt mir an den Menschen, wenn ich Schönheiten in der Natur und in der Kunst habe […].«

Hier sei noch darauf hingewiesen, dass ein Oberzollamtmann Kraus Thoma am 21. Februar 1916 darauf aufmerksam machte, dass im »Semi-Kürschner oder Literarischen Lexikon der Schriftsteller, Dichter, Bankiers, Ärzte usw. jüdischer Rasse und Versippung« Ludwig Thoma mit vorangestellten Fragezeichen aufgeführt werde. Thomas Verwunderung darüber war groß und er beschrieb seine eigene Familie wie folgt:

Ich bin allerdings nicht aus rein jüdischen Kreisen, aber ich glaube, solche Anfeindungen sind nicht immer ehrlich gemeint. Mein Alter war der Oberförster Max Thoma in Vorderriß, mein Großvater der Forstmeister Franz Thoma in Kaufbeuren, mein Urgroßvater der Oberforstrat Josef von Thoma in München, dessen Vorfahren waren die Klosterjäger Thoma in Waldsassen bei den Cisterziensern. Meine Großeltern mütterlicher Seite waren die Posthalter Pfeuffer in

Ammergau, deren Vorfahren Posthalter in Oberau; die Neuner und Pfeuffer im Oberland und Tirol sind die Familie meiner verstorbenen Mutter.
Ein paar andere Leute mit dem jüdischen Namen Thoma sind der Erzbischof Thoma und in alter Zeit der Fürstabt Thoma in Bruck. So, jetzt kann Dein Gewissen beruhigt sein; es ist nicht der Mühe wert, daß Du den Eseln eine Benachrichtigung schickst.

Der Bogen ist überspannt –
»Reden wir denn noch von unserer gemeinsamen Zukunft?«

»Könntest Du in meinem Herzen lesen, Du hättest Mitleid«, dieses Geständnis machte Ludwig Thoma seinem Freund Conrad Haußmann gegenüber am 10. Januar 1919. Am folgenden Tag schrieb er an ihn: »Ich habe das Bedürfnis von dir etwas trostreiches zu hören, denn ich selber bringe in meiner Einsamkeit kein freundliches Zukunftsbild zu wege – ausgenommen jenes eine, um das ja auch noch heute Kämpfe geführt sein müssen.«

Kurz darauf bat Ludwig Thoma seinen einstigen »Eheberater«, nämlich Ludwig Ganghofer, an Maidi von Liebermann einen Brief zu schreiben, um ihr klar zu machen, dass sie ihr Schicksal getrost in seine Hände legen könne. Er hatte Angst, dass sie an seinem Charakter zweifle, denn es habe an »Einflüsterungen« nicht gefehlt.

Ganghofer erfüllte tatsächlich diese heikle Mission. Er beschwor förmlich Maidi von Liebermann »nicht schwach, nicht zweiflerisch sondern grad und tapfer den Weg zu gehen, der notwendig ist, um Euer Glück in kürzester Frist zu sichern. […] An Ludwig, mit dem ich inzwischen mehrmals beisammen war, hab' ich die bedrückende Wirkung dieser Unsicherheit mit Kummer beobachtet. […] Er gehört Ihnen mit jedem Gefühl und Gedanken seines Herzens, mit jeder Goldfaser seines Wesens. […] Von der Stunde an, in der Sie Ihre Hand in die seine legen […] werden Sie rein und verlässlich geborgen sein in der Liebe und Fürsorge eines Mannes, wie ich auf Erden keinen zweiten kenne. […] Sein Glück und seine Ruhe liegen in Ihrer Hand. Alles Zögern ist Verbitterung, ist Niederstieg und Entwertung. Seien Sie stark und tapfer, liebe Frau Mädi, seien Sie groß und herzhaft, und stellen Sie in diese Zeit des allgemeinen Ekels ein Wunschbild und ein Menschenglück, an dem man Freude haben kann ...«

Eineinhalb Jahre später, am 18. September 1920, berichtete Haußmann Thoma von einem Gespräch mit Maidi, das ihn überraschte, »weil es sie überraschte. Ich sagte, ›sie müßte die stärksten Weigerungsmittel gegen ihres Mannes Briefe und Besuche anwenden; denn in der Ehe werde eine Frau auf Thomas geistiges Schaffen von größter mittelbarer Wirkung sein und sie sei es uns schuldig, die Freude an neuen Hervorbringungen sonnig zu wecken‹. Nun frug sie ganz erstaunt, ob ich denn wirklich glaube, daß sie auch nur das mindeste zu Ludwig Thomas Schaffenslust beitragen könne, so habe sie es nie angesehen. [...] Gerade weil Du die Zerrissenheit der deutschen Dinge so stark wie kaum einer von uns empfindest und Dich gleichsam vor jeder neuen Enttäuschung des Staats- und Gesellschaftslebens kopfschüttelnd zurückhältst, sollte eine menschlich und männliche Erfüllung Dir endlich zu Teil werden und auswischen, was Marion heißt. [...] Denn die ewige Bogenspannung überspannt selbst den allmächtigen Amor und die unausgesetzt Gefühlsprobe muß reizen und verstimmen, mehr als mir für sie und für Dich willkommen und lieb ist.«

Ein Jahr später, im Mai 1921, schien der Bogen endgültig überspannt. Aus Thoma bricht die ganze Hoffnungslosigkeit seiner Beziehung zu Maidi in zwei langen Briefen heraus:

Rottach, 12.5.21 Donnerstag
Auf 2 Tage Heidelberg, noch dazu mit Mama und Bubi, und in dieser traurigen, niedergeschmetterten Stimmung, das wäre nur Qual für Dich und mich. Ich kann mir das Herz nicht aus dem Leib schneiden und gedankenlos heiter sein. Wenns andere können, ich bin unfähig dazu. Ich bin nicht hart, Maidi, und ich tue, was ich kann, *um Dir zu zeigen, daß ich Dich lieb habe. Tust Du es? An Ostern sagtest Du so bestimmt, Du wolltest Pfingsten hier sein. Nun ist wieder Heidelberg die Losung – und doch fährst Du danach nach Frankfurt und hast Bubi und Mama. Bloß der äußerliche Grund, an Pfingsten mit ihnen zu sein ist viel stärker, wie Dein Wunsch* endlich einmal an *einem Feste mit mir zu sein. Du redest von Deinen Pflichten so, als wäre jedes Versäumnis unmöglich – ich mit so viel mehr, und am Ende auch ernsteren – vorerst noch – ich soll in dieser Zeit etwas tun, was so gegen meine Natur ist.*

Glaubst Du ich bleibe aus Laune und zu meinem Vergnügen hier? Ich habe hier auch keine Freude, gar keine; nicht die allermindeste. Ich suche Vergessen, muß es suchen, weil das, was jetzt geschieht, so an mir zehrt, wie eine Krankheit. Ich kann mich nicht mit Phrasen trösten, ich weiß, wie alles zum Schlimmen drängt. Ich denke gar nicht an mich. Ob ich in meinen Jahren ein paar Freuden entbehren muß, das ist mir wurst, aber daß ich wie ein landfremder, gedankenarmer Commis-voyageur dem Untergang der Heimat zuschauen soll, wer glaubt das, wenn er mich kennt? Ich bin in München geflohen, weil ich lachende und schwätzende Menschen nicht ertrage. Ich könnte Sehnsucht haben mit einem Manne, der so denkt, wie ich, zu reden. Und wenn mir das fehlt, suche ich Trost oder Betäubung in einem Buche. Warum Du mich so wenig darin verstehst, weiß ich nicht. Vielleicht habt Ihr in Frankfurt das Motto »Grübeln hilft nichts«. Ich möchte die Kunst verstehen, Gedanken zu vertreiben, die so schmerzen – oder ich möchte es nicht einmal. Sonst wäre ich nie gewesen, was ich am Ende doch bin und war. Lacht Ihr und redet von morgen, ich kann nicht mittun, ich kann nicht. Glaubst Du, es ist schön, mutterseelenallein am Pfingstsonntag hier hocken, den Frühling sehen und das fühlen, was ich fühle? Ob es wichtiger war, mit Bubi in Kümmelbach zu sein, oder mir doch zu zeigen, daß ich nicht ganz allein stehe und am Ende doch noch eine Aufgabe habe, das mußt Du wissen. Ausflüge machen! Und wissen, daß in der gleichen Stunde Deutsche wie herrenlose Hund niedergeschossen werden. Sich freuen! Und vor sich selber erschrecken, wenn man lacht.
Ihr, Du und Mama, Ihr nehmt das als sonderbare Laune, was nichts ist als Zorn und Schmerz, wenn ich das Liebste auf der Welt, die alte deutsche Heimat vernichten sehe.
Warum verstehen wir uns darin nicht? Ich weiß es nicht, aber ich kann mich nicht ändern […].

Freitag, 13.5.21

[…] Ich hab Dir … gestern recht aufgeregt geschrieben. […] Hab ein bißchen Geduld mit mir, Mädel, es ist alles andere eher wahr, als daß ich gegen Dich hart oder Egoist sein könnte. Verstört bin ich, krank, und es war auch alles ein wenig ungeschickt. […] Es ist eine solche Ruhelosigkeit in mir, daß ich mich vor mir selber verstecken möchte. Du bist der einzige Mensch, der mir ein bißchen helfen könnte; wenn ich für Dich, das heißt für uns ein wenig klarer in

die Zukunft sehen könnte, wäre dieses Ziel ein Mittel, mich aus den quälenden Sorgen um die Gesamtheit zu bringen. Aber auch da ist alles so ungewiß, so schwankend. Ich sehe bloß Jahr um Jahr vergehen und nichts besser werden. Wie gönne ich Dir so von Herzen alles, was Dich freut, wie bin ich froh, daß Du in der Ausbildung Hoffnung und Anregung hast – aber, wie leer, wie schrecklich leer ists in mir selber! Wenn ich das tun wollte, was Du oft sagst, an eine ganz große Arbeit gehen und mich selber geben – ach liebste, liebste Mädie, wie müßte ich mich da in Arbeiten und Träumen und gute Stimmung und Ruhe vergraben! Wie müßtest Du mir dabei helfen und alles von mir fern halten, was mich in die scheußliche Gegenwart zurückrufen kann. So wirds bloß Stückwerk. Ein bissel gute Technik in kleineren Sachen, die mir hegen. Und ob das noch ein paar mehr werden – ist das wesentlich?
Es ist ein hartes Los, zu wissen, daß man was kann und zu sehen, daß es kein Echo mehr hat.
Jeder einzelne Mensch geht zu Grunde, wenn er kein Ziel, kein Vorwärtsstreben hat, und doch ist unserm ganzen Volk dieses Schicksal zugedacht.
Ich will, ganz gewiß ich will nicht verzagen, jammern, verzweifeln, aber schau, […] ich zapple mich ja auch in unserm persönlichen Schicksale umsonst ab. Reden wir denn noch von unserer gemeinsamen Zukunft? Ich horche oft ganz ängstlich, ob kein Wort von Dir kommt […] es ist schon sehr lang keines mehr zwischen uns gesprochen worden.
Du bist heute gerade so wie am ersten Tag, ja eigentlich noch mehr mein ganzer und einziger Lebensinhalt. 2½ Jahre – und kein Millimeter nähergerückt ist die Entscheidung. Du kannst heute so wenig, wie 1920, 1919 diese Feiertage bei mir sein und ich frage mich so ängstlich, ob Du überhaupt das noch magst. Glaubst Du, daß es ein Mittel gegen diese Gedanken gibt? Nicht darüber nachdenken, von Woche zu Woche, von Monat zu Monat leben. Darüber vergeht aber die Zeit, und ich fürchte meine Kraft und Lust, die zum Erfolg und zur Arbeit für uns beide nötig sind, brechen auch zusammen. Nun komm aber, Du liebes gutes Möppche, eins wollen wir nicht tun, trotzen miteinander.

Ludwig Thomas Krankheit und Sterben –
»Jetzt, mein Mädel, nehm' ich kurzen Abschied

Ludwig Thoma war krank an Leib und Seele. Er verzehrte sich in Sehnsucht nach seiner Geliebten, der er gestand: »Der alte Esel weint im Bett, wie ein Schulbub, sehnt sich nach Dir die ganze Nacht.« Er konnte kaum seiner Schriftstellerei nachgehen und sprach von einem »gestörten Wohlbefinden«. Doch im Frühsommer 1921 wollte er sich von seinem vermeintlichen Magen- und Darmkatarrh heilen lassen. Maidi riet ihm, zu einer Kur nach Innsbruck zu fahren, viel Buttermilch zu trinken, Essig zu meiden, auf Kaffee und Tabak zu verzichten. Thoma schwor auf einen Schluck warmen Karlsbader Wassers auf nüchternen Magen und ein hartes Ei. Endlich, am 26. Juli, ließ er sich von Prof. Dr. Gottfried Boehm in München untersuchen, der dringend zu einer Magenoperation riet.

Marie Louise Zurwesten, Thomas Nichte, schrieb über diese Zeit: »Als mein Onkel krank wurde, besuchte er meine Mutter in Rothenburg o. d. T. und sprach mit ihr oder holte sich Rat ein über seine Beschwerden und ob sie zu einer Operation rate. Außerdem klagte er, daß er so viel allein wäre und er wollte unbedingt, daß meine Mutter mit uns Kindern zu ihm käme. In der Ehe meiner Eltern war damals auch nicht alles zum besten.«

Zwei Tage vor der Magenoperation im Rotkreuz-Krankenhaus in München verabschiedete sich Thoma schriftlich von Maidi: »Jetzt, mein Mädel, nehm' ich kurzen Abschied und sag' Dir noch, daß jeder Gedanke in der kommenden Einsamkeit Dir gehört und daß ich mich freue, freue, freue, wenn ich Dein liebes Gesichtei klar und deutlich vor mir sehe. Ich hab' Dich lieb, lieb, lieb.« Maidi von Liebermann hatte ihren kranken Freund noch ermahnt, den Schlafrock ins Krankenhaus mitzunehmen und sich neue Pantoffel zu kaufen.

Einen Tag vor der Operation, am 6. August, erhielt Maidi einen zwei Seiten langen Brief. Thoma war voller Zuversicht und sah der Operation ruhig entgegen, die Boehm als eine »fast alltägliche« bezeichnete. Doch der Kranke wollte seinem lieben Mädel noch sagen,

[...] daß im Bücherschrank (Glasschrank)
1) hinter den Märzbänden sämtl. Briefe von Dir liegen.
2) In Band L (a, e) der Allg. deutschen Biographie liegt ein Couvert mit Bargeld (ca. 10–11 000) das Dir gehört. Ich schreibe Dirs, obwohl ich weiß, daß es überflüssig ist.

Die Operation führte der Chirurg Ludwig von Stubenrauch durch. Die Diagnose lautete: Magenkrebs im Endstadium. Es gab für Ludwig Thoma keine Hilfe mehr, was ihm allerdings nicht gesagt wurde. Er ging davon aus, dass eine Bruchoperation, die sich durch Verwachsung des Magens mit dem Zwerchfell unerheblich komplizierte, vorgenommen worden sei.

Maidi von Liebermann weilte seit Ende Juli zur Kur in Bad Kohlgrub. Thoma bat sie, ihn nicht unmittelbar nach der Operation zu besuchen, denn »wenn ich noch einen Chloroformdusel habe, sieht das so nach Krankheit aus«. Wie aus dem folgenden, am 10. August 1921 verfassten Brief hervorgeht, war sie wohl am 8. oder 9. August zu ihrem Geliebten ans Krankenbett geeilt. Über die Schwere der Krankheit wurde auch sie von den Ärzten nicht informiert.

Mein geliebter, lieber Ludwig!
Hoffentlich ist Dir mein Besuch gut bekommen. Ich freue mich schon auf Freitag, da wirst Du schon ein grosses Stück weiter sein. Aber bitte sag Stubenrauch, daß mich die Schwestern nicht herausschmeißen.

Darauf antwortete Thoma am 11. August:

Mädl!
Niemand schmeißt Dich hinaus, nur ist halt Zeiteinteilung immer noch unerläßlich. Geh doch zu Boehm hin u. rede mit ihm. Grüße Mama u. laß Dir viele liebe Kussis schicken.
Dein Ludwig.

Der nächste Brief, den der Kranke von Maidi erhielt, zeigt deutlich, dass sie sich Thomas Liebe nicht mehr so sicher war:

Kohlgrub, 13. August 1921

Mein geliebter Ludwig.
Seit Deiner Operation bin ich wie im Dusel und mache mir täglich Vorwürfe, daß ich nicht in München bin. Wenn ich dann bei Dir bin, habe ich aber leider das Gefühl, daß Du mich garnicht brauchst. Es macht mir Kopfzerbrechen u. verstimmt mich furchtbar. Böhm war sehr lieb. Er meinte auch, daß Du so bald als möglich nach Hause sollst. Hätte ich nur die Liste, was Du essen darfst, früher gewußt, wie gut hätte ich alles besorgen können. – V i e l Butter auf Brot mit netten Sachen belegt. Er meinte auch, es sei schade, daß ich nicht Dir alles nett herrichten könnte, aber zu viel sprechen sei auch für Dich schlecht. Ich brauche ja nichts zu reden, aber wenn ich bei Dir bin, hab' ich immer das Gefühl, Du denkst wär' sie nur schon draußen. – Das Leben macht mir schon gar keine Freude mehr. – Am Sonnt, oder Mont, will noch dazu Willy kommen. Ich wünschte, er würde mich über den Haufen schießen, daß allen Teilen geholfen wäre. – Übrigens glaube ich, daß Dr. Böhm ein Sohn von Herzog Carl Theodor ist, er hat doch zumindest seine Stirn und Augenbildung. – Hoffentlich schmeckt Dir heute das Essen besser. Das Pilsbier geht mir nicht aus dem Kopf, besonders daß du dieses so kalt trinkst, ist doch Gift für deine Bronchitis. Glaube mir auch ein bischen. Was macht der Darm? War er brav? Ich bringe dir Kola [unleserliches Wort] mit. Ist nahrhaft und wird speziell für Kranke hergestellt, so nimm Kola Pastillen. Ich möchte dich pflegen. So gut wie die Brillenschlange bin ich auch. Bitte trinke nicht so Kaltes, es schadet. Jetzt leb wohl, denke manchmal auch an mich und mache vergnügte Augen am Freitag. Viele Kussis Deine Maidi

Seinen letzten Brief an Maidi schrieb der Todgeweihte am August 1921. Offensichtlich hatte er ihr Schreiben vom Tag vorher noch nicht erhalten, denn er geht mit keinem Wort auf ihren Vorwurf ein, dass er sie wohl gar nicht mehr brauche:

Rotes Kreuz, Montag.

Mein innig geliebtes gutes Mädel.
Heute ist ein stiller Sonntag, ich sitze am Fenster, denk' an Dich und schreib' Dir. Gestern kam ich gar nicht dazu; ich wartete auf das große Ereignis, schlief und döste.

Prof. Böhm, den Du hoffentlich getroffen hast, wird ja mit Dir gesprochen haben, u. ich möchte zu gerne wissen, wie er Dir gefallen hat. Nun, für alle Fälle bist Du ja übermorgen hier u. mußt mir erzählen.
Vergiß nicht, Mädle, bring nur O d o n t a mit, ich bin es so gewohnt. Kein anderes Mundwasser! Die gute Heddy schickte Wein, aber nicht die schöne Flasche Bordeaux. Hast Du es noch abgeriegelt? Alte Pfuscherin! Mir thuts sehr gut. So trinke ich gekauften, der zu scharf schmeckt.
Der Appetit muß erst noch kommen, aber freilich, wie es Boehm beschreibt, ist es kein Wunder, daß der mißhandelte Magen an seine Freiheit noch gar nicht glauben kann.
Grüß Mama und Bubi und die Anmergauer und sei recht munter, Du liebes, gutes Mädel. Ich freu' mich auf Dein Gesicht! und Deine Medizinkenntnisse. 1000 Kussis Dein Ludwig.

Aus Kohlgrub erhielt der Kranke am 22. August nochmals Nachricht von Maidi. Sie hatte mit ihrer Mutter und ihrem Sohn Edgar einen Ausflug an den Ammersee unternommen. Von Weilheim aus sandte sie Thoma ein Telegramm mit Genesungswünschen. Sie hatte wohl schon mit ihm über seine Rückkehr in sein Haus auf der Tuften gesprochen, denn sie schlug vor, dass sein Bruder Peter im Tegernseer Krankenhaus eine Tragbahre ausseihen sollte, mit der man ihn vom Auto ins Haus tragen könnte: »Ich wäre gerne dabei, ich könnte doch vielleicht helfen. – Nimm alle guten Weine mit. – Hoffentlich sehe ich Dich noch vorher in München. Viele Kussi, Deine Maidi.« Doch sie sollte ihren Geliebten nicht mehr lebend sehen.

Die erhoffte Genesung blieb aus. Ludwig Thoma fühlte sich sehr angegriffen und schwach. Er bat seine Schwester Bertha Zurwesten, zu ihm zu kommen, um ihn daheim zu versorgen. Sie gab ihm telegrafisch ihre Zusage. Daraufhin schüttete Thoma seiner Schwester sein Herz aus, in dem vorletzten Brief, den er vor seinem Ableben schrieb:

Rotes Kreuz, 20. August 1921
Ich danke Dir für das Telegramm. Ich schreibe auch an Käthe, sie soll es mit Dir vereinbaren, wie es am besten ist. Ich muß Heimatluft und Heimatkost haben, hier würgt mir der Ekel jeden Bissen. Ich werde auch daheim langsam vorwärtskommen, aber es ist doch von der ersten Stunde anders.

Du mußt mir nach Mamas Rezept: Brennsuppe, Brotsuppe mit Rahm, Degerlbraten mit Kompott, Kalbfleisch und Sauce machen.
Hier kann ich oft, wenn das Essen kommt, den Löffel nicht mehr in den Mund stecken. Und dann die Luft!
Bring mir den Rüssel, es wird schon gehen. – Vielleicht kann Käthi Dich ablösen.
Ich komme Mittwoch mittag mit dem Arzt und einer Schwester an; pflegen brauchst Du mich nicht.
Die Fahrt wird etwas anstrengend, aber der Arzt ist unbedingt dafür. Ich werde in einem stinkigen Hof nicht gesund. Besuche nehme ich vorerst keine an, außer unsern Herzog.
Also mach es recht, ich brauche diesmal wirklich Hilfe.

Am 24. August, einen Tag vor seinem Namenstag, ließ sich Thoma von seinem Freund, Hans Mair, Feuilletonredakteur der »Münchener Zeitung«, von München mit dem Auto nach Tegernsee fahren, begleitet von Prof. Boehm und einer Krankenschwester. Der Todkranke wurde in seinem Haus auf der Tuften von seinen Geschwistern Peter, Käthe und Bertha empfangen. Der »kleine Salon« im Erdgeschoss war sein Sterbezimmer. Am 26. August 1921, abends um 9.30 Uhr, schloss Ludwig Thoma die Augen für immer. Seine Geschwister waren ihm beim Sterben nahe.

Maidi von Liebermann kam zur Beerdigung am 29. August aus Kohlgrub nach Rottach. Sie war fassungslos über das Hinscheiden ihres Geliebten. In den Zeitungsberichten über die Beerdigung des Dichters wurde sie allerdings unter den Leidtragenden nur in der »Tegernseer Zeitung« erwähnt, ansonsten Thomas Geschwister Peter, Käthe und Bertha, dann Kommerzienrat Guido Lang und seine Frau Ricca aus Oberammergau, General Lang, die Kammersänger Burgstaller und Slezak, die Familie Ganghofer, Wally Hirth, Dora Stieler, Graf Luxburg, Fürst G. von Donnersmarck sowie Herzog Ludwig Wilhelm in Bayern.

Maidi von Liebermann ging im Trauerzug hinter Thomas Geschwistern an der Seite von Prof. Dr. Boehm. Ihre Teilnahme bezeigten ferner Vertreter der Literatur, Kunst und Wissenschaft sowie die Spitzen der örtlichen Behörden.

»Man war sich lange nicht einig, bis fast zur allerletzten Stunde, ob man

Thoma, der die katholischen Geistlichen u. bes. ihre Parteigrößen des Zentrums schwer angriff, kaum in die Kirche ging, überhaupt kirchlich beerdigen kann. Pfarrer Harasser war ganz aufgeregt, und Telefonate zum erzbischöflichen Ordinariat rissen nicht ab, bis endlich die Genehmigung erteilt wurde.« (»Tegernseer Zeitung«, 30. August 1921)

Der Kirchenchor sang am Grab das Lied »Es ist bestimmt in Gottes Rat, daß man vom Liebsten, was man hat, muß scheiden«. Musikkapellen spielten den »Präsentiermarsch«. Die Beerdigung vollzog Pfarrer Harasser. Die Trauerrede hielt Conrad Haußmann aus Stuttgart, der fast 20 Jahre lang der Wegbegleiter von Thoma war. Dem tiefergriffenen Leo Slezak war es nicht möglich, am Grab zu singen. Dies übernahm dann der Frauenarzt Dr. Hans Stadler, der das dritte Lied aus den vier ernsten Gesängen von Brahms »O Tod, wie bitter bist du« vortrug. Erst in der Kirche sang Leo Slezak seinem toten Dichterfreund ein Abschiedslied.

DRITTER TEIL

VON THOMA BEWUNDERT UND VEREHRT

Friederika Lang – »Deine getreue alte Riccl«

Ludwig Thoma hatte zu seinem Geburtsort Oberammergau und den dort lebenden Verwandten zeitlebens einen engen Kontakt. Die Liebe zum Passionsspielort wurde ganz entscheidend von seiner Mutter geprägt, die sich so gerne bei ihrer mit dem Schnitzwarenverleger Eduard Lang verheirateten Schwester Maria aufhielt. Das Ehepaar hatte sechs Kinder; das vierte war der am 7. August 1856 geborene Guido Lang. Dieser heiratete am 28. Oktober 1889 die evangelische Friederika Buchmüller, die am 20. Januar 1870 in Nadworna in Galizien als Tochter eines Wiener Kaufmanns zur Welt gekommen war. Thoma gegenüber nannte sie ihre Jugend einmal »eine lieblose Jugend. Ich hätte nie recht gewusst wohin mich mit Gefühlen wenden.«[1]

Die Hochzeitsfeier fand im »Wittelsbacher Hof« in Oberammergau statt. Es waren dazu gleich vier Mitglieder der Familie Thoma eingeladen: Guidos Tante Katharina sowie die Cousinen Maja (= Maria, 29 Jahre alt), Luise (17 Jahre alt) und der Cousin Ludwig (22 Jahre alt).[2] Friederika erhielt den Kosenamen Ricca und wurde Ludwig Thomas »Lieblingscousine«. Die Verbindung zwischen den beiden riss nie ab. Ihr konnte er alles anvertrauen, ganz gleich, ob es um Berufsprobleme, Familienstreitigkeiten oder um seine Beziehungen zu Frauen ging.

Der erste erhaltene Brief Thomas an Ricca ist ein Jubelschrei über seinen ausgeführten Entschluss, Schriftsteller zu werden:

> *München, ich weiß nicht den wievielten Oktober,*
> *Lerchenfeldstr. 5/II.*
> *[1899, d. Vf.]*

Liebe Rikkl!
Da sitze ich im fidelsten Junggesellenzimmer der Stadt München und schreibe Dir. […]
Ich bin also nicht mehr Aktenhund, sondern Schriftsteller, Lump, Vagabund.

Ein Kerl ohne Titel und Rang, aber tausendmal glücklicher, als zu der Zeit, wo ich Tag für Tag auf dumme Fragen dumme Antworten gab.
Ida [= Guido Längs älteste Schwester, d. Vf.] wird Dir erzählt haben, daß u. wie alles so plötzlich kam …
Über meine bürgerliche Stellung möchte ich Dich auch beruhigen. Der Simplicissimus zahlt mir jährlich 3000 Mk.
Frau von Hillern hat mich einem Züricher Buchhändler empfohlen zur Anfertigung von Passionsgeschichten à la Will's »Maitage«!
Ich weiß nun nicht, ob ich genug Sachkenntnis u. Liebe besitze, aber momentan liefere ich jede Tapezierarbeit, bis mir was größeres einschlägt. Frau v. Hillern hat mir so liebenswürdig geschrieben, daß ich vor mir selber Respekt bekam …

Thoma sollte für einen Züricher Buchhändler anlässlich der im Jahr 1900 stattfindenden Oberammergauer Passionsspiele Passionsgeschichten schreiben. Doch Thoma sagte Frau von Hillern ab und begründete dies Ricca gegenüber ausführlich. Er sah sich nicht als der geeignete Mann für eine Oberammergauer Publikation, da er »keine Gartenlaubenliteratur« fertig bringe; außerdem sei er »ultraradikal besonders in künstlerischen Fragen« geworden. Bei seinem nächsten Besuch in Oberammergau wolle er Ricca sagen, warum ihn gerade diese Tatsache abhielte, über das Passionsspiel in seiner modernen Gestalt ein Buch à la Wyhl zu schreiben.[1]

Thoma berichtete schon im Dezember 1899 Ricca voll Stolz, dass sein Lustspiel »Witwen« viel, viel besser geworden sei, als er jemals zu hoffen wagte. Freunde versicherten ihm, die Komödie würde in spätestens einem Jahr auf allen Bühnen Deutschlands, Österreichs und Deutschamerikas gespielt werden. Diese Voraussage erfüllte sich jedoch nicht.[4] Ausführlich schilderte er Ricca seine Tätigkeit in München. Thoma war damals sehr beschäftigt mit der Herausgabe des 32 Seiten starken Heftes »Der Burenkrieg«. Voll Stolz wies er darauf hin, dass daran zwölf Künstler, darunter Leibl, Steub, Defregger, mitarbeiteten und er selbst dafür elf Beiträge schrieb. »Politische Gedichte lege ich als Peter Schlemihl mehr, als unserer Bureaukratie lieb ist, Skizzen soll ich herausgeben, Novellen soll ich schreiben u. dem Simpliz. meinen Geisteshauch einflößen. Paß auf, wie gröblich ich werde! Euer räudiges Familienschaf Ludwig.«

Ricca Lang engagierte sich 1899 sehr in den Vorbereitungen für das Passionsspiel im Jahr 1900. Als in den Zeitungen Berichte erschienen, dass Ende 1899 die Hotels und Pensionen bereits zu enormen Preisen ausgebucht seien, verfasste Ricca Lang zwei Artikel für die »Augsburger Abendzeitung«. Sie widersprach »auf Grund genauester Kenntnisse« diesem Gerücht und schilderte außerdem, mit welcher Hingabe die Darsteller nach des Tages Arbeit noch stundenlange Proben auf sich nähmen. Die Verbindung zur »Augsburger Abendzeitung« hatte Ludwig Thoma hergestellt. Später schrieb Ricca wohl für die »Münchner Neuesten Nachrichten«. Darüber wunderte sich Thoma und wollte von Ricca wissen: »Warum verrietest Du nach dem ersten Kuß die Augsburger Muse?«

Über die in München betriebene Werbung für die Passionsspiele bemerkte Thoma lakonisch: »Euer Christus hängt bei uns in jedem Schaufenster mit dem interessanten Kopf u. den wattierten Schultern.«

Zu den Passionsspielen von 1900 kam Thoma mit vier »Simplicissimus«-Zeichner ins Verlegerhaus nach Oberammergau: Rudolf Wilke, Ferdinand von Reznicek, Bruno Paul und Eduard Thöny. Ricca gestand er damals, dass ihm das Passionsspiel sehr gut gefallen habe. Zehn Jahre später besuchte er zusammen mit seiner Frau Marion sowie Wally und Verleger Georg Hirth die »Passion«. Alle vier wohnten damals bei Josef Ruederer, wie dies der Gästebucheintrag zeigt:[5]

Als eine wahre Belastungsprobe zwischen Thoma, seinen Geschwistern und der Haushälterin Viktorl erwies sich 1901 die Rückkehr seines Bruders Max aus Australien (s. auch S. 32ff). Hier zeigte sich Ricca wieder einmal als die verständnisvolle Helferin für den in Berlin[6] weilenden Ludwig Thoma. Wie aus dessen zahlreich erhaltenen Briefen an Ricca Lang zu schließen ist, erhielt er während seines Berlinaufenthaltes reichlich Post von ihr. Und obwohl er ein sehr umfangreiches Arbeitspensum zu bewältigen hatte, legte er mit Ricca die Versorgung der Australienrückkehrer genau fest. Für die vier Buben sollte sie Lederhosen, Träger, Hütel, Schlitten, Schlittschuhe, Wolldecken, Betten anschaffen und für Max wollte er einen Zimmerstutzen kaufen. Außerdem würde ihm die liebe »Rikkl« dahingehend einen Gefallen tun, dass sie Max mit Leuten aus Oberammergau zusammenbringe. Seinem Vetter Guido, Riccas Ehemann, würde es auch nicht schaden, »wenn er die Bierbank hie und da drückt. Das fortwährende home, sweet home ist doch furchtbar kitschig, Kinder. Wenigstens mir kommt das so vor.«

Sichtlich erfreut ließ er Ricca wissen, dass er in Berlin das Vergnügen habe, bei dem Bildhauer Fritz Klimsch für eine bronzene Porträtbüste posieren zu dürfen. Schon eine Woche nach der ersten Sitzung am 2. Dezember 1901 zeigte er sich beeindruckt: »Die Büste wird – künstlerisch – sehr fein, vielleicht die beste Porträtbüste, welche Klimsch bislang machte. Und das heißt schon was.« Die Büste wurde auf der 5. Kunstausstellung der Berliner Secession 1902 ausgestellt und kam dann in den Besitz von Ludwig Thoma. Maidi von Liebermann schenkte sie dem Ludwig-Thoma-Gymnasium in Prien am Chiemsee.[7]

Die »liebe Ricinus« half Thoma in den Anfangsjahren seiner Schriftstellerei immer wieder mit Geld aus. Rückzahlungen kamen oft als a conto-Überweisungen direkt von der »Augsburger Allgemeinen«, für die Thoma fleißig schrieb. Er gestand Ricca 1903, dass er gerne auch einmal ausruhen würde und nicht ein Opus nach dem andern schreiben, wären da nicht die Schulden und Familiensorgen. Er hoffte, in etwa einem Jahr wieder Oberwasser zu haben: »Es läßt sich halt nicht zwingen; höchstens durch eine Heirat. Ich lasse mich aber lieber lebendig pfählen, als verheiratet im Fett schmoren.«

Über seine Schreibfaulheit solle sich Ricca nicht ärgern. Privatbriefe fände er fürchterlich, weil man seine Gedanken in »spanische Stiefel« schnüren müsse, um einen fertig zu kriegen. Er meinte, er werde nie in seinem Leben ordentlich sein und tun, was sich »gehört«. Die Abneigung gegen das Briefeschreiben änderte sich allerdings schlagartig, als er Marion, seine spätere Frau, kennenlernte. Über seine Bekanntschaft mit ihr war Ricca unterrichtet. Sie lud beide nach Oberammergau ein. Doch Thoma beantwortete diese Einladung mit einem »Aber«.

Es ist ein Aber. Solange meine Ehe nicht durch den Bürgermeister sanktioniert ist – den Pfarrer strapaziere ich grundsätzlich nicht – so lange vermeide ich Besuche d. h. wenn den Besuchten die Tatsachen etc. unbekannt sind.
Ich denke, daß Ihr nicht von argen Skrupeln gequält worden wäret. Ob Ida u. Tantchen in diesen Dingen frei denken, ist mir weniger sicher. Ich nehme das niemand übel, aber ich vermeide Fragen. Meine Ehe wird wohl bald die staatliche Sanktionierung erhalten. Vorerst begnüge ich mich mit der Tatsache, daß ich seit einem halben Jahr glücklich bin.
Bei dieser Gelegenheit will ich Euch informieren, daß Marion die Frau eines andern war, als ich sie kennenlernte; daß sie aus Manila ist, wie ich denke, sehr hübsch u. wie ich weiß von liebenswertestem Charakter ist.
Meinen Besuch in Ammergau hole ich nach, denn ich werde 1906 ganz bestimmt ab 15. Dez. ca. 6 Wochen am Rissersee sein. Und bis dahin sind wir gut bürgerlich verheiratet.

Die Verheiratung zögerte sich allerdings bis März 1907 hinaus. Als Ricca dann Marion kennenlernte, fand sie sie »wundervoll«.

Wie schon erwähnt, weilte das Ehepaar Thoma 1910 zu den Passionsspielen in Oberammergau. Dort lernte Thoma den Schriftsteller Georg Queri »näher kennen«, der im Hause von Ricca und Guido Lang wohnte. Queri gab damals den ältesten Text der »Tragedi vom leiden und sterben Jesu Christi« von 1662 in Oberammergau heraus, den Guido Lang im Original besaß.

Thoma und Queri, beide trinkfest, suchten zusammen in Oberammergau die Wirtshäuser auf. Wenn sie mehr als angeheitert nachts in Riccas Haus zurückkamen, wollte Queri am nächsten Tag seinen Rausch ausschlafen. Darüber ärgerte sich die Hausfrau Ricca, denn der ganze Tagesablauf kam durcheinander, wenn Queri zur Mittagszeit frühstücken wollte. Alle Ermahnungen halfen nicht. Queri nannte Ricca »Frau Gnä« und meinte, sie sollte sich bessern, und ihn nicht tadeln. Er verfaßte für sie folgendes Gedicht:

Frau Gnä

Weil mich die Frau Gnä jetzt so schön bitten tät,
Sie also sich gebessert hätt,
Na wolln ma schlieaßen mit dem Gred!
Is wahr oder net?«[8]

Zwischen Queri, Ricca und deren Tochter Hertha kam es zu einer eigenartigen Beziehung.

Hertha war am 28. Juni 1892 geboren. Als einziges Kind im Hause Lang wurde sie verwöhnt und »ein bissl zu süss gefüttert«, wie die Mutter meinte. Hertha entwickelte sich zu einer jungen Dame von »hoher Intelligenz«. Schon als junges Mädchen ging sie für einige Zeit zu ihrem Onkel Hugo Lang nach Liverpool, der dort eine eigene Kunsthandlung und einen Vertrieb von Schnitzwaren hatte. Der Mutter fehlte sie sehr, denn sie war ein »verständiger Kerl hinter dem mehr ist als man denkt wenn man nur so die affigen Backfischangewohnheiten sieht«. Hertha bereiste nicht nur Europa, sondern auch Mittelamerika und Indien. 1917 sollte Thoma auf Riccas Wunsch nach Oberammergau kommen, um sich Hertha in ihrer Tätigkeit als Leyernbäuerin anzusehen, ein Gutshof, den ihr Vater erworben hatte. »Sie ist nicht so ganz Dein ›Kälbchen‹ als ich fürchtete«, schrieb Ricca an Thoma. Möglicherweise nannte Thoma die 25-jährige Frau als Besitzerin des Hofes »Kälbchen« oder Ricca Lang spielte auf das vom Dichter im Mai 1916 fertiggestellte Stück »Das Kälbchen« an. Nun, Hertha war mit Georg Queri enger befreundet. Doch dieser hatte neben ihr noch eine andere Freundin und Hertha beendete schließlich das Verhältnis.

In welcher Beziehung Ricca zu Queri stand, ist nicht leicht herauszufinden. Vom Sommer 1919 an wohnten jedenfalls beide bei Ludwig Thoma auf der Tuften.[9] Ricca hatte Thoma öfters geklagt, dass sie überarbeitet sei und von Oberammergau für einige Zeit weg wollte. Im Juli 1919 musste Queri für einige Tage ins Krankenhaus. Ricca war darüber traurig. Maidi von Liebermann empfahl Thoma: »Nimm doch die gute Ricca im kl. Wägelchen zur Valepp oder zeige ihr Kreuth.« Queri kehrte dann wieder nach Tegernsee zurück. So ganz glücklich war Maidi von Liebermann allerdings nicht über die Einquartierung der beiden dort. Außerdem gab es ständig

Probleme mit den weiblichen Dienstboten bei Thoma, der sehr patriarchalisch und wenig freundlich mit ihnen umging. So besorgte Maidi von Liebermann eine Hilfe aus Frankfurt, die Jungfrau Auguste. Sie erklärte ihr schon in Frankfurt, wie es auf der Tuften zuginge, zeigte ihr Fotos, klärte sie über Ricca auf und sagte ihr, dass das Haus sehr einsam liege. Auguste aus der Großstadt erwies sich dann aber als »Verderberin« des vorhandenen Dienstpersonals und wurde wieder entlassen. Dazu schrieb Maidi von Liebermann am 14. November 1919 an Thoma:

Warum sorgt denn Ricca nicht für ein Mädchen? Sie ist nun Monate lang bei Dir und könnte wirklich an alle Bekannte und Wirtsfrauen in München schreiben, um ein ordentliches Mädchen zu bekommen. Sie schnüffelt nur bei Dir herum und ärgert mich dadurch. – Ich bin wirklich böse, wenn die unnötigen Reisegelder für die Diversen kommen, ärgere ich mich auch. – Die Auguste machte einen so netten Eindruck. Ich legte ihr Ehrlichkeit und Fleiß, Deine Socken und Reinlichkeit, 6 Uhr Frühstück an's Herz. Etwas muß sie dort stören. Also probier's, sonst schnell fort und Ricca soll sich nach Monaten auch einmal in Bewegung setzen. – Ich bin böse über sie.

Thoma stand wieder einmal zwischen zwei Frauen, die nur sein Bestes wollten. Er sehnte sich nach Ruhe, denn er steckte tief in der Arbeit. Er wurde richtig »bizzlig«, wenn etwa Ricca in seinem Arbeitszimmer Briefe schrieb. Das Problem mit den weiblichen Dienstboten kam immer wieder zur Sprache. So ärgerte sich Maidi von Liebermann über den in Thomas Haushaltsbüchern festgestellten hohen Brotverbrauch durch die Dienstboten. Sie bezichtigte Minna Gottschlicht, Thomas Treueste, dass sie nicht nur zuviel Brot, sondern auch noch Butter darauf esse. Ihrer Meinung nach würden Thomas Kühe entweder viel zu wenig Milch geben, oder die Knechte und Mägde würden sich freizügig bedienen. Resigniert schrieb sie Thoma, dass er sich darum wohl nie richtig kümmern würde. Die Dienstmädchenproblematik scheint auch in Thomas Werk auf, so unter anderem in »Das Kälbchen«. Als Thoma wieder einmal ohne Dienstmädchen dastand, sprang Grete Gulbransson ein, um das Dichterhaus wieder in Schwung zu bringen.

Anfang November 1919 beklagte sich Maidi von Liebermann bei Thoma darüber, dass ihr Ricca nicht nach Stuttgart schreibe. Er antwortete ihr darauf: »Sei nicht böse, weil sie Dir nicht schrieb. Sie hat eine schlimme Woche gehabt, da sie doch soviel Anteil nahm an Queri.

Heute vor 8 Tagen wurde er operiert. 3 Tage, nachdem R. dort war [in Starnberg]. Sie korrespondiert mit ihrer Tochter und ist doch den ganzen Tag über beschäftigt.«

Um Ricca wieder ein bisschen aufzumuntern, ging Thoma viel mit ihr spazieren. Er hatte außerdem in München in der Chirurgischen Klinik Prof. Sauerbruch ersucht, sich um Queri zu kümmern. Doch es war zu spät. Am 21. November 1919 starb der Mann, von dem Thoma sagte: »Wo Queri war, saß Altbayern.« Wie aus Thomas Brief an Maidi hervorgeht, litt Ricca besonders unter dem Tod des Freundes.

29.11.1919
Es ist grotesk und kaum zu fassen, wie alles Gewohnte, Erreichte, Erkämpfte sich um einen herum in diese Trauerstimmung verloren hat. – Hier ist Frieden und Arbeit. Ricca leidet sehr unter dem Verluste.
Für sie war Queri der besorgteste, treueste Freund, dazu ein Mensch, der immer Heiterkeit verbreitete. Darum gewann ich ihn auch lieb, und ich weiß, daß viele, nette, sorglose Stunden durch seinen Tod vernichtet wurden.

Thoma fühlte, dass Maidi Riccas weitere Anwesenheit auf der Tuften nicht gefiel, was diese verneinte. Einschränkend meinte sie allerdings: »Nur das Schnüffeln in meinen Kommoden nehme ich ihr übel, weil es Frauen-Neugierde und absolut unnötig.«

Doch Ricca blieb auch noch über Weihnachten und Neujahr bei Thoma. Maidi zeigte Verständnis für sie: »Ricca tut mir leid, allein im Bett mit schweren Gedanken. Kommt ihre Tochter nicht? –« Wann genau Ricca wieder zu ihrer Familie zurückkehrte, ist nicht mehr festzustellen. Zu Ostern 1920 allerdings erhielt Thoma wieder Post von Ricca aus Oberammergau. Ricca besaß in München in der Schellingstraße eine Wohnung. Eines Tages hatte sie von einem Professor in Haimhausen gehört, der vorhatte, sein kleines Empireschlösschen gegen eine Wohnung in München zu tauschen. Sie wollte nun von Thoma wissen, ob er den Besitzer und den Besitz aus seiner Dachauer Zeit kenne. Außerdem bat sie ihn, mit dem Schlossherrn über das Projekt zu sprechen, ohne vorerst ihren Namen zu nennen. Sie wollte gerne »außer diesem heiligen Ort [= Oberammergau] […]. Magst Du Lieber mir ein bissl helfen. Ich habe die Zuversicht, dass so ein kleiner Besitz mir etwas Sicherheit und Ruhe gäbe.« Ihren Brief schloss sie mit der lakonischen Feststellung, dass »Frau Maidi« ihr Versprechen, zu ihm nach Tegernsee zu ziehen, immer noch nicht wahr gemacht habe.

Für Juli 1921 hatte Maidi von Liebermann beschlossen, eine Kur in Kohlgrub zu machen. Ricca Lang bot Thoma an, während dieser Zeit bei ihr und ihrem Mann zu wohnen. »Wir würden uns alle sehr freuen, ich besonders wenn ich Dir Deine Liebe etwas wenigstens vergelten könnt!« Von Kohlgrub aus machte Maidi dann einen Besuch in Oberammergau. Thoma hatte ihr extra aufgetragen, sich sein Geburtszimmer zeigen lassen. Auch das von Riccas Mann 1905 gegründete und heute noch existierende Heimatkundemuseum – das Langsche kunst- und kulturgeschichtliche Museum – empfahl er Maidi als sehr sehenswert. Maidi war jedoch nicht besonders begeistert von ihrem Besuch bei Thomas Verwandten: »In Oberammergau war's recht nett, nur nicht gemütlich, weil Ricca dauernd herumlief u. Zurwestens [Thomas Schwester Käthi und ihr Mann, d. Vf.], General Lang, Hertha etc. ständig durcheinander redeten.« Hertha hatte Maidi eingeladen, bei ihr zu wohnen, doch deren Haus gefiel ihr nicht.

Kurz nach Maidis Besuch in Oberammergau ging Ludwig Thoma zur Operation ins Krankenhaus nach München. Der liebevollste Brief, den er dort erhielt, stammte von Ricca:

O'gau, den 10.8.21

Lieber Ludwig,
nachdem die Operation glücklich verlaufen ist, wünsche ich Dir recht rasche gründliche Genesung. Es ist wahrhaftig kein Vergnügen geduldig im Bett zu bleiben durch diese blödsinnige Hitze verstärkt wird es Dir doppelt zuwider sein.
Und der Kohlgrub-Ammergauer Aufenthalt ist nun leider auch verpaßt. Und ich hätte so gerne Dich ein bissl »verzogen«.
Lange Briefe werden Dich jedoch auch noch nicht freuen deshalb nur noch herzlichst: Alles Gute. Von Frau M. werde ich ja wohl ständig erfreuliche Besserungsnachrichten erhalten.

Musst halt Geduld haben, Lieber.
Deine getreue alte Riccl.
Wie s e h r mir Fr. M. mit ihrer Natürlichkeit u. Herzlichkeit gefällt schreibe
ich Dir mal extra.

Nur neun Tage später stand Ricca Lang, in Tränen aufgelöst, zusammen mit ihrem Mann am Grab Ludwig Thomas. Doch das Schicksal schlug am 2. Oktober 1921 erneut zu: Kommerzienrat Guido Lang, Riccas Mann, starb eines plötzlichen Todes, nur vier Wochen nach Thoma.

Nun übernahm Riccas Tochter zusammen mit ihrer Mutter das große väterliche Geschäft. Über 20 Jahre leitete Hertha sehr erfolgreich den Schnitzwarenverlag. Ihr Anwesen, der Leyernhof, galt als ein sehr gastliches Haus. So war sie im Jahr 1930 Gastgeberin für den amerikanischen Automobilhersteller Henry Ford. Ricca und Hertha Lang führten ihn durch die Schnitzereiwerkstatt und zeigten ihm das Lang'sche Museum. Mit Interesse begutachtete er dort Modelle alter Stell- und Lastwagen, die er leidenschaftlich sammelte. Ricca Lang flüsterte ihrer Tochter, wohl ein wenig zu laut, ins Ohr, ob sie meine, man könne Mr. Ford ein Modell als Andenken schenken. Hellhörig rief er darauf: »O, Sie dürfen! Sie dürfen!«[10]

Im ersten Kriegsjahr, 1940, musste sich Hertha einer schweren Operation unterziehen, von der sie sich nie mehr erholte. Sie starb am 13. April 1943, tief betrauert von der ganzen Gemeinde, besonders aber von ihrer unendlich leidenden Mutter, die nun wiederum den Verlag allein übernehmen musste, mitten im Krieg.

Ricca Lang besuchte häufig Thomas Grab am Friedhof von Rottach-Egern. Sie weilte auch gerne zu Besuch bei Maidi von Liebermann im Thoma-Haus auf der Tuften.

Die Gemeinde Oberammergau verlieh Ricca Lang zu ihrem 80. Geburtstag am 20. Januar 1950 das Ehrenbürgerrecht, als erster und bis heute einzigen Frau. Sie hatte unter anderem den Verleger-Lang'schen-Kinderhortfonds gestiftet. Am 23. März 1950 schloss sie ihre Augen für immer. Ricca Lang hatte kein Testament hinterlassen. So wurden ihre nahen Verwandten Fritz, Lina und Arthur Buchmüller ihre Erben. Die damals in Oberammergau noch vorhandenen Briefe Thomas an Ricca und Hertha Lang sind heute nicht mehr im Besitz der Familie.[11]

Thinka Ganghofer – »Dieses zierliche, blonde Wiener Mädel«

Das Ehepaar Ludwig und Kathinka Ganghofer führte ein harmonisches Familienleben, das Ludwig Thoma sehr bewunderte. Während Thomas Ehe scheiterte, fand Ganghofer in seinem »Engerl« alles Glück, das er sich erträumte. Zu diesem Glück gehörten ihre Kinder: die 1883 geborene Charlotte, genannt Lolo, das 1885 zur Welt gekommene Mizzerl, ein »fröhliches, idyllisches Kind«,¹ das aber bereits 1891 starb, sodann die am 15. Januar 1890 geborenen Zwillinge Sopherl und Gustl.

Kathinka Ganghofer, die Wiener Schauspielerin, mit ihrem Mann, dem Dichter Ludwig Ganghofer, der Tochter Lolo sowie den Zwillingen Sopherl und Gustl vor ihrem Jagdhaus Hubertus bei Ehrwald.

Es ist nicht uninteressant zu lesen, wie Ganghofer seine junge Frau beschrieb. Auch er verwandte verniedlichende Koseformen, wie Thoma bei Marion. Ganghofer schwelgte über seine Kathinka: »Ein frisches, redliches, gesundes und unkompliziertes Menschenkind! Und dazu noch für die Augen ein allerliebstes Kerlchen, mit dem feingeschnittenen Gesicht! […] Solch ein segenbringendes und aufwärts führendes Menschenkind war dieses zierliche, blonde Wiener Mädel.« Er liebte Thinka mit einer Art von Liebe, die »mir trotz einiger Erfahrung auf diesem Gebiet etwas völlig Neues war. Immer saß in mir dieses Gefühl der Sicherheit: ›Wenn du die bekommst, dann bist du geborgen‹.«[2]

Ludwig Thoma lernte seinen Schriftstellerkollegen 1902 kennen; sein Briefwechsel mit Thinka begann im August 1903, damals noch mit der Anrede »Hochverehrte, gnädige Frau«; ein Jahr später wurde daraus »Liebe Frau Doktor«, schließlich dann »Liebe Thinka«. Er sandte ihr im August 1903 das »neugebackene Jägerlied. Der altbayerische Ton ist hoffentlich getroffen. Vielleicht macht Herr Direktor Stavenhaben die Noten dazu, so im Lenggrieser Stil […].« Kurz darauf erhielt sie seine »Bücher aus Dankbarkeit für die schönen Tage. Die Widmung schrieb ich in die ›Hochzeit‹.«

Das schon erwähnte Ganghofer-Schießen zu des Dichters 50. Geburtstag 1905 arrangierte Thoma zusammen mit Thinka. Er gestaltete die Einladungen, sandte ihr ein Exemplar davon und bat sie, ihren Mann damit zu überraschen, »es im Eßzimmer recht auffällig an die Wand« zu hängen. Bei diesem Schießen in Finsterwald haben Ludwig Ganghofer, dessen 17-jährige Tochter Lolo und Thoma viele Preise herausgeschossen. Lolo war übrigens nur drei Jahre jünger als Marietta, in die sich Thoma damals gerade verliebt hatte.

Kathinka Ganghofer war eine in Wien ausgebildete Schauspielerin. Thoma sah Marion ebenfalls als Künstlerin, die ein »Künstlertum, bis in die tiefsten Herzensfasern« verkörperte. Dies betonte er immer wieder.[3]

Auch nach Thomas Heirat mit Marion blieb die enge Freundschaft zu den Ganghofers bestehen. So eilte Thoma im Juli 1908 mit »Hurra und Marion« zur Jagd in Ganghofers Jagdhaus »Hubertus« auf der Tillfußalpe im Gaistal bei Ehrwald in Tirol, das 34 Gästebetten hatte. Thinka hatte Thoma damals gebeten, auf ihren sich krank fühlenden Ehemann aufzupassen, damit dieser nicht zu viel Nikotin und Kaffee zu sich nähme. Der ängstlichen

Thinka schrieb Thoma eine hübsche Postkarte und versicherte, ihr Mann sei kerngesund. Münchens beste Gesellschaft traf sich im Jagdhaus der Ganghofers genauso gerne wie in deren gastlichem Haus in München. Die Ganghofer'sche Küche war vor allem wegen Thinkas vorzüglicher Wiener Mehlspeisen bekannt. Thinkas schauspielerisches Talent zeigte sich immer wieder, wenn sie zusammen mit Freunden »Lebende Bilder« aus Romanen ihres Mannes aufführte.

Die Rolle, die das Ehepaar Ganghofer bei Thomas Eheschwierigkeiten und seiner Scheidung von Marion spielte, wurde schon aufgezeigt. Obwohl Thoma damals Stillschweigen erbat, meinte er: »Teile Thinka, die es wohl sehr nahe berührt, mit, was ich Dir schrieb.« Nachdem allerdings Marion im Oktober 1910 die Tuften verlassen hatte, zog sich Thoma etwas von der Öffentlichkeit zurück, »obwohl vermutlich, etliche Ganghoferinnen verschiedene ›ächte‹ Glückszustände« für ihn wüßten.« Er wollte aber nicht ständig als verlassener Ehemann bedauert werden: »Ich ertrage die verständnisinnigen Augen der Frau Thinka nicht u. die Möglichkeit, der Frau Hanfstaengl zu begegnen, verabscheue ich.«[4]

Als 1910 die endgültige Trennung Marions von Thoma feststand, bat er plötzlich seinen Freund Ganghofer, darüber mit seiner Frau nicht zu sprechen. Eigenartigerweise nahm Thoma seine Frau Marion vor Thinka Ganghofer in Schutz:

Ich ehre die Sorgen Thinkas um mich. Aber das Leben hat mir gezeigt, daß Frauen einander nie verstehen und darum einander nie verzeihen. Und es thäte mir weh, wenn ich das kleine, arme, ach recht arme Mädel weiblich strenge beurteilt wüßte.[5]

Schließlich war es Thinka Ganghofer, die von Maidi von Liebermann erfahren hatte, dass Thoma ihr 1904 in Nürnberg so gut gefallen und dass sie ihn damals schon gerne zum Ehemann genommen hätte. Thoma meinte dazu: »Hätte sie mir ein Messer ins Herz gestoßen, wär's mir leichter gewesen.« Woher sich Thinka und Maidi kannten, war nicht in Erfahrung zu bringen. Am wahrscheinlichsten ist, dass sich die Familien Ganghofer und Feist bei der Sommerfrische am Tegernsee kennengelernt haben. Die Verbindung kann aber auch über den Fotografen Emil Ganghofer, Ludwigs

Bruder, entstanden sein, da von ihm 1903 in Egern aufgenommene Fotos von Maidi existieren.

In Erinnerung an diese Jahre der erzwungenen schmerzlichen Trennung sagte Maidi von Liebermann in einem Interview mit der »Fränkischen Presse«, Bayreuth:

So dämmerten unsere Herzen dahin, ohne recht zu wissen, ob uns jemals Erfüllung beschieden war. Einmal jedoch nahm mein ferner Freund all seinen Mut zusammen und schickte mir im Frühjahr 1917, nachdem er sich umständlich lange mit Frau Ganghofer beraten hatte, sein neuestes Werk »Heilige Nacht« mit freundlichen Grüßen und knüpfte daran die hoffnungsvollen Worte: »Die Gegenwart ist dazu angetan, uns die Vergangenheit schöner erscheinen zu lassen. Mir wenigstens geht es so.«

Nachdem sich Thoma 1918 entschlossen hatte, um Maidi zu kämpfen, gab es wieder etwas Gemeinsames zwischen diesen beiden Frauen. Thinka galt als Jüdin, Maidi war Halbjüdin. Bernhard Horstmann (Pseudonym Stefan Murr),[6] ein Enkel von Thinka Ganghofer, hat nach Abschluss seiner jahrelangen familiengeschichtlichen Forschungen nachgewiesen, dass Thinka in Wirklichkeit die Adoptivtochter des verwitweten Juden Leopold Engel war. Sie und ihre Schwester Marie waren die Töchter des international gefeierten Bühnenstars Maria Geistinger aus Wien und des Grafen Valentin Ladislaus Ferdinand Esterhàzy-Hallewyl. Eine Heirat kam aus Standesgründen nicht in Frage. Der Graf verstarb im Jahr von Kathinkas Geburt, erst 44 Jahre alt. Kathinkas wahre Identität war 1933 noch nicht bekannt. So hieß es bei ihrem Tod in einem infamen Zeitungsartikel, Ludwig Ganghofer habe »mit dieser rassenschänderischen Versippung Verrat am eigenen Blut, am eigenen Wesen und am eigenen Volk« begangen.[7] Thinkas Kinder und Maidi von Liebermann blieben, obwohl sie keinen Ariernachweis erbringen konnten, von der »menschenverachtenden Willkür« des »Dritten Reichs« verschont, während die Familie Engel ebenso wie Maidis Bruder Alfred Feist-Belmont im Konzentrationslager ums Leben kamen.

Thoma nahm am Familienleben der Ganghofers regen Anteil. So erfuhr Maidi im September 1919 durch ihn, dass Lolo »einen Buben mit soundso viel Pfund gekriegt. – Einen Maxi der in Wirklichkeit Bernhard hieß.[8] Resigniert fügte er hinzu: »Alle Leute, dumme und gleichgültige, fade und seichte, kriegen ihre Maxi. Hat mir Gott noch was aufgehoben?«

Lolos Bruder, »dem kleinen Gustl Ganghofer, meinem vortrefflichen Vorleser«, widmete Ludwig Thoma eine der zwölf »Lausbubengeschichten«, nämlich »Die Besserung«.

Immer wieder waren die Ganghofers in München wichtige Gesprächspartner für Thoma, denen er auch über seine geliebte Maidi berichten konnte, die ihm zuhörten und ihm eine glückliche Zukunft mit ihr wünschten. »Haben Dir die Ohren nicht geklungen?«, wollte Thoma im Mai 1919 von Maidi von Liebermann wissen. Er habe bei seinem letzten Besuch bei den Ganghofers so viel von ihr geredet, dass »sie halb lachten, halb nasse Augen kriegten. Ich sagte Ihnen, und sie wissen, wie fest und ehrlich es gemeint ist, daß mein Leben ein Dienst für Dich, Deine Sicherheit, Deine Zukunft sein muß, wenn es noch Wert haben soll.«

Ende Mai 1919 begleitete Gustl Ganghofer den Dichter nach Stuttgart, worüber sich dieser sehr freute, denn, »liebe Thinka, ein wenig ist mir das Herz schon schwer, daß ich so herumfahren muß, um meine M. aufzusuchen, statt sie hier zu haben«.

Ganghofer erwarb 1919 die »Villa Maria« in Tegernsee, die er ab November mit seiner Familie bewohnte. Im Februar und Mai des folgenden Jahres wohnte Maidi von Liebermann bei Ganghofer, »der reizend eingerichtet ist und mit dem ich lebhafte Nachbarschaft halte«. Da Maidi sich nicht allzu gerne auf der Tuften aufhielt, hatte Thinka ihr geraten, sie solle doch bei ihr wohnen. Thoma fand diese Lösung sehr gut und schrieb Maidi: »Wohnst Du bei Ganghofers, so könnte wahrhaftig das schlimmste Lästermaul nichts darüber sagen, und es wäre geradezu – wenigstens hier – eine Sanktion unserer Beziehung. Entscheide selber, was Du willst.«[9]

Am 24. Juli 1920 starb Ludwig Ganghofer, erst 65 Jahre alt, der »gesunde, baumstarke« Mann, an einer Thrombose. Thinka, von ihrem Mann liebevoll »Goscherl« genannt, saß in der Todesstunde am Bett ihres Mannes und hielt seine Hand. Seine letzten Worte waren: »Ich bin so glücklich.«[10] Offensichtlich wurde Thoma vom Tod Ganghofers sofort verständigt, denn er schrieb an Maidi, dass Thinka in der Todesnacht zu ihm gesagt habe: »Ludwig, nimm das Mädie bald zu Dir, das Leben ist so kurz u. gar nichts hat Wert wie das.«

Ludwig Thoma war sehr bestürzt über den frühen Tod seines Freundes. Er bat Maidi, mit ihm an der Beerdigung teilzunehmen, doch sie konnte nicht kommen, da sie zur Kur weilte. Traurig berichtete er ihr: »

Nun kannst du nicht dabei sein, wenn wir dem guten Ludwig, der so um uns besorgt war, die letzte Ehre geben. Um 12 Uhr wird er beerdigt. Der Schmerz im Haus ist so groß und doch so würdig, die arme Thinka ist eigentlich ohne rechtes klares Empfinden.
Niedergeschmettert. Sie saß bei ihm den ganzen Tag und die Nacht bis morgens 4 Uhr. Um 6 Uhr früh (gestern, Dienstag), fuhren wir Ludwig mit dem Kahn nach Egern hinüber.
Horstman [= Ganghofers Schwiegersohn, d. Vf.], *Polch* [= Gustls Schwiegervater, d. Vf.], *ich im Kahn voraus, dann Gustl allein mit dem Sarge im schwarzausgeschlagenen Schiff. Es war traurig und doch schön und so feierlich. Der Pfarrer erwartete uns am Ufer, der Sarg wurde ausgesegnet und in der Leichenhalle aufgebahrt. Deinen Kranz, den Heinrich bindet, geb ich morgen zum Gottesdienst an den Katafalk, heute sind es viele.*
Der Herzog schickt einen Riesenkranz von Almrosen und von seinen Jägern werden drei kommen, um den Sarg zu tragen.

Tiefergriffen schilderte Thoma Maidi die Trauerfeierlichkeiten. Das Begräbnis empfand er würdig und eindrucksvoll, ländlich, wie es Brauch und Sitte sei im Tegernseer Tal. Es regnete in Strömen:

Thinka hielt sich tapfer; sie musste freilich von Gustl gestützt werden, aber doch war sie still, und dieses Schweigen war ergreifend … ein gutes Bauernmädel, das ihm Edelweiß und Alpenrosen ins Grab legte, sagte einen sehr schlichten Vers von Jemand, den du kennst u. angeblich liebst. Die gute Heddy stand bei mir, u. Frau v. d. Leyen[11] hielt den Schirm über mich, da ich ihr erbarmte, bloßkopf, u. den Schirm geschlossen. […] Freilich bin ich u. war ich viel im Trauerhaus. Im Heim von diesem lieben, warmherzigen Mann. Wenn ich gehen wollte, ließ mich Thinka bitten, zu bleiben. Ich bin ihr ein Stück von Ludwig. Nach der Beerdigung aßen wir bei Ganghofer, etwa 30 Leute, den Rehrücken, den ich vor 8 Tagen für Ludwig hinschickte.

Maidi konnte Thomas Schmerz um Ganghofer verstehen. Sie tröstete ihn:

Mein geliebter, lieber Ludwig!
Ich bin sehr unglücklich über Ganghofers Tod. Du hast einen lieben, ehrlichen Freund mit ihm verloren, u. daß sich das Haus dadurch für uns schließt, tut mir für Dich besonders leid.
Er meinte es wirklich gut mit uns u. hätte in allem geholfen, wenn es Not getan. Es kommt so viel zusammen, alles die Folgen von dem abscheulichen Krieg. Seidl, Kaulbach, Ganghofer, Miltner, alles noch keine alten Männer. Die arme Thinka, wie wird sie es tragen? Sie ist doch hilflos mit all den geschäftl. Sachen u. dem großen train, den Ganghofer führte. Du wirst ihr jetzt helfen müssen, denn Horstmann ist ein Wichtigtuer, aber doch untüchtig. – Mein armer Wig, Dein letzter Brief war so traurig u. nun noch der dazu. Ist Schauvogel noch bei Dir? Ich liege heute, wie Mama Dir ja schon sagte. Bestellst Du einen Kranz für mich mit?
Ich telegraphierte gleich an Thinka, möcht am liebsten zur Beisetzung, aber die Kur unterbrechen könnte schlecht sein u. ich habe nichts schwarzes mit. – Das schöne Bayern mit seinen lieben Menschen u. nun bleibt ein kleines Häufchen. Ich bin heut so unglücklich, habe so viel Zeit zum Nachdenken. Unser schönes glückliches Leben in Frieden. Ich weinte viel um meine Jugend hier in den Bergen, alles so frisch u. rein u. später diese Dummheit.[12]

Thoma kam in seinen Briefen an Mädie immer wieder auf Thinka zurück:

Thinka ist förmlich gebrochen, aber das Leben verlangt sein Recht und sie hat ihre Kinder.
In seinen Werken hat sie gutes, großes Einkommen – 30 Jahre lang. Da fehlt nichts. Wo ich raten und helfen kann, bin ich gern dabei.[13]

Auf Thoma traf nach dem Tod Ganghofers viel Arbeit, denn er sollte dessen literarischen Nachlass betreuen. Doch im Andenken an die echte Freundschaft fiel ihm alles leicht. Außerdem sollte die »arme Thinka nicht glauben, daß sein Tod Änderungen in meiner Anhänglichkeit an ihn und seine Hinterbliebenen herbeigeführt hat. Die Ordnung des literarischen Nachlasses erfordert Fleiß, und treuen Rat.«

Thoma hörte nie auf, sich liebevoll um die verwitwete Thinka zu kümmern. So verbrachte er den Heiligen Abend 1920 bei ihr und ihrer Familie: »Christabend bei Thinka war so, wie es eben sein konnte. Mir hatte Thinka eine Zither von Ludwig zum Geschenk gemacht. Jetzt habe ich zwei, auf denen ich nicht spielen kann«, berichtete er Maidi. Den ersten Weihnachtsfeiertag war Thoma bei Lolo und ihrer Familie eingeladen. Am folgenden Feiertag besuchte er, der sich selbst einsam fühlte, da Maidi nicht zu ihm kommen konnte, erneut Thinka, die »wie ein kleines, schwarzes Unglückshäuflein« dasaß und ständig nur über ihren Ludwig redete. Zum Jahresende musizierte Konzertmeister Schusters bei Thinka. Gustl Ganghofer spielte Cello. Thoma empfand das kleine Konzert wunderschön und wohltuend. Als Gastgeschenk hatte er seinen im Juli abgeschlossenen Roman »Der Jägerloisl« mitgebracht. Thinka machte sich damals Sorgen um ihren Sohn Gustl. Er sah durch die Trauer um seinen Vater »ein bißchen schwammig aus, wozu er zu zartgliedrig ist. Da gehören Tölzer Flößerschultern dazu, damit es nicht zu sehr auffällt. Oder Risser Knochen!«, meinte Thoma.

In Thomas letztem Lebensjahr, 1921, sollte Maidi wieder einmal als Gast bei Thinka wohnen. Doch es kam nicht mehr dazu. An Maidi von Liebermann hatte Thoma noch am 5. August aus dem Krankenhaus geschrieben: »Ich konnte mich nicht dazu entschließen Thinka oder Tausch rührselig lebewohl zu sagen.« Er nahm ja an, daß er nach wenigen Tagen Krankenhausaufenthalt wieder am Tegernsee sein würde. Am 29. August stand Thinka fassungslos am Grab ihres Freundes Ludwig Thoma auf dem Friedhof in Rottach-Egern.

Thinka Ganghofer überlebte ihren Mann um zwölf Jahre; sie starb am 11. Januar 1933 und ruht an der Seite ihres Mannes, direkt neben ihrem Freund Ludwig Thoma, den sie durch schöne und schwere Lebensjahre begleiteten.

Helene Taschner und die »Taschnermäderln« Maja und Wuschi

Ludwig Thoma teilte Conrad Haußmann zum Jahresende 1913 seinen großen Schmerz über den Verlust seines engsten Freundes, des erst 42-jährigen

Ignaz Taschner[1], mit: »Der Tod von Ignaz hat mich freilich niedergedrückt. Er war mir die Mensch gewordene Heimat und in seinem unfehlbaren Urteil über alles die Zuflucht in jedem Zweifel … es war doch der Abschied von der Jugend und schönsten Jahren, als er begraben wurde. [...] Seine Frau hat keine Geldsorgen; sie kann sogar das Anwesen halten u. sie wird es hüten und darin ihre Lebensaufgabe sehen.«

Der aus Lohr am Main stammende Taschner hatte im April 1903 in München die Berufung als Professor an die Königliche Kunstschule in Breslau erhalten und war mit seiner Familie daraufhin nach Schlesien gezogen; ab 1905 war er in Berlin tätig. Ihr Heim schufen sich die Taschners aber 1907 in Mitterndorf bei Dachau, in einer Gegend, die sie schon während ihrer Münchner Zeit sehr schätzten. Helene und Ignaz Taschner waren seit dem 27. April 1899 verheiratet; am 1. Dezember 1900 wurde die Tochter Maja geboren, am 4. August 1906 Tochter Antonie, genannt Wuschi oder Wuscherl. Ludwig Thoma liebte Maja ganz besonders, die ihm ebenfalls sehr zugetan war, wie der Brief von Helene Taschner vom 27. Januar 1913 aus Berlin zeigt:

Lb. Ludwig,
Schönen Dank von uns Beiden für Deine Zeilen.
Wir feierten Deinen Geburtstag mit Maja, die drollige Ansprachen an ihren Ludwig hielt. Abends waren wir dann bei Ernst u. Anton [= Antonie Heilemann, d. Vf.]; ich hatte aus Dachau ein Spanferkel kommen lassen; und als wir dabei saßen, es zu verzehren, da stieß ich auf dein Wohl mit an! Anton war ganz entsetzt, daß Sie Deinen Geburtstag vergessen hatte. Aber Dir haben wir am Abend noch manchen Schluck geweiht. Ignatius war auch recht guter Laune; er probierte mit Großmama zu tanzen, und Beide kollerten am Boden! Ich habe lange nicht so gelacht. Nazi hat wieder viele Küsse bekommen. Er hat sich aber vor Maja geniert. – Sonst leben wir recht einsam [...].
Maja u. ich leisten ihm abends Gesellschaft. Jetzt freut er sich auf März, wenn Du wirklich kommst. [...] Ich habe Maja mit hierher genommen für Nazi; ich finde, es tut ihm wohl, wenn er wenigstens Eine hier hat; er lebt leichter dabei. Natürlich hat er jetzt immer Heimweh nach Wuscherl. Die schreibt schon ganz nette Briefe …
Deine Nazis – Maja soll Dir selbst mal schreiben.

Helene sprach die Hoffnung aus, im nächsten Winter manchen Abend im Haus auf der Tuften am warmen Ofen zu verbringen. Doch Ignatius starb am 25. November 1913.

Zu Majas Erstkommunion, die auf Wunsch ihrer evangelischen Mutter für sie erst mit 14 Jahren stattfand, kamen liebevolle Glückwünsche von dem damals in Sorrent weilenden Ludwig Thoma:

Liebe kleine Maja!
Zu dem Fest, das Du am 26. April begehst, stelle ich mich auch als Gratulant aus weiter Ferne ein und ich schicke Dir viele herzliche Glückwünsche. Ich werde an dem Tag an dich denken, der so viel für Dich bedeutet, und werde ganz gewiß im Geiste bei Dir sein. Es tut mir weh, daß Dein lieber, lieber Vater Dich auf Deinem Weg zur Kirche nicht begleiten kann, und so oft und viel ich an ihn denke, an dem Tag muß ich es noch mehr und schmerzlicher tun. Aber wenn Du jetzt heranwächst und ein braves, herzensgutes Mädel wirst und eine besorgte Tochter und Helferin für Deine Mutter, dann dürfen wir alle denken, daß er, der uns allen miteinander der Liebste gewesen ist, Dich sehen wird.
Ich wünsche Dir als das Beste und Schönste, daß alles, was von Deinem lieben Vater in Dir lebt, wachsen und sich entwickeln möge. Denk an Deinem Ehrentag recht viel an ihn! Und jetzt leb wohl, kleines Majale, und grüß Deine liebe Mutter und das gute Wuscht vielmals von mir und nimm selber die herzlichsten Grüße
von Deinem Ludwig

Den Kontakt zu Helene Taschner und ihren Töchtern ließ Thoma nicht abreißen. Über seinen Besuch in Mitterndorf Anfang Mai 1916 äußerte er: »Ich war letzte Woche bei Frau Taschner, und ich glaube nicht, daß wir drei Sätze gesprochen haben, in denen nicht vom lieben alten Ignaz die Rede war. In dessen Garten trauert wirklich jeder Grashalm nach ihm.«

Der größte Beweis von Thomas Liebe zu den vaterlosen Mädchen ist ganz sicherlich die Tatsache, dass er die »Heilige Nacht« mit der Widmung »Geschrieben für die Töchter von Ignatius Taschner« versah.

Rottach 14. Dez. 1915

Liebe Maja und liebe Wuschi,
diese Verse habe ich gemacht im Andenken an Euern lieben Vater und immer in der Vorstellung, wie er und ich zusammen damit ein Volksbuch hätten herstellen können. Wenn Ihr einmal älter seid, dann werdet Ihr verstehen, wie schmerzlich mir der Verzicht für alle Zeiten bleiben muß. Im nächsten Jahr, wenn wir Alle noch leben, schicke ich Euch den Schluß.
Ein fröhliches Weihnachten wünscht Euch Euer Ludwig

Antonie Fischer-Taschner hielt dazu in ihren Erinnerungen an Ludwig Thoma folgendes fest:

An Weihnachten […] schickte er für uns das Manuskript der »Heiligen Nacht«, das er mit abgepausten Poccibildln verziert hatte. Wieviel Zeit und Liebe hat er an dieses Geschenk gehängt! Meine Mutter nahm uns beide und unsere treue Kinderfrau, Frau Wilde, mit in ihr Zimmer, wo die Totenmaske unseres Vaters hing. Dort hat sie uns die Heilige Nacht zum ersten mal vorgelesen. Sie ist für mich seitdem mehr als eine wunderschöne bayerische Dichtung.

Am Stephanitag 1916 schrieb Ludwig Thoma die Fortsetzung der »Heiligen Nacht«, die Kapitel 4 bis 6, wieder »für meine lieben Taschnermäderln«.

Zu Thomas großer Freude verbrachten Helene und ihre Töchter gerne Ferientage bei ihm auf der Tuften, in dem Haus, das ja ihr Vater entworfen hatte. Er unternahm mit ihnen Bergwanderungen: Vor allem der Hirschberg gefiel den Mädchen. Antonie war stolz darauf, damals bei »ihrem Ludwig« so interessante Leute kennengelernt zu haben: »den lieben Kiem Pauli, Georg Queri, Ganghofer, Slezak, Dr. Geheeb vom Simpl, Gulbransson, Karl Arnold, Thöny. Den Peter Thoma hatten wir auch sehr gern. Er konnte gut erzählen und feine Froschleitern schnitzen. Die großen Leute redeten viel über Politik, wobei wir Kinder uns ziemlich langweilten. Voll Verehrung sprach Thoma von Bismarck; der Kaiser kam schlechter weg. Nach dem verlorenen Krieg sprach der Ludwig viel von den versäumten Gelegenheiten, und was man hätte besser machen können. Man merkte seine Trauer. […] Oft sprach er mit meiner Mutter über den Garten. […] Personalschwierigkeiten kamen auch dran. Einmal musste meine Mutter ihm helfen, einer schwäbischen Köchin zu kündigen, die ihm wochenlang täglich Spätzle vorgesetzt hatte.«

Diese Köchin war Thoma von Conrad Haußmann aus Stuttgart empfohlen worden. Nun da er sich von ihr trennte, meinte er: »Meine Hühner legten fieberhaft Eier, aber so viele Arschlöcher hatten sie nicht, um den Verbrauch der guten Wittmannin zu decken. Dazu gab es bloß mehr Spätzle.«[2]

Antonie vermerkte in ihren Erinnerungen des Weiteren:

Der Ludwig kam oft zu uns. Manchmal fuhr er mit dem Rad von München nach Kleinberghofen auf die Jagd und machte dann in Mitterndorf bei uns Station. Die Mutter kochte etwas Gutes und dann gab es Caffee, Zopf und oft Zwetschgendatschi. Wenn er dann so vieles mit meiner Mutter besprach, hörte ich ihn immer wieder sagen »weisst, Helen!« Uns nannte er Majale und Wuschile, und wenn er uns vorstellte, sagte er, »des sän meine zwei Taschnermäderln« […].
Einige Male durften wir in Premieren von Thoma-Stücken. Gespielt wurde im alten Residenztheater, unsere Plätze waren ganz weit vorn. Genau weiss ich noch die Aufführung von »Brautschau«, »die kleinen Verwandten« und »Dichters Ehrentag«. Der Dichter war Viktor Schwannecke, wunderbar blöd. Wir brachten dem Ludwig ein Mitterndorfer Veilchensträußerl mit, das er dann beim Verbeugen am Schluss angesteckt hatte. Da waren wir sehr stolz. Einmal hat er mit uns ausgemacht, wir sollten die Löcher im Theatervorhang gut beobachten. Da hat er dann zur Begrüßung von uns seinen Finger durchgesteckt und uns beim Namen gerufen.

An Majas Dankesbrief an Ludwig Thoma für schöne Ferientage im August 1917 fügte ihre Mutter folgendes an:

Lieber Ludwig,
warst Du gestern in der Sitzung? Sicher; Lb. Ludwig, hilf bei dieser großen Sache mit; wir müssen jetzt Männer haben, die mit dem Herzen für unser Vaterland arbeiten! Du kannst es, Du mußt es.
Auf Wiedersehen, innig grüßt Dich Helene

Helene spricht hier Thomas politische Tätigkeit an. Seit August hatte Thomas sich der Deutschen Vaterlandspartei angeschlossen, einer »scharf antisemitischen, promonarchischen, erzkonservativen, patriotischen Vereinigung, einer Partei zumal, die vom Hauch des ewigen Gestrigen und von militärischer Aristokratie durchzogen«[5] war. Vom 23. bis 25. September hielt Thoma sich in Berlin auf. Er sprach nach Admiral Tirpitz auf der Versammlung der Deutschen Vaterlandspartei in der Berliner Philharmonie; drei Wochen später auf der Versammlung dieser Partei im »Löwenbräukeller« in München. »Dabei beschränkte er sich nicht auf Durchhalteparolen, sondern forderte seine Zuhörer sogar auf, der Berliner Regierung keine Friedensabsichten zu erlauben.«[4] Da Thoma damals jeglicher Demokratie abschwor, verlor er einen seiner wichtigsten Freunde, den entschiedenen Demokraten Conrad Haußmann, um dessen menschlichen Zuspruch er sich 1919 erneut bemühte.

Sylvester 1917 feierte Ludwig Thoma zusammen mit Helene Taschner und deren Töchtern. Die Jüngere sang ihm den »halben Barbier von Sevilla« vor, und dann führten beide ein Theaterstück auf.

Wie aus Briefen von Maidi von Liebermann hervorgeht, hielt sich Helene oft monatelang auf der Tuften auf. Helene war wie Thoma eine große Blumenfreundin. Er hatte ihr eine lange Liste von Rosensorten aufgeschrieben, die sie in ihrem Garten in Mitterndorf pflanzen wollte. Im August 1919 fragte Maidi von Liebermann Thoma: »Warum liebt mich Helene? Weil ich vorübergehend die Krebsel verscheucht habe und sie bei Dir wohnen kann?« Da damals auch Ricca Lang auf der Tuften weilte, erkundigte sich Maidi, die zur Kur in Bad Kissingen weilte, ob die beiden sich gut vertrügen. In Tegernsee wunderte man sich schon über die seltsame »Weiberwirtschaft« auf der Tuften.

Thoma fiel auf, dass Helene gesundheitliche Probleme hatte. Sie litt unter ständigen Kopfschmerzen und Sehstörungen. Die Ärzte diagnostizierten schließlich einen Gehirntumor. In der Nacht vom 5. auf den 6. Oktober 1919 erhielt Thoma einen Anruf von Maja Taschner, die ihm schluchzend erzählte, dass ihre Mutter gestorben sei. Sie war erst 40 Jahre alt. Thoma war so erschüttert, dass er nur mit großer Mühe seine Gedanken Maidi Liebermann schildern konnte:

Ein so hartes dummes grausames Schicksal, das sich über dem Haus von diesen ehrenwerten guten Menschen nun Schlag auf Schlag häufte. Nie waren

Kinder mehr verwaist wie die zwei. Nie hatten Kinder in ihrem Vater mehr Stütze, wie die zwei. Was waren es für hoffnungsvolle Stunden, wie ich damals mit Ignaz den Platz abschritt, auf dem er das Haus bauen wollte. Alles so sinnlos und brutal zerstört. Alles. Die gute Helene als Mutter wirklich ehrwürdig, so auf alles, was leeres Vergnügen ist, verzichtend. Bloß dem Andenken an Ignaz lebend und den Kindern.
Ich fahre morgen früh nach Dachau. Mittwoch früh wird wohl die arme Helene neben ihrem lieben Ignaz bestattet werden. Da liegen zwei Menschen in dem kleinen Friedhof, denen ich viel gewesen bin. Und die mir einmal in der trübsten Zeit alles waren. Gäb's noch ein Deutschland, ihm müßte dieses Grab ehrwürdig sein. Da liegt ein Künstler, dem die Liebe zur Heimat die echte Größe gab. Und die bescheidene, gute Frau neben ihm hat als Gattin und Mutter eine Ehrenkrone verdient. –

So gefühl-, ja liebevoll Thoma Helene Taschner beschreibt, die für ihn das Idealbild einer Ehefrau und Mutter darstellte, so despektierlich äußerte er sich in einem weiteren Schreiben an Maidi von Liebermann über das protestantische Begräbnis. Und dies, obwohl seine Geliebte ja auch evangelisch war:

Leider war die Beerdigung protestantisch. Nämlich leider, weil sie in Mitterndorf naturgemäß stillos war.
Hierher gehört das Katholische. Es ist nicht wahr, daß so was gleichgültig ist. Die Beerdigung von Ignaz war ein Bild und eine Dichtung, die mir im Gedächtnis bleibt. […] Der Pfarrer damals sprach so bäuerlich unliterarisch, so prächtig naiv – der protestantische roch nach Theater, sprach schöne Worte. Ich mag die doch nicht die Wörter Gottes. Unser Griwes-Grawes, das Lateinische seit 1900 Jahren oder ähnlich lang Wort für Wort so gesungen oder respondiert – libera nos a porta inferi etc. – hat Stil. Keinen gemeinverständlichen Sinn, und das ist das beste bei so was, was nur Stimmung und gar nicht Verstand anregen soll. Das Katholische ist weiche Begleitung in Moll zum eigenen Schmerz, das Protestantische ist eine Vorführung und zwingt uns von den eigenen Gedanken und Träumereien weg zur Aufmerksamkeit. […] An Helenes Begräbnistag erlebte ich Nazis Tod noch einmal.

Zwei Wochen nach der Beerdigung von Helene kamen deren Töchter, die inzwischen 19-jährige Maja und die 13-jährige Antonie zu Ludwig Thoma nach Tegernsee. Sie fühlten sich bei ihm wohl und hofften, etwas von der vergangenen Zeit wiederzufinden. Thoma konnte seine Rührung nicht verbergen, als sie in den schwarzen Kleidern vor ihm in der Stube saßen, wo eine Fotografie von Ignaz Taschner hing, dessen Augen ihn zu bitten schienen, seinen Kindern die Freundschaft zu halten.

Die Verbindung zu den Taschner-Madln riss bis zu Thomas Tod zwar nicht ab, doch sie blieb nicht ungetrübt. So äußerte sich Thoma Maidi von Liebermann gegenüber, dass Maja in Mitterndorf mit einem Mann bekannt sei, der ihm nicht gefiel. Er habe Maja seine Ansicht darüber sehr deutlich geschrieben. Doch sie erklärte ihm, dass sie von »diesem Menschen nicht lasse«. Thoma hat nicht mehr miterlebt, dass sich Maja an ihrem 21. Geburtstag im Dezember 1921 mit dem Sänger Emanuel Gianna verheiratete. Antonie wurde die Gemahlin des Kunstmalers und Stuckschülers Wilhelm Fischer (1878–1946).

Zum 100. Geburtstag von Ignatius Taschner im Jahr 1971 schenkten Maja Gianna-Taschner und Antonie Fischer-Taschner die zum Teil in ihrer Familie verwahrte Korrespondenz zwischen ihren Eltern und Ludwig Thoma der »Monacensia« in München.[5]

Maja verstarb 1980 und ruht im Grab ihrer Eltern in Mitterndorf. Antonie Fischer-Taschner, eine betagte Dame voller Lebensfreude, erinnert sich heute noch gerne an Ludwig Thoma: Er war ihr Jungmädchenschwarm.

Anna Herzenstein –
»Sie hätte fast ein Trumm von meinem Herzen von mir weggerissen!«

Ludwig Thoma erhielt zu seinem 46. Geburtstag im Januar 1913 ganz besonders herzliche Glückwünsche von den Taschners aus Berlin. »Sie haben dem Oasiedl [...] sehr wohlgetan, denn manchmal, u. an solchen Tagen besonders, kriecht die Einsamkeit ein wenig kalt an einem herauf. Aber es dauert nicht lang. Der erste Sonnenschein u. Arbeit bringen mich schnell wieder zu Schmackeln u. Pfeifen.«[1]

Doch die Einsamkeit dauerte fort. Thoma hielt es in seinem großen Haus ohne Marion wieder einmal nicht mehr aus. Und er schaffte es, Anfang Februar allein auf den Atelierball von Hermann Gröber nach München zu gehen. Dort traf er »Schlawiner und Schlawinerinnen in römischen u. griechischen Kostümen, aber doch nett Münchnerisch. Danach gings zum Donisl, wo es noch so ist wie in der lieben alten Zeit.«[2] Bei diesem Fest lernte Thoma die Witwe des ermordeten russischen Kadettenführers Herzenstein und deren beide Töchter Anna und Wera kennen.[3] Mit diesen drei Damen besuchte Thoma dann auch die »Vorstadthochzeit, eine reizende Fortsetzung unserer Veteranenfeste«. Dort tanzte er jeden Dreher und war wieder

Die russische Professorin Anna Herzenstein, der Thoma sehr zugeneigt war.

einmal von Herzen lustig. Der Einsame hatte sich verliebt, wieder in eine »exotische Frau«, diesmal in die Professorin Anna Herzenstein, die älteste der russischen Töchter, die, nach einem vorhandenen Foto zu schließen, etwa 25 Jahre alt war. Darüber berichtete er auch den Taschners. Sie hätte »fast ein Trumm von meinem Herzen mir weggerissen – aber ich vergaß nicht, daß ich 46 alt bin, und ich glaube, sie vergaß es auch nicht. Jedenfalls war es Sonnenschein und Fröhlichkeit, und Euch muß ich es schreiben.«[4]

Während des Aufenthaltes in München ging Thoma öfter mit den Damen Herzenstein im Englischen Garten spazieren. Sie folgten seiner Einladung nach Tegernsee und besuchten ihn in seinem Haus auf der Tuften. Bei der Rückfahrt nach Russland wurden Grußkarten von unterwegs geschickt: »Der Abschied von der zivilisierten Welt ist schwer!« Und dann gingen Fotografien zwischen Tegernsee und Moskau hin und her, Thoma sandte sein Werk »Magdalena« und kündigte die baldige Vollendung seiner neuen Arbeit »Die Sippe« an. Wiederholt wollten die Damen den Schriftsteller zu einer Reise nach Moskau motivieren, indem sie ihm über das dortige Leben berichteten. Am 13. Februar 1913 schrieb ihm Anna Herzenstein, die Thoma so gut gefiel:

Sehr geehrter Herr Doctor!
Erst jetzt komme ich dazu, Ihnen ein paar Worte zu schreiben und Ihnen für Ihren Brief und Ihre Grüsse zu danken. Sie können sich gar nicht vorstellen, wie man hier in Anspruch genommen wird. Jeder, der etwas Energie besitzt und arbeiten will, wird tatsächlich in Stücke gerissen und muss überall mittun, ohne sich auf seine eigene Arbeit konzentrieren zu können.
Es ist hier so ganz anders als bei Ihnen in Deutschland. Die Arbeit ist vielseitiger, überall ist Hilfe nötig und es gibt viel mehr Platz für eigene Initiative. Besonders wir Frauen merken den Unterschied so sehr; obwohl wir hier noch keine politische Rechte haben, können wir doch an jeder sozialen Arbeit teilnehmen ohne dabei schief angesehen zu werden. Es gilt hier als ganz selbstverständlich, wenn eine Frau oder ein junges Mädchen in allen möglichen Vereinen und Gesellschaften arbeitet und sich für politische, soziale oder wissenschaftliche Fragen interessiert. Im Gegenteil, man wird eher schief angesehen, wenn man sich von alledem zurückzieht.
Und es gibt wirklich genug zu tun überall, wo man nur hinsieht. Jetzt, in den

Jahren der stärksten Reaktion, hat man genug Zeit, um sich mit Kultur- und Bildungsfragen zu befassen. Man kann jetzt nicht an einen Aufstand, an das gewaltsame Erlangen seiner Rechte denken; jeder etwas freiere Gedanke wird gewaltsam aus dem Kopfe geschlagen und man hat jetzt auch keine Kraft dazu sich dagegen zu wehren; man ist nach den vielen Jahren der Entbehrung und der Not so müde und energielos. Die Besten sind im Kriege und in der Revolution untergegangen; was zurückgeblieben ist, ist nicht mehr imstande, einen neuen Kampf aufzunehmen. Und das merkt man an allem, an der ganzen Stimmung der Menschen hier.

Aber was fange ich wieder an, Ihnen über russische Politik zu erzählen; das kann ja in die Unendlichkeit führen. Ich will Ihnen lieber sagen, dass unser eigenes Leben, unsere Zeiteinteilung ganz anders ist als in München. Wir sind ja so lange in München geblieben, dass wir hier die letzte Frist versäumt haben und sofort nach der Rückkehr hierher mussten wir unsere Pflichten aufnehmen – meine Schwester ihr Studium und ich meinen Unterricht. Aber in den ersten Tagen ging das schwer: ich hatte nur Ländler- und »Frassä-Melodien« im Kopf und drehte mich im Geiste immer noch auf der Vorstadthochzeit. Jetzt habe ich mich allmählich wieder eingefunden, und der Aufenthalt in München kommt mir wie ein schöner ferner Traum vor. Jeden Tag von 9 bis 6 mit einer Mittagspause bin ich im Laboratorium der landwirtschaftlichen Frauenhochschule, wo ich den Unterricht in quantitativer Analyse leite, abends habe ich meine Vorträge in der Volkshochschule und verschiedene Sitzungen – der chemischen Gesellschaften, unserer politischen Partei (heimlich!), etc. etc. – eine sehr solide Lebensweise, nicht?

Diese Vorträge in der Volkshochschule machen mir wirklich Freude und ich finde, es liegt ein gutes Stück Idealismus drin. Meine Hörer sind meistens Fabrikarbeiter, Bureauangestellte, Dienstboten, die abends um 8 Uhr nach ermüdender Tagesarbeit noch in die Vorträge gehen und sehr aufmerksam folgen. Wenn ich in diese 100 Paar wissbegierige Augen sehe, wird es mir wirklich sehr gut zu Muth; ich sehe, dass ich nicht umsonst für sie Zeit verliere und dass alles, was ich ihnen über die chemischen Vorgänge des täglichen Lebens, über neue wissenschaftliche Entdeckungen und über die Eroberungen der Technik erzähle ein reges Interesse bei ihnen findet.

Zuweilen ist unser Hörsaal ungeheizt und es zieht aus allen Fenstern und Türen; ich spreche mit dem Mantel und Gummischuhe, die Zuhörer behalten

Anna Herzenstein.

auch ihre Pelze an, zuweilen mache ich die Luft durch meine Experimente ganz unerträglich, aber das alles hindert die Leute nicht doch fleissig in die Hochschule zu gehen und alle ihre Abende für das lernen zu opfern. Und das gibt mir Mut hier zu bleiben und weiter zu arbeiten.
Sie schreiben, dass Sie jetzt an etwas Neuem grossen arbeiten, was Sie uns mit Stolz zeigen dürfen. Ich warte gespannt drauf und bin sehr neugierig was es ist. Ihre »Magdalena« hat mir ganz ausserordentlich gut gefallen; sie muss ganz gewaltig wirken, wenn sie von guten Schauspielern aufgeführt wird. Schade, dass Sie unser Künstlertheater nicht kennen. Ich glaube, man kann gar nicht besser spielen, als sie es tun!...
Viele herzliche Grüsse sendet Ihnen sowie Ihrem Herrn Bruder
Anna Herzenstein

Nicht weniger interessant ist Anna Herzensteins Schilderung über ihre Exkursion in den Kaukasus – das heutige Tschetschenien – im Frühsommer 1913. Anna Herzenstein hatte Ludwig Thoma sehr herzlich eingeladen, daran teilzunehmen. Doch der »Herr Doctor« konnte sich nicht entschließen, nach Russland zu reisen. Die Gelegenheit, Anna wiederzusehen und ein fernes Land kennenzulernen, ließ er sich entgehen. War Marion der Grund, auf deren Rückkehr Thoma zu jener Zeit wieder einmal hoffte?

Am 26. November 1913 ging wieder ein Brief nach Tegernsee:

Wie schade ist es, dass Sie Ihren Aufenthalt in Italien verkürzen mussten. Hoffentlich ist aber der Himmel doch nicht so schwarz, wie Sie ihn mir schilderten. Hier war ja auch grosse Aufregung und man sprach sehr energisch von einem möglichen Krieg. [...] Hoffentlich kommt es doch bei Ihnen zu keinem Krieg, weder mit Frankreich noch mit uns; das wäre ja schrecklich, wenn wir einen Krieg mit Ihnen hätten. Ich kann die Bayern gar nicht als Feinde betrachten!

Der letzte Brief Annas vom 10. April 1914 an Thoma in seinem »gemütlichen Häuschen« zeigt besonders, wie sehr sie ihm zugetan war. Sie wartete förmlich auf eine Einladung nach Tegernsee. Sie beklagte sich über die Eintönigkeit ihres Lebens »und solche Wandernaturen wie Sie und ich brauchen eine Abwechselung umso mehr«. Von einem möglichen Krieg sprach man damals in Moskau überhaupt nicht mehr, ließ Anna wissen.

Doch der schreckliche Krieg kam. Der Briefwechsel brach ab. Erst im April 1921 hörte Thoma, dass sich die Herzensteins in Konstantinopel befanden. Aus dem Schreiben eines Dr. Victor Jollos vom Kaiser Wilhelm-Institut in Berlin erfuhr Thoma: »Herzensteins sind den Bolschewiken wieder glücklich entkommen.« Er bat Thoma außerdem um Hilfe bei der Beschaffung einer Einreiseerlaubnis für die Herzensteins nach Deutschland. Ob Thoma noch helfen konnte, ist nicht bekannt; es war die Zeit kurz vor seinem eigenen Tod.

Lena Christ – »Leben Sie wohl, verehrter Gönner«

Zu Beginn seiner Tätigkeit als Redakteur beim »Simplicissimus« mokierte sich Ludwig Thoma äußerst heftig über Schriftstellerinnen und Dichterinnen (S. 55ff.). Doch diese Einstellung veränderte sich im Lauf der Jahre. Mit Lena Christ beispielsweise hatte er keine Berührungsängste.

Das Werk der Lena Christ wird häufig mit dem von Ludwig Thoma verglichen, öfter als mit dem irgendeines anderen Schriftstellers.[1] Ludwig Thoma kannte sie persönlich. Wann sich die beiden zum ersten Mal begegnet sind, ist nicht zu erfahren gewesen.

Wer kennt sie nicht, die »Erinnerungen einer Überflüssigen« von Lena Christ? Das Manuskript für dieses Buch wurde 1912 im Albert Langen Verlag vorgelegt. Eine mit Lena Christ befreundete Frau hatte Ludwig Thoma davon unterrichtet und um Vermittlung gebeten. »Schaugts as euch amal an!«, soll er, wie Korfiz Holm später erzählte, gesagt haben. Und das war alles, was er zu dem Erstlingswerk einer bis dahin völlig unbekannten Schriftstellerin damals äußerte; doch lange Zeit hieß es, er sei der Entdecker der Lena Christ gewesen.[2]

Bei einem literarischen Abend hatte Lena Christ die »Lausbubengeschichten« von Ludwig Thoma kennengelernt, die sie anregten, das weibliche Gegenstück die »Lausdirndlgeschichten« zu verfassen. Wegen der »zu geringen künstlerischen Bedeutung« hatte Albert Langen aber das Werk abgelehnt. Es erschien dann 1913 im Martin Mörike Verlag, München. Lena

Lena Christ.

Christs Versuch, Ludwig Thoma nachzuahmen, schlug fehl. Sie war eben keine Satirikerin. Da die Dichterin unbedingt »heiter« sein wollte, ersetzte sie ihren sonst so hintersinnigen Humor durch einen »seichten und reizlosen Plauderton«.³

Es existiert ein amüsanter Brief vom 4. Februar 1913, den Lena Christ an Ludwig Thoma sandte, um ihn auf einen Fehler in seinem Buch »Agricola« aufmerksam zu machen. In ihrem Schreiben ahmt sie den Ton der von Thoma erfundenen Spottfigur eines Abgeordneten der katholischen Zentrumspartei »Josef Filser« nach. Ihr Hinweis bezieht sich auf die Geschichte »Wallfahrt«, in der der Hofbauer zu den Gebeinen des hl. Basso nach Andechs pilgert. Die dort bewahrten Reliquien sind aber nicht die Gebeine des genannten Heiligen, wie Lena Christ anmerkte, sondern Reliquien, die dieser im 10. Jahrhundert aus dem Heiligen Land mitgebracht hatte.⁴

Bei Albert Langen erschien im Jahr 1913 das gemeinsam von Ludwig Thoma und Georg Queri herausgegebene »Bayernbuch«. Darin kam die Wertschätzung von Ludwig Thoma für Lena Christ deutlich zum Ausdruck, denn sie ist mit dem Kapitel »Die Klosternovizin« aus ihren »Erinnerungen« vertreten.

Ende des Jahres 1916 hatte der Regierungspräsident von Oberbayern, Ritter von Kahr, zu einem Treffen von Autoren und Zeichnern eingeladen, um mit ihnen ein Heft für eine von ihm geförderte Heimatschutz-Organisation zusammenzustellen. Karl Alexander von Müller, ein regelmäßiger

Mitarbeiter der »Süddeutschen Monatshefte«, berichtete darüber: »Den stärksten Eindruck machte mir an diesem Abend Ludwig Thoma; er sprach nur davon, daß man Beiträge der unglücklichen Lena Christ aufnehmen müsse [...] Das Bild prägte sich mir ein, wie der übermütige Satiriker des Simplicissimus hier, im Dienst der geliebten Heimat, völlig eins und ohne Spur von Überheblichkeit« war.[5]

An Ludwig Thoma

Geschrieben   *beim Scheine*
In eile bei Nächt-   *des lichts*
dlicher Weille   *Vergißmeinnicht!*
                                     München den 4ten Febr. 1913
Lieber Feind!
Theile Dir mit, das Du geschrieben hast, es heißt Akrügola das ist das buch u. die Gschicht das ist die wahlfahrt. lieber Freund, indem daß keinen solchenen Heulingen Raso in Andecks nicht mer gibt indem das schon Einer in dem schenen Wahlfahrts-Ort Grafrat ist, der hülft wir leibschähn und wir die galenstein, aber in Andecks ist grad der +++ Heulige berg Und die liebe Frau. indem das Dich das Zendrum so nicht mögn weilstas Ynen a so gmugt hast die gengan alle jar wallfahrten zun +++ Heulingen berg Andecks und zun Heulingen Raso und auf Alnöding. Bald es diese einmahl under die augen kimt dan sagen Sie der Thoma is ein lung Schibell *denn es is gar nichts* Wahr.
    Bitschen schdreichs *aus*
Es grüsst Dich
    Deine
      teiere landsmeninn
        Leni Christ
    bei den Handschuster
Entschuldige die schlechte Schrief und das papir
aber es war schon zu!

Nach ihrer zweiten Heirat im Jahr 1912 mit Peter Jerusalem (1877–1954), der als Lektor für den Langewiesche Verlag arbeitete, führte Lena Christ ein gastfreundliches Haus. In der repräsentativen Nymphenburger Wohnung in der Pilarstraße trafen sich Freunde und Bekannte, zu denen auch Ludwig

> München, Bauerstraße 40/0 1.
> 29. 6. 20
>
> Herrn Dr. Ludwig Thoma
>
> Sehr verehrter Herr Doktor,
>
> wenn Sie diese Zeilen lesen, bin ich nicht mehr am Leben. Ich habe meinen Fehltritt freiwillig mit dem Opfer meines Lebens gesühnt, damit die Ehre meiner Kinder bewahrt bleibt. Bitte, bewahren Sie der Frau, die gleich Ihnen Bauerntum studierte, liebte, und beschrieb, ein gutes Andenken. Und wenn Sie können helfen Sie zwei armen Kindern zulieb zur Ehrenrettung durch ein Wort an die, die mich verstehen.
> Leben Sie wohl verehrter Gönner!
> Ihre unglückliche Lena Christ

Thoma, Hans Ludwig Held (1885–1954), Baron von Hügel, die Kunstmaler Xaver Baldauf (1871–1950) und Gerhard Winkler, der Verleger Wilhelm Langewiesche sowie der Leiter des Albert Langen Verlages, Korfiz Holm, und dessen Frau gehörten. Anfang März 1920 zog Lena Christ dann in die Bauerstraße nach Schwabing. Ganz in der Nähe wohnte damals auch Marion Thoma.

Nicht nur Ludwig Thoma war Gast bei Lena Christ in München, sie war auch bei ihm eingeladen. So kam sie 1917 zu seiner Namenstagsfeier in das Haus auf der Tuften. »Der Namenstag ist schön und lieb gefeiert worden. Kiem Pauli mit der Zither war da, ein paar Leute vom Theater waren da [...] auch Frau Lena Christ von München. Pauli spielte und sang, und es war wieder ein altes Stück Altbayern in der Stube«, schrieb Thoma an Marion, die ihm ein Glückwunschtelegramm gesandt hatte. Zu diesem Fest war auch Weiß Ferdl zusammen mit seiner Frau eingeladen, der in seinen Erinnerungen erwähnt, dass Lena Christs Ehemann Peter Jerusalem ebenfalls mitfeierte.[6]

Als es Lena Christ und ihrer Familie Anfang 1919 finanziell sehr schlecht ging, da ihr Mann nach seiner Rückkehr aus dem Feld erwerbslos war, erbat sie Hilfe von dem Schriftsteller Ernst Toller (1893–1939), damals Vorsitzender des Zentralrats der bayerischen USP. Sie hatte 6000 Mark Schulden, war lungenkrank und fast am Ende ihrer Kräfte. Sie hoffte, dass nun in der Räterepublik der »wirkliche Künstler« etwas gelte. Sie wies Toller darauf hin, dass sie mit Büchern, die teilweise eine Auflage bis zu 30000 erlebten, eine anerkannte Schriftstellerin genannt werden dürfe, »leider ohne dass ich dafür solche Honorare erhalten hätte wie Ludwig Thoma, Ganghofer und so weiter. Natürlich denen schmeisst man es nach und uns drückt man es ab.« Nach der Zerschlagung der Räterepublik wurde bei der Fahndung nach Toller Lena Christs Brief im Mai / Juni 1919 im Ministerium für soziale Fragen entdeckt und zu den Polizeiakten Tollers gelegt.[7] Im Nachkriegselend und Inflationschaos geriet Lena Christ in wirtschaftliche Not und kam auf die sehr naive Idee, Bilder falsch signiert an Kunsthändler zu verkaufen.[8] Sie wurde angezeigt, und da sie, mittellos, die Gelder nicht zurückzahlen konnte, sah sie keinen anderen Ausweg mehr, als freiwillig – erst 30 Jahre alt – aus dem Leben zu scheiden (30. Juni 1920). Man kann ihrem Mann juristisch anlasten, dass er ihr das Gift besorgte und sie nicht von diesem Schritt abhielt, »doch umgebracht hat er sie, als er ihr die Liebe und die Achtung entzog, auf die sie angewiesen war wie kein anderer Mensch, um zu leben und zu schreiben.«[9] In Sorge um ihre beiden Töchter Leni und Alexandra – ihr Sohn Toni lebte bei den Großeltern –, schrieb sie noch eine Anzahl von Abschiedsbriefen. Für die Seelenverwandtschaft der Dichterin zu ihrem Kollegen Ludwig Thoma dürfte es bezeichnend sein, dass sie auch ihn um Beistand für ihre Töchter bat.

In einem Zeitungsinterview äußerte sich jedoch die 87-jährige Leni Dietz: »Thoma hat sich nie um uns Kinder gekümmert.«[10]

Dora Stieler –
»die ganz prachtvolle Gedichte macht.
Sehr viel bessere, als ihr Papa«

In der »Frankfurter Zeitung« veröffentlichte Ludwig Thoma im November 1916 unter der Überschrift »Eine Dichterin« die folgende Buchbesprechung:

Vor etlichen Wochen brachte mir das frisch aussehende, vom Bergwind wohl gefärbte Fräulein Dora Stieler ihr Buch »Erdhauch. Neue Gedichte« [1] *ins Haus, sagte, ich solle es gelegentlich lesen und ging wieder.*
Ich legte das Buch aufs Fensterbrett und ging ein paar Wochen erst leichtsinnig, dann schuldbewußter daran vorbei so mit dem Gedanken: einmal solltest du eigentlich darin lesen, also morgen.
Ich bin mißtrauisch gegen neue Bücher, noch mißtrauischer gegen Lyrik, voll tiefer Abneigung gegen moderne Formlosigkeit, voll rechten Abscheues gegen die neue Manier der Wortbildung und -erfindung. Da geht man um ein Buch herum. Vor etlichen Tagen, als die Nebel sehr tief herunterhingen, die Zeitung noch nicht angekommen war und ich im Zwielicht in meiner Stube saß, blinkte das Buch vorwurfsvoll zu mir herüber.
Herrgott ja, dem Fräulein hast du doch versprochen – Da blieb nichts übrig, als zu lesen. Ich begann zögernd, und war überrascht, las weiter und plötzlich war mir die Dämmerstunde freundlich erhellt, die Stube voll lieber, vertrauter Gedanken.
Da ging ich an den Tisch, drehte das Licht auf und las immer weiter. Seither habe ich manches

Dora Stieler.

Gedicht wieder und wieder gelesen, ja einige habe ich abgeschrieben, um sie mir zu eigen zu machen, so, wie es vor langen Jahren meine Mutter tat.
Das ist ein wunderschönes Buch. Freundliche, liebe, ernste Gedanken, in der Heimat geboren, an Stimmungen, die sie gibt, an Erinnerungen, die sie weckt, veredelte Gedanken. Selbst Empfundenes begegnet uns noch geführt, noch weiter hinausgedacht im noblen Kleide einer schönen Form.
Diskret und taktvoll sind tiefe Saiten nur berührt, doch so, daß ihr verschwingender Ton in verstehenden Herzen kräftig widerklingt. In allem aber, im Wort, im Bild, in der Stimmung spiegeln sich Heimat und Elternhaus und Kinderzeit wider, nichts ist rührselig, alles ist stark und gesund und doch so weich wie Mutterhand.
Die Gedichte sind zeitlos. Nichts erinnert an heute, an den Lärm des Tages. Ich meine damit nicht bloß den Krieg, ich meine alles, was um uns herum sich keuchend vorwärts schiebt, Lärm macht, Aufsehen erregt.
Es ist Sommer, Winter, Herbst und Frühling, Blumen blühen und verwelken, Blätterknospen und fallen, vergilbt und welk auf Herbstzeitlosen.
Keine Mode. Gott sei dank, ganz und gar keine Mode- keine aufbrüllenden, zerwühlten, gärenden und so ungegorenen Ideen, die aus dem prächtigen Kleide der deutschen Sprache herausquellen und deren Blößen mit selbstgeschneiderten, häßlichen Flittern bedeckt werden.
Die Dichterin reicht aus mit unserem Wortschätze und findet zum feinen Gedanken das rechte Kleid. Ein guter Mensch voll starken Glaubens, voll edler Empfindung spricht aus diesem wunderschönen Buche, das uns die Heimat noch lieber und vertrauter machen kann.

Aus Augsburg, wo sie Verwandte besuchte und sich während des Krieges für Gefangene engagierte, schrieb Dora Stieler am 16. Dezember 1916 an Ludwig Thoma einen langen Dankesbrief:

Lieber, verehrter Herr Doktor,
ich muß Ihnen doch ein Wort des Dankes sagen für die Rezension in der Frankfurter Zeitung. Sie können sich vorstellen, daß allerhand Leute ob dieser Tatsache mich beglückwünschen. Dann weiß ich natürlich nicht, was ich sagen soll. Aber um so besser weiß ich meine eine heimliche Freude: daß mein Büchlein Ihnen gefiel und etwas sagt.

Wie der weitere Verlauf des Briefes zeigt, ergingen sich Thoma und Dora Stieler nicht nur in literarischen Gesprächen, sondern er tat ihr auch seine politische Meinung kund – der sie offensichtlich nicht zustimmte:

Ich denke noch fleißig an unsere Plauderstunde; u. jetzt sonderlich aber an das, was Sie von dem Kaiser sagten. Und das Friedensangebot, das doch gewiß auch z. T. aus seiner persönlichen Gefühlswelt aufstieg? Um alles in der Welt nehmen Sie das Fragezeichen nur als etwas, das man in der Schule eben machen lernt. Es wäre mir bedrückend wenn Sie das, was ich halt so sagte, im Zurückdenken an unser Gespräch als Frage nähmen, die Antwort will …
Daheim einmal vielleicht wieder. Hier habe ich viel Arbeit für unsre Gefangenen. Die Zahl wächst – und was möchte man ihnen nicht gerne tun; und es ist so wenig!
Einen freundlichen mich erfreuenden Brief von Paul Gräner erhielt ich gestern auch. Er will wirklich was vertonen.
Nun behüt Gott.
Herzlich Gruß und Dank von Ihrer Dora Stieler

Ludwig Thoma hatte Dora Stieler empfohlen, ihren Gedichtband an seinen Freund, den Komponisten und Dirigenten Paul Graener (1872 Berlin-1944 Salzburg) am Königlichen Hoftheater in München, zu senden. Dieser, »als der feinsinnige Komponist von Don Juans letztem Abenteuer solle einiges vom Schönsten vertonen« – wozu es aber nicht gekommen ist. Graener hatte zwei Gedichte – die »Dämmerstunde« und »Wintergang« – von Doras Vater, Karl Stieler, vertont.[2]

Das »Stielerhaus« in Tegernsee, das Ludwig Thoma selbstverständlich kannte, wurde ab 1910 die endgültige Heimat von Dora Stieler, nachdem ihre beiden Schwestern Elisabeth und Irmingard in neue Lebensbereiche hineingewachsen waren; es ist heute noch im Besitz der Familie. Somit wurde Dora Stieler zur Hüterin des reichen Erbes von Josef und Karl Stieler. Im Haus hängt das schöne Selbstbildnis des Großvaters, des Hofmalers Josef Stieler, und des Vaters Karl Stieler, des Dichters und Wissenschaftlers. Der Lebensweg dieses vom Vater ganz besonders geliebten Kindes war geprägt von extremer Einsamkeit. Dora, 1875 in München geboren und dort aufgewachsen, galt von klein auf als sehr zart und kränklich. Im Alter von 13

Jahren – befiel sie ein schweres Augenleiden. Ein Arzt verordnete ihr, neun Monate in völliger Dunkelheit zu leben. Nach dieser qualvollen Zeit stellte sich heraus, dass Dora nur noch auf einem Auge sehen konnte. Selbst der sehr anerkannte Augenarzt Herzog Karl Theodor wurde konsultiert; doch auch ihm gelang es nicht, Doras Augenlicht zu retten. Damals wurde ihr die Welt im Tiefsten fremd und sie blieb es auch, »wenigstens, soweit es die Welt der Menschen mit ihren Wünschen und Wichtigkeiten war, von denen das Leben, ihr so zu lebendes Leben, sie stets ferne hielt«.[1]

Bereits 1913 hatte Ludwig Thoma das Gedicht »Es ist ein Sieg« von Dora Stieler in sein zusammen mit Georg Queri herausgegebenes »Bayernbuch« aufgenommen und dort über sie geschrieben: »Sicher ist die ernste schlichte hochdeutsche Lyrik Dora Stielers ausdrucksvoller und wettbewerbsfähiger neben den Werken ihres Vaters.«

Es ist ein Sieg; ich trag die Stirne hoch.
Und kann sie hoch selbst vor mir selber tragen.
Um wieviel mehr vor allen andern noch.
Doch oftmals, wenn die Mitternacht geschlagen,
Dann findet sie mich mit gebeugten Knieen
Vor jener Kraft, die mir die Kraft verliehen,
Und wenn die Nacht im Morgengrau verdämmert,
Halt ich die Hand noch immer auf dem Herzen,
Das hämmert, hämmert
Um dieses Sieges Schmerzen.

Im Thoma-Nachlass findet sich kaum etwas, was auf eine große Würdigung anlässlich seines 50. Geburtstags am 21. Januar 1917 hinweist. Dora Stieler jedoch hatte den Dichter auf der Tuften nicht vergessen. Sie beschenkte ihn mit einem Gedicht, das so recht die Hoffnungslosigkeit dieses Kriegsjahres aufzeigt:

Ludwig Thoma zum 21. Januar 17

Wie soll es denn werden?
ähnlich dem wie es war:

Erdgesättigt und lebensklar.
Mit festen Fäden ins Dasein
Das eigene Wesen voll quellender Bronnen.

Lachen oder in Waffen
Starkmütig das Schaffen.
Und über des lebens Alltag und Feier
Der Heimatzauber als weicher Schleier,
Wie ein Mutterruf in dies alles hinein. –
So soll es sein.

Am 11. Mai 1917 erreichte Thoma die Ankündigung eines Besuches von Josef Hofmiller und dessen Ehefrau. »Thoma hatte den Pädagogen und Essayisten Hofmiller als Mitherausgeber der ›Süddeutschen Monatshefte‹ bereits 1904 kennengelernt, als sein ›Heiliger Hies‹ dort abgedruckt wurde.«[4] Thoma teilte Hofmiller vorsichtshalber mit, dass er keine Fleisch- und Brotkarten bei ihm brauche; Milch, Butter und sogar Rahm habe er selbst, im Garten wüchsen Kopfsalat, Kohlrabi, Rettiche und Radieschen, und selbst Bohnenkaffee habe er genügend, gestiftet von Freunden zum 50. Thoma erbat eine kurze Nachricht über den Zeitpunkt des Ankommens, am besten über sein Telefon Nr. 168. Thoma hatte nämlich vor, gleichzeitig auch Fräulein Stieler einzuladen, »eine famose, liebe alte Jungfer, die ganz prachtvolle Gedichte macht. Sehr viel bessere, als ihr Papa.« Über weitere Begegnungen Thomas mit der von ihm verehrten Dichterin ist leider nichts überliefert.

Dora Stieler begleitete Ludwig Thoma auf seinem letzten Weg. Sie stand wie so viele andere erschüttert am Grab des so früh Verstorbenen. Nach dessen Tod lernte sie auch Maidi von Liebermann kennen. Es ergab sich, dass die beiden Frauen am 5. August 1926 bei einer Veranstaltung der »Evangelischen Fürsorge Tegernsee« in den Gesellschaftsräumen des Hotels »Steinmetz« mitwirkten. Der Nachmittag wurde eröffnet mit fünf Schumann-Liedern, die Maidi von Liebermann sang. Viele Anwesende, die sie als Sängerin noch nicht kannten, waren »überrascht von der Schönheit der Stimme und des Vortrags«. Am Flügel begleitete sie Josef Maier-Rottach. Dann las Irmi von Hößlin, die Tochter Karl Stielers, Werke ihrer Schwester Dora. Darauf folgte erneut eine Gesangseinlage von Maidi Liebermann mit Liedern von Franz Schubert.

Dora Stieler starb 1957; sie ruht im Familiengrab am Friedhof von Tegernsee.

Asta Nielsen – »die Göttliche«

Ludwig Thoma war anfänglich ein großer Gegner des damals aufkommenden Films. Daraus machte er allen seinen Bekannten gegenüber keinen Hehl. Berti Schuhes[1] erzählte jedoch, dass Thoma im Sommer 1913 ganz begeistert war von der dänischen Schauspielerin Asta Nielsen[2]: »Von der Nielsen schaug i mir jeden Film an.« Und er machte sich daraufhin sogar Hoffnungen auf eine Verfilmung seiner »Magdalena«. Schuhes verhandelte für ihn mit dem Generaldirektor der UFA, Davidsohn. Alle Darsteller sollten von der Tegernseer Bauernbühne gestellt werden. Für die Titelrolle aber schlug Davidsohn die Schauspielerin Henny Porten vor. Thoma sagte dazu nur: »Nia!« Mit Asta Nielsen hätte er sein Stück gerne verfilmt gesehen; aber diese war nicht bei der UFA unter Vertrag. –

1913 schwärmte er noch von Asta Nielsen; 1921 jedoch verfasste er, wahrscheinlich für den »Miesbacher Anzeiger«, den folgenden Beitrag:

Asta, die Göttliche.
Du zahlst drei Mark, kriegst dafür eine Eintrittskarte in das neuzeitlichste Kino und kannst dann, wozu sechs Geigen jubeln, weinen oder lachen oder gähnen, solang es Dir beliebt. Alles für drei Mark.
Da siehst die Pola Negri, die Mia May, die Dua Py, die Kia Po und noch viele Chinesinnen aus Haidhausen und Heringsdorf. Die eine ist fett, die andere mager, die eine unterwachsen, alle aber gut bemalt.
Eine lange, eine dünne, eine Art von Schlingpflanze sah ich einmal, die hieß Asta Nielsen.
An die wurde ich erinnert, als ich gestern des Juden Stefan Großmann »Tagebuch«, Heft 36, las und darin einen Artikel fand, worin über Asta Nielsen u. a. folgender Schwarm losgelassen wurde: »Sie kann in einem Kleid, das bis zum Oberschenkel geschlitzt ist, auftreten und wirkt nicht einen Augenblick fleischlich aufreizend, ihr langes Bein, ihr schöner Rücken noch wirken geistreich!«

Das ist doch schön gesagt von Stefan Großmann. Gar nicht fleischlich aufreizend!
Der Kiem-Pauli würde es jedoch noch einfacher machen und noch besser, als der Berliner Jud, der würde, wenn er es täte, er tut es aber nicht, die lange Asta folgendermaßen besingen:
Dreiviertel Boaner, Boaner, Boaner –
Oa Viertel Haut, Haut, Haut,
Do möchst fast woaner, woaner, woaner,
wenn man's oschaut, schaut, schaut!
Asta, du Göttliche, wer wird Dir und Deiner hohen Kunst besser gerecht: der Stefan aus Berlin oder unser Kiem-Pauli aus Rottach?

Thoma ließ auch hier wieder einmal keine Gelegenheit aus, vor allem die Berliner Juden anzugreifen.[3]

VON THOMA VERACHTET UND VERHÖHNT

Rosa Luxemburg – »diese giftige, kleine polnische Jüdin«

Unter seinem Pseudonym »Peter Schlemihl« legte Ludwig Thoma im »Simplicissimus« Nr. 33 1889/1900 folgendes »Bekenntnis« ab:[1]

Ich bin fürwahr kein Feind der holden Frauen,
Soweit sie rund sind, nett und appetitlich.
Ich zähle in der Lieb' nicht zu den Lauen
Und pfeife auf das Prädikatum »sittlich«.

Ich möchte jede, ob sie nun in Seide,
– Doch nicht in Watte – hüllt die zarten Glieder,
Ob sie einhergeht im kattun'em Kleide,
Denn auch ein Kocherl ist mir nicht zuwider.

Ich frage alle, die den Rummel kennen:
Was hilft mir denn die niedliche Marquise,
Wenn sie das ist, was wir in München nennen
»Geschupfte Nocken« oder »fade Brise«?

Kurzum, es möge keiner von mir glauben,
Ich könne bloß die höhere Bildung schätzen.
Ich sehe d a r a u f, was sie uns erlauben,
Nicht was die Damen n e b e n b e i schwätzen.

Nur eines gibt es, was ich wirklich hasse:
Das ist der Volksversammlungsrednerinnen,
Der Zielbewußten tintenfrohe Klasse.
Ich bin der Ansicht, daß sie alle spinnen.

Sie taugen nichts im Hause, nichts im Bette.
Mag Fräulein Luxemburg die Nase rümpfen,
Auch sie hat sicherlich, – was gilt die Wette? –
Mehr als ein Loch in ihren woll'nen Strümpfen.

Einen Monat, bevor Thoma dieses »Bekenntnis« geschrieben hatte, war der 11. Parteitag der SPD mit der ersten Konferenz sozialdemokratischer Frauen in Mainz eröffnet (16. bis 21. September 1900) worden, an dem auch Rosa Luxemburg teilnahm. Kurz darauf fand in Paris der Internationale Sozialistenkongress statt. Rosa Luxemburg (1870–1919) trat dabei als entschiedene Kämpferin für den Völkerfrieden auf. Vor 791 Delegierten aus 21 Ländern hielt sie eine »Rede wider den Militarismus und die stehenden Heere«. Bereits um die Jahrhundertwende wurde der Ausbruch eines Weltkriegs befürchtet, wozu auch die wachsende militärische Macht des Deutschen Reichs und die imperialistischen Träume des deutschen Kaisers Anlass gaben.[2]

Wegen der Angriffe auf Rosa Luxemburg musste Thoma sich vor allem von Dagny Björnson-Langen herbe Kritik gefallen lassen (S. 45ff.), auf die er hasserfüllt antwortete: »[...] diese giftige, kleine, polnische Jüdin h a t Löcher in den Strümpfen.«[3] Die promovierte Staatswissenschaftlerin stammte aus Zamość in Russisch-Polen und war die Tochter eines jüdischen Kaufmanns. Mit dem Stereotyp »polnische Juden« sprach Thoma nicht nur einmal seine Verhöhnung diesen Personen gegenüber aus.

Amalie Mettenleitner. Ein Beitrag zur Frauenbewegung – »Bertha von Suttner schrieb ihr einen warmgefühlten Dankesbrief«

In der Ausgabe des »Simplicissimus« Nr. 3 von 1899/1900 publizierte Ludwig Thoma unter seinem eigenen Namen auch die Erzählung »Amalie Mettenleitner. Ein Beitrag zur Frauenbewegung«.[1] Er stellte Amalie Mettenleitner als »gebildete, blutlose Emanze« dar.[2] Da er den Frauenrechtlerinnen feindlich gegenüberstand, machte er auch ihre Anhängerinnen lächerlich.[3]

Amalie Mettenleitner
Wenn sie den Mund aufmachte, bemerkte man drei Goldplomben. Und da sie dies wußte, vermied sie es, zu lächeln. Durch den Kampf mit den Lachmuskeln erhielten ihre Züge einen herben Ausdruck, und sie kam schon frühzeitig in den Ruf, weit über ihre Jahre hinaus ernst und verständig zu sein. Anfänglich gab sie wenig darauf; aber als sie das achtundzwanzigste Lebensjahr zurückgelegt hatte, fand sie, wie viele ihrer Mitschwestern, »daß Klugheit besser sei, denn Schönheit«.
Übrigens hieß sie Amalie Mettenleitner und war die Tochter des verstorbenen Kassierers Johann Mettenleitner aus München.
Die Mädchenreife unserer Amalie fiel in die Zeit der Frauenbewegung.
Da vielleicht einige der geneigten Leser den Begriff derselben nicht kennen, will ich ihn kurz erklären.
Die Frauenbewegung ist die Bewegung derjenigen unverheirateten Frauenzimmer, welche nichts Besseres zu tun haben.
Sie geht hervor aus dem Weltschmerze der Grete, welche keinen Ffans hat, und richtet sich insbesondere auf das »Recht der Frau«, welches da anfängt, wo das »Recht auf den Mann« schwindet.
Amalie Mettenleitner stürzte sich mit Eifer in die Bewegung. Sie las alle Broschüren, welche über diese Sache geschrieben wurden, und als sie auf diese Weise genügendes Material gesammelt hatte, trat sie selbst in den Federkrieg ein.
Sie war es, welche in einer Streitschrift den berühmten Göttinger Professor Maier so gründlich abführte.
Der treffliche, aber etwas weiberfeindliche Gelehrte behauptete, daß das Gehirn eines Weibes 500 Gramm weniger wiege als das eines Mannes.
Hierdurch, so lehrte er, sei die Minderwertigkeit des weiblichen Verstandes nachgewiesen.
Die Frauenwelt wandte sich heftig gegen diese Theorie; es entbrannte ein erbitterter Zeitungskampf.
Da veröffentlichte unsere Amalie die Entdeckung, daß das Gehirn eines normalen Kalbes noch um 900 Gramm schwerer sei als das Gehirn eines Universitätsprofessors.
Mit diesem Funde war Amalie in die erste Reihe der Kämpferinnen vorgerückt. Ihr Name wurde von allen Frauenrechtlerinnen mit Stolz genannt, sie erhielt Einladungen zu allen Versammlungen und Zweckessen; Bertha von

Suttner schrieb ihr einen warmgefühlten Dankbrief, und der bekannte Münchener Nationalökonom Lujo erklärte in einer Arbeiterversammlung feierlich, daß er als Universitätsprofessor ganz besonders von dem Mettenleitnerschen System entzückt sei, um so mehr, als er auf Grund eigener Beobachtungen demselben schon längst auf der Spur gewesen sei.

Der glücklichen Entdeckerin erging es wie so vielen Anfängern, die rasche Erfolge erringen. Sie wurde von dem Strudel fortgerissen; sie fühlte das Bedürfnis, durch neue Leistungen die früheren zu überbieten, sie bohrte sich immer tiefer in Theorien ein, und zuletzt glaubte sie selbst daran.

Die gutmütig veranlagte Amalie Mettenleitner wurde eine fanatische Männerfeindin, eine schlachtenfrohe Rednerin. Ihr war nur wohl im Pulverdampf der Versammlungen. Wenn ihr die Augen der Mitkämpferinnen begeistert entgegenblitzten, wenn die Beifallssalven sie umdonnerten, dann faßte sie ein Rausch der Begeisterung, und die Worte entströmten ihrem Munde wie Gießbäche, welche über die Felsen springen. Dann stand sie hochaufgerichtet da und sprach: »Wie? Was? Die Herren der Schöpfung? Die Herren*? Neihein! Niemals! Wir sind uns selbst genug und dulden keinen Tyrannen über uns! (Bravo! Bravo!) Geradeaus führt die Bahn in bessere Zeiten, auf lichte Höhen! (Bravo!) Durch! (Hurra!) Volldampf voraus, bis der Feind am Boden liegt! (Huurraa!) Ich, meine Damen, ich beuge meinen Nacken nicht unter das Joch, ich* hasse *die Knechtschaft, ich* hasse *den Mann. (Braavo! Braaavo!).«*

»Mir erregt der Anblick eines männlichen Beinkleides schon Ekel, tiefen Ekel!« – (Minutenlanger Beifall.)

In ihrer siegreichen Laufbahn wurde Amalie plötzlich durch ein höchst sonderbares Ereignis aufgehalten.

Ihr Zimmernachbar, ein Photograph namens Kaspar Rohrmüller, bezeigte ihr unverhohlene Bewunderung. Als sie einmal in später Nacht wieder aus einer stürmischen Versammlung heimkehrte, fand sie in ihrem Zimmer ein Blumensträußchen; daneben lag ein Zettel mit der Inschrift: »Der großen Vorkämpferin.« Dadurch wurde sie aufmerksam auf den bescheidenen kleinen Mann mit dem großen Kopfe; sie begegnete ihm jetzt häufig. Und jedesmal traf sie ein warmer Strahl aus seinen etwas hervorstehenden Augen. Sie fühlte sich merkwürdig hingezogen. Es wurde ihr bald ein Bedürfnis, ihn zu sehen, – kurz, nach Umlauf eines Jahres gebar sie ein Knäblein, welches in der Taufe den Namen »Kaspar« erhielt.

Wer beschreibt das Erstaunen, den Zorn, die Entrüstung der Frauenrechtlerinnen?
Es war ein Schlag, von dem es kein Erholen gab! Was half es, daß man die Abtrünnige feierlich in Verruf erklärte? Den Sieg der Materie über das Ideal konnte man nicht'ungeschehen machen.
Creszens Mitterwurzer, die Vorsteherin des Vereines, ging zu der einst so verehrten Freundin und machte ihr bittere Vorwürfe.
»Wie konntest du uns das antun? Du, zu der wir emporsahen wie zu einer Heiligen? Hast du nicht einstens feierlich erklärt, daß schon der Anblick eines männlichen Beinkleides dich mit Ekel erfülle?«
»Ja, ja!« antwortete Amalie weinend, »aber weißt du, damals hatte er keines an.«

Höhnisch vermerkt Thoma in dieser Erzählung, das Amalie Mettenleitner einen »warmgefühlten Dankesbrief« von Bertha von Suttner (1843–1914) erhalten habe. 14 Jahre nach der Veröffentlichung dieser Erzählung bekam er selbst einen Brief der Friedensnobelpreisträgerin. Sie dankte Thoma für dessen Artikel »Von Giftmischern« in der Zeitschrift »März«, in dem er unter anderem geschrieben hatte, dass »die Kriegspsychose von einer bestimmten Presse provoziert würde«.
Frau Suttners Schreiben lautet:[4]

12./4.1913
Wien, Zedlitzgasse 7
Lassen Sie mich Ihnen die Hand drücken, geehrter Herr, für Ihren prächtigen Aufsatz im »März« von den Giftmischern.
Ja, wir brauchen eine Gegengiftpresse. Und wir brauchen ein Sammeln der Vernünftigen. Hinter e i n e r Parteiflagge müssen wir vereint sein und etwa so laut wie die Camelots, wie die Panslawisten, wie die Altdeutschen hinausschreien, daß wir ein Pan-Europa wollen.
Nochmals – seien Sie für Ihren von edelstem Grimm durchzitterten Aufsatz bedankt.
Ihre Bertha v. Suttner

Ein Pan-Europa wollte Thoma gewiss nicht. Es ist schade, dass Thomas Reaktion auf Bertha von Suttners Brief nicht bekannt ist.

Constanze Hallgarten – »sogar kommunistischen Rotzbuben überlästig«

Zu einem gesellschaftlichen Mittelpunkt in München zählte, wie bereits geschildert, das Haus von Ludwig und Thinka Ganghofer in der Steinsdorfstraße 10. »Ähnlich wie die Münchner ›Malerfürsten‹ Franz von Lenbach und Fritz August Kaulbach, mit denen Ganghofer befreundet war, lebte er im großbürgerlichen Stil.«[1] Seit 1902 gehörte Thoma ebenfalls zum Freundeskreis Ganghofers und ab 1905 zählte dazu auch Thomas Geliebte und spätere Frau Marion. Eine sehr enge Freundschaft bestand ebenfalls zwischen den Ganghofers und dem Ehepaar Constanze und Dr. Robert Hallgarten, die wiederum Thoma sehr gut kannten. Als dieser wegen der scharfen Satire, dem Flugblatt »Fort mit der Liebe!! Ein Notschrei!!!«, das 1905 in einer Auflage von 100 000 Stück erschien, angeklagt wurde, trat Rechtsanwalt Hallgarten als Sachverständiger auf. Er veröffentlichte über den Prozess einen Bericht in den »Süddeutschen Monatsheften«.[2]

Hallgartens Ehefrau, Constanze (1881–1969), geb. Wolff-Arndt, war ab 1915 führend in der deutschen Friedensbewegung tätig. Sie gehörte in München fast allen pazifistischen Komitees an und zeigte sich aktiv im öffentlichen politischen Leben; seit 1919 war sie Leiterin der Münchner Gruppe der »Internationalen Frauenliga für Frieden und Freiheit«, Vorstandsmitglied der Münchner Gruppe der »Deutschen Friedensgesellschaft« und als einzige Frau im Vorstand der Münchner Gruppe der »Deutschen Liga für Völkerbund«. Im Jahr 1931 gründete Constanze Hallgarten auf Anregung der französischen »Ligue Internationale des Mères et des Educatrices pour la Paix« deren deutsche Sektion, den »Weltfriedensbund der Mütter und Erzieherinnen«. Im sogenannten Münchner Pazifistenskandal 1932 gewann sie zusammen mit Erika Mann einen Beleidigungsprozess gegen die Nationalsozialisten. Nach der »Machtergreifung« Hitlers floh sie zunächst nach Paris, dann folgte sie ihrem Sohn George, dem Historiker, ins Exil nach Amerika. Erst 1955 kehrte sie wieder nach München zurück.

Nachdem Ludwig Thoma zusammen mit Marion im April 1908 nach Tegernsee gezogen war, gab es immer weniger Kontakte zu den Münchner Bekannten. So verloren sich auch Thoma und das Ehepaar Hallgarten aus den Augen, jedoch in ihrer biografischen Skizze von 1956 erinnerte sich Constanze Hallgarten an ein Wiedersehen mit Thoma im Sommer 1917:

Damals fand in München im »Löwenbräukeller« eine Versammlung der »Deutschen Vaterlandspartei« statt. Redner waren unter u. a. Ludwig Thoma und der Admiral von Tirpitz. Mein Mann und ich saßen in einer der vordersten Reihen. Thoma, den ich am selben Tage zufällig gesprochen hatte, ohne ihm mein Erstaunen über sein in Aussicht stehendes »Auftreten« zu verhehlen, war nicht ganz wohl in dieser Rolle. Er begann mit den Worten: »Am 15. Juli hatte der Reichstag auf Halbmast geflaggt« (er sagte »gefloggt«). Gemeint war die Abstimmung zu dem Friedensangebot des Papstes, Leos XIII. im Sommer 1917, das von den Sozialdemokraten im Reichstag angenommen wurde und nur mit ganz knapper Mehrheit dann noch zur Ablehnung kam. Dem Ausland hatte man jedenfalls gezeigt, wie sehr die Meinungen in Deutschland gespalten waren. Thoma nannte das in seiner Rede einen »Nationalen Trauertag«. Ludwig Thoma! Was war aus ihm geworden? Er – der Heldentenor des »Simplizissimus«, der Vater der »Lausbuben« und des »Landtagsabgeordneten Filser«, der Autor der »Medaille« und der »Lokalbahn«, der Satiriker, der Spießer und aller, die es werden wollten – er war eingezogen in die Walhalla der Hurrapatrioten, der Kriegervereine und der Vaterlandspartei.[3]

Über das Ende der Tirpitzversammlung weiß Constanze Hallgarten zu berichten, dass sich die Gemüter so erhitzten, dass es am Saalausgang zu einer Schlägerei kam, und zwar zwischen zwei Damen: Frau Hofrat Hanfstaengl – Amerikanerin von Geburt und Mutter von Ernst Hanfstaengl, des später berühmten »Putzi«, Auslandspressechef Hitlers – ohrfeigte Frau von Bartel, die Frau des bekannten Malers und Professors an der Kunstakademie, Hans von Bartel. Nach Ansicht Constanze Hallgartens war Frau Hanfstaengl damals noch absolut auf der Seite der Vernunft »gegen die Alldeutschen«, die »Vaterlandspartei«. Sie hatte den Kriegsausbruch zufällig in Paris erlebt und mehr Auslandstimmen gehört als die anderen.[4]

Constanze Hallgarten schrieb weiter über Thoma:

Die Gedichte, die zur Verherrlichung dieser seiner neuen Richtung aus seiner Feder flössen, waren nichts anderes als Parodien auf sich selbst, auf alles des-

sen, was er früher gedacht und gedichtet hatte. Ein solches Gedicht bei Anlaß der Fahnenweihe eines Kriegervereins in Tegernsee begann so: »Wenn jeder recht nach aufwärts strebt, da kommen wir nach oben.« Betrübt über solches Geschreibsel, schickte ich ihm folgendes Gedicht:

Wenn jeder recht nach aufwärts strebt,
Da kommen wir nach oben,
Wo uns ein solcher Dichter lebt,
Muß man den Herrgott loben.
Dem Peter Schlemihl danken wir
Wohl früher frohe Stunden,
Dem Ludwig Thoma ist beim Bier
All Geist und Witz entschwunden.
Was ehedem er selbst verlacht
Trotz Pfaffen und Minister,
Das ist er worden über Nacht:
Ein bayrischer Philister.[5]

Thoma hatte das Festgedicht, auf das sich Constanze Hallgarten bezieht, anlässlich der Weihe der beim Landesschießen in München gewonnenen Landesschützenfahne verfasst. Das Fest wurde am 14. November 1920 vom Isarwinkel-Gau der bayerischen Einwohnerwehren in Tegernsee veranstaltet. Der bayerische Ministerpräsident Gustav Ritter von Kahr (1862–1934) hatte Thoma bitten lassen, ein entsprechendes Gedicht zu schreiben. Dies berichtete Thoma auch Maidi von Liebermann am 20. Oktober 1920: »Gestern kam schon wieder ein Brief im Auftrag Kahrs. Das Gedicht mache ich in Mundart auf Wunsch oder Vorschlag Kahrs, weil man so am besten zu den Leuten reden kann. Am Ende sagt man doch nichts Neues und in Hochdeutsch wirkt es gleich altbacken. Sprechen soll ihn, wie ich höre, Burgstaller. Herr Burgstaller. Für die Einwohnerwehr paßt das Männliche besser ...«

Auf Constanze Hallgartens Gedicht, das Thoma wohl zutiefst getroffen hat, reagierte er bei der nächsten sich bietenden Gelegenheit öffentlich und in einer persönlich so verletzenden Weise, die in nichts mehr an die einstigen gemeinsamen Zeiten in München erinnern läßt. Am 31. Juli 1921 fand in München eine Veranstaltung des Kartells pazifistischer Vereine statt. Thoma kommentierte die Versammlung unter der Überschrift »Pazifisten« im »Miesbacher Anzeiger« am 5. August 1921, dem Tag, an dem er ins Krankenhaus nach München zur Operation ging. Es heißt darin unter anderem:

Eine Frau Hallgarten, die schon seit 1918 politisch aus dem Maul stinkt, heißt 1914 – Deutschlands tiefsten Fall!
Diese hysterische Jüdin, die sogar kommunistischen Rotzbuben überlästig wurde, fügte den Satz bei, daß wir in Oberschlesien nicht bedrückt würden, wenn wir nicht mit dem Säbel rasselten! Wir würden der Person bloß wünschen, daß sie heute in ihrer heimatlichen Wasserpolakei[6] wäre, das andere kriegte sie schon zu fühlen.
Vielleicht wären ihr die eigenen Schmerzen nicht so gleichgültig, wie die der gemarterten deutschen Frauen, über die sie die Achseln zuckt, während sie Schlagrahm zu der Lektüre frißt.
Der Kriegsteilnehmer Schitzinger hatte das letzte Wort.
»Nie wieder Krieg!«
Auch nie wieder Gehirngrippe! fügen wir ergänzend bei.[7]

Ob Constanze Hallgarten diesen Artikel Thomas je gelesen hat, ist unbekannt. In ihren Erinnerungen geht sie darauf jedenfalls nicht ein. Am 14. März 1933 verließ Constanze Hallgarten Deutschland: »Ich nahm in meinem Herzen die Heimat mit und ließ ein verwandeltes Deutschland, das Deutschland des III. Reiches, weit hinter mir zurück.«[8]

Clara Zetkin – »Ein russisches Mannweib«

In seinem Zeitungsartikel »Geschichte der sozialdemokratischen Bauernpolitik und ihre Endziele« von 1895 kam Thoma auch auf den Breslauer Parteitag vom Oktober 1895 zu sprechen.[1] Dieser fand ohne die Abgeordneten der bayerischen SPD statt. Mit 158 gegen 63 Stimmen wurde das Agrarprogramm abgelehnt. Thomas Kommentar dazu lautete: »Ein russisches Mannweib errang sich stürmischen Beifall mit dem höchst rohen Witze, die

Vorschläge der Agrarkommission bezweckten nur, e i n n e u e s B r e t t
v o r d i e d i c k e n B a u e r n s c h ä d e l z u n a g e l n .«2

Das angesprochene »russische Mannweib« ist die am 5. Juli 1857 in Wiederau, einem kleinen Ort in der Nähe von Leipzig, geborene Clara Eißner, die eine Ausbildung zur Lehrerin genoss. Ihr Engagement für die Sozialdemokratische Partei, das nicht zuletzt auf den Einfluss des russischen Emigranten Ossip Zetkin, ihres späteren Lebensgefährten, zurückzuführen war, hatte die Trennung von ihrer bürgerlichen Familie und die Entzweiung mit der einflussreichen Leiterin des Leipziger Lehrerinnenseminars, der Frauenrechtlerin Auguste Schmidt, zur Folge. Kurz nachdem Ossip Zetkin wegen behördlicher Repressalien Deutschland verlassen hatte, folgte Clara ihm nach Paris, wo sie seinen Namen annahm. Nach ihrer Rückkehr nach Deutschland gründete sie 1891 die sozialdemokratische Frauenzeitung »Die Gleichheit«, die sie bis 1916 leitete. Sie gehörte zum linken Flügel der SPD, war Mitbegründerin der Spartakusgruppe und der USDP; 1919 trat sie der KPD bei. Clara Zetkin war von 1919 bis 1920 Mitglied der württembergischen Landesversammlung und 1920 bis 1933 Abgeordnete des Reichstages, den sie am 30. August 1932 als Alterspräsidentin eröffnete.[3]

Clara Zetkin arbeitete eng mit Rosa Luxemburg zusammen, die Thomas Sympathie gewiss nicht hatte.

Ossip Zetkin starb bereits 1889. Clara heiratete nun Georg Friedrich Zundel (1875–1948), einen Meisterschüler an der Stuttgarter Kunstschule, der wegen Beteiligung an Streiks der Studierenden 1896 entlassen wurde. Clara Zundel führte aber weiterhin den Namen Zetkin. Diese Tatsache veranlasste Ludwig Thoma 1920 zu folgendem Gedicht:[4]

Die Zundel

Frau Klara Zetkin, USP,
Geschah ein unerwartet Weh.
Ein Raunen geht von Neuß bis Nakel:
An ihrem Namen hängt ein Makel.

Sie war Herrn Zetkin's holde Braut
Und sang mit Strauß: »Wer uns getraut …?«

Doch diese Ehe, mystisch-düster,
Vermerkt kein Standesamts-Register.

Kaum zieht sie in den Reichstag ein,
Mengt sich der Prüfungsausschuß drein.
Sogar die Zietzen zieht das Munde!:
»Kiek an; die Zetkin heißt ja Zundel.«

Die kommunistische Partei
Durchhallt ein schriller Schreckensschrei.
Wenn alle Schleier man erst lüftet –
Sollt sehen, wie's dann lieblich düstet!

Im Anfang war der Name Cohn.
Aus Radek ward ein Sobelsohn.
Begehret nimmer drum zu schauen,
Was Levi deckt mit Nacht und Grauen![5]

Luise Zietz – »Frau ist keine Bezeichnung für diesen Abhub«

In dem soeben zitierten Gedicht über Clara Zetkin erwähnte Thoma »die Zietzen«; gemeint ist damit die Frauenrechtlerin Luise Zietz (1865–1922). Aus Opposition gegen die zustimmende Haltung der SPD zum Krieg wurde in Gotha im April 1917 die Unabhängige Sozialdemokratische Partei Deutschlands (USPD) gegründet. Luise Zietz erhielt eine der beiden Sekretärstellen, wurde ins Zentralkomitee der Partei gewählt und leitete die Frauenorganisation. In den »Organisationsgrundlinien« wurde festgelegt, dass in den Zentral- und Bezirksleitungen der USPD jeweils eine Frau mitarbeiten sollte.

Luise Zietz gehörte zu den wenigen Frauen aus der Arbeiterklasse, die damals den Aufstieg zu Einfluss und politischer Macht schafften. Doch Thoma schien weder der Lebenslauf dieser Sozialistin zu interessieren noch die Ziele, für die diese Parlamentarierin kämpfte.[1] Er musste wieder einmal »dreinhauen, dass die Fetzen fliegen«:

Die Kulturschande
Englische Zeitungen haben ihre Stimme erhoben gegen die Greuel, die von den Farbigen der französischen Armee auf deutschem Gebiete begangen worden sind. Lustmorde, Vergewaltigungen usw. Hervorragende Engländer haben Frankreich aufgefordert, dieser Kulturschande ein Ende zu machen.
In der deutschen Nationalversammlung hat sich ein Weibsbild gefunden – Frau ist keine Bezeichnung für diesen Abhub – Zietz heißt die Buschkanerin –, das die Neger verteidigte und in dem Entsetzen über Gewalttaten eine lächerliche Übertreibung sehen wollte.
Es ist ganz recht so; man muß es uns zeigen: Zuletzt ist doch die eigentliche und wirkliche Kulturschande diese Nationalversammlung; die Möglichkeit, daß ein solches Weibsbild darin sitzt.
Als man zum erstenmal in den Reichstag wählte, wie feierlich-ernst ist das deutsche Volk an diese Aufgabe herangetreten! Wie hoch mußte einer im Ansehen stehen, um bloß als Kandidat aufgestellt zu werden!
Und welch ein Kreis gebildeter ehrenwerter Männer war dieses Parlament! Nach fünfzig Jahren – kann eine Zietz darin sitzen, gewählt von Deutschen! Wer wundert sich, wenn uns England verachtet? Wenn die Welt auf uns mit Abscheu herniedersieht?
Wir verdienen es nicht anders. Wo einmal V i r c h o w , M o m m s e n , T r e i t s c h k e , W i n d t h o r s t saßen, hockt ein Weibsbild in einer schmierigen, von Fettflecken starrenden, verschwitzten roten Bluse und m a c h t s i c h l ä c h e r l i c h d a r ü b e r , daß man gegen die Lustmorde der Neger protestiert.
Sage niemand, daß sie eine »Deutsche« ist. Die ist in irgend einem Krattlerwagen geboren worden, aus irgend einem Zigeunerwagen ins Parlament gezogen. Aber daß ein Volk, ein Teil des deutschen Volkes, d i e S c h a m l o s i g k e i t besaß, diese Person ins Parlament zu schicken – das ist die deutsche Kulturschande. 1920.

Dieser Artikel dürfte von Thoma für den »Miesbacher Anzeiger« geschrieben worden sein. Er wurde von Wilhelm von Kloeber 1938 in dem von ihm herausgegebenen, makabren Sammelband »So ein Saustall ...« veröffentlicht, eine Aufsatzsammlung mit Traktaten von Ludwig Thoma, des »Nazi-Dichterlings Dietrich Eckart« und des Herausgebers des »Miesbacher Anzeigers«, Klaus Eck.[2]

Mathilde Wurm – »Vertreterin des deutschen Volkes – pfui Teufel!«

Weihnachten 1914 schrieb Ludwig Thoma den Einakter »Christnacht 1914«, zwei Jahre später erschien die im Dezember 1915 begonnene »Heilige Nacht«, am 24. Dezember 1920 hieß der Leitartikel des »Miesbacher Anzeigers«: »Parlamentarismus«. Thoma, »der Dichter der ›Heiligen Nacht‹ entpuppt sich als ein Herodes.«1 Seine Polemik richtet sich gegen die »Weimarer Republik, gegen den Berliner Zentralismus, gegen den (ost)jüdischen Einfluß [...] gegen Sozialisten und Kommunisten«2 und zielte in unverhohlener Häme gegen die Politikerin Mathilde Wurm (1874–1935), Mitglied des Reichstags und der USPD. Im Dezember 1920 gehörten zehn Frauen zu den Reichstagsfraktionen der USPD und KP. Wie in dem Artikel über Luise Zietz ließ Thoma auch hier einen »Engländer« das Geschehen im deutschen Parlament beobachten:

Ein Parlament! Denkt der Engländer und ein verächtliches Lachen zieht ihm die Mundwinkel in die Höhe.
Drüben links hocken unter polnischen Juden ein paar dicke Weibsbilder, wie man sie früher in den Kellerkneipen der Vorstädte sah; aufgeschwemmte freche Gesichter; hie und da schreit eines von diesen, in schmierigen Wollblusen steckenden Frauenzimmern dem Redner dazwischen; Eine gestikuliert heftig, die Andere bohrt in der Nase; Alle sehen sie aus wie jene Weiblichkeiten, die in Kaschemmen hinter der Buddel hocken oder vor Jahrmarktsbuden an der Kasse sitzen.
Ein Duft von abschreckender Gemeinheit um die Gruppe ... Dieses Volk nennt sich frei, redet von Parlamentarismus und achtet seine Würde so gering, daß es solche Existenzen in seinen Reichstag schickt? Eben erhebt eines von den Weibsbildern die Hand und droht nach dem Präsidententisch hinauf.
Gibt es eine Londoner Matrosenkneipe, aus der sie nicht nach fünf Minuten hinausgeschmissen würde? Schwerlich.
Vertreterin des deutschen Volkes – pfui Teufel! Wie soll man diese Gesellschaft mit Worten beschreiben? Photographieren und die Bilder in alle Welt schicken. Wir haben die Deutschen unten, auf der tiefsten Stufe ... Es ist die Rede

von den Forderungen Frankreichs. Es will aus dem halb verhungerten Lande Hunderttausende von Milchkühen holen. Ein Thema, das der Engländer kennt. Es gibt in London eine Propaganda zur Abwehr der grausamen Aushungerung deutscher Kinder. Man weiß, über 40 bis 50 Prozent sind unterernährt. Die Amerikaner erheben ja auch laute Wehklagen über diese furchtbare Roheit. In Dänemark, Holland, Schweden holen sie deutsche Kinder, um das christliche Gewissen der zivilisierten Welt zu wahren.
Nun wird es hier, im deutschen Reichstag, wohl zu einem großen Protest kommen? Da steht ein Frauenzimmer oben. Was sagt sie? Sie verteidigt die Brutalität der Franzosen, redet von französischen Kindern, die Milch haben müssen ...
Nicht möglich!!!
Doch!!
Sie heißt Wurm, heißt sich Sozialistin –
Der Engländer notiert sich den Namen – und geht.
Ist dies das Volk, das der Welt Widerstand geleistet hat?
Ja! ... Deutschland ist unten.[3]

Ludwig Thoma bezieht sich in diesem Artikel darauf, dass am 14. Dezember 1920 der Deutsche Reichstag über die zu erwartenden Ententeforderungen nach Lieferung von Milchkühen nach Frankreich debattierte. Mathilde Wurm hatte dazu geäußert: »Uns Sozialisten stehen die verhungernden französischen Proletarierkinder genau so nahe als die verhungernden deutschen Proletarierkinder und wir denken gar nicht daran, deswegen diese Ablieferung abzulehnen.«

Thoma, der Dichter der »Heiligen Nacht«, konnte dies nicht nachvollziehen.

Um mit Thomas eigenen Worten zu sprechen: alles was er über engagierte Politikerinnen schrieb, umgibt »ein Duft von abschreckender Gemeinheit«.

Kreszentia Mühsam – »Verlassene Strohwitwe und edle Dulderin«

Der aus Lübeck stammende, anarchistische Schriftsteller Erich Mühsam (1878–1934) lebte ab 1909 in München, wo er bis 1914 gelegentlich Mitarbeiter am »Simplicissimus« war. Er selbst gab von 1911 bis 1914 und dann 1918/1919 »Kain. Zeitschrift für Menschlichkeit« heraus.

Im Juli 1910 erschien von Thoma das Flugblatt »Catinilarische Verschwörung«. Hintergrund war ein Sprengstoffattentat in München, bei dem die Staatsanwaltschaft eine Beteiligung Mühsams – völlig zu Unrecht – vermutete. Kurz darauf wurde Mühsam in einen weiteren Prozess verwickelt. Er wurde als Päderast hingestellt. Thomas Flugblatt muss man »durchaus der von Mühsam beklagten Schlammflut journalistischer Gemeinheiten zurechnen, weil es Lebensgewohnheiten erfand und herabsetzend gegen ihn verwendete«.[1] Das Flugblatt war voller Polemik, um ihn zu diskriminieren und war zugleich die Parodie einer antiken Vorlage. Mühsam wurde von Thoma als Catilina und die mit ihm damals befreundete Kreszentia, seine spätere Frau, als Lieblingssklavin bezeichnet; die Mitverschwörer sind Stadtstreicher und Prostituierte:

Lucius Erich Mühsam heißt er, der den Erdkreis durch Mord und Brand zu verwüsten, die Quelle des Bieres zu verstopfen, die Heimat der Weißwürste zu zerstören strebte …
Was diesem etwa die Götter noch an frevelhaftem Sinne versagt hatten, fügte seine Lieblingssklavin Agrippina Crescencia Noichl vom Nockherberge hinzu, ein Weib, verruchter, als gewöhnlicher Sinn zu fassen vermag, Mörtelweib von Beruf, Verbrecherin aus Neigung.[2]

1919 war Erich Mühsam Mitglied des Zentralrats der Bayerischen Räterepublik. Am 13. April wurde die Räteregierung gestürzt; Mühsam und zwölf weitere Mitglieder des Zentralrats wurden von den Weißgardisten verhaftet. Er kam in das Zuchthaus Ebrach im Steigerwald; der Prozess wurde ihm in München gemacht. Das Urteil lautete 15 Jahre Festungshaft. Er kam nach Niederschönenfeld.[3] Am 6. Mai nahm man auch Mühsams Frau Kreszentia – von ihm liebevoll Zenzl genannt – fest, zwei Tage darauf folgte ihre Freilassung. Als sie in ihre Wohnung in München zurückkam, war diese von »Soldaten der weißen Armee vollständig demoliert und ausgeplündert« worden.[4]

Zenzl Mühsam betrieb in München eine Nähstube zur Unterstützung der Betroffenen der russischen Hungerkatastrophe von 1921/22.

Der Festungsgefangene Mühsam beklagte sich in seinem Tagebuch am 20. August 1921 über »vollständige Nichtinformation« des politischen Geschehens, da er kaum mehr Zeitungen bekam. Nur der »Miesbacher Anzeiger« wurde nicht als Hetzblatt betrachtet. »Ich hatte und habe besorgte Stunden durch die Miesbacher Dreckschleuder [...]. Ein kraftbaierisches Schwein hat jetzt seine schmierigen Borsten für ein entsprechendes Zeilenhonorar an meiner lieben, armen Zenzl gerieben.«[5] Was war geschehen?

Erich Mühsam hatte 1915 »(ganz gegen seine anarchistischen Grundsätze) die schöne und ungemein temperamentvolle Zenzl Eifinger« (1884–1962) geheiratet.[6] Da er keine Jüdin ehelichte, wurde er von seinem Vater enterbt. Nun, nach sechsjähriger Ehe, war Zenzl Mühsam zum ersten Mal zur Erholung aufs Land gefahren, und zwar nach Gotzing bei Thalham, einem Ort »im Wirkungsbezirk des Miesbacher gesetzlich geschützten und behördlich geförderten Totschlagblattes«. Bei ihr waren ihre Schwester Resi und Mühsams Freund Fritz Weigel. Der Aufenthalt der »gefährlichen Gesellschaft« wurde von den »Heim-Thoma-Eckschen Treibjägern« aufgespürt und unter dem Titel »Ein kommunistisches Idyll am Taubenberg« in der »antisemitischen Kloake gegen die drei Menschen neubayerischer Gestank aufgerührt«.[7]

Der genannte Artikel, auf den sich Mühsams oben zitierte Tagebucheintragung bezog, war am 18. August 1921, sieben Tage vor Thomas Tod, im »Miesbacher Anzeiger« unter der Rubrik »Aus Bezirk und Umgebung« erschienen und sicherlich noch vor dessen Klinikaufenthalt in München geschrieben worden:

Ein kommunistisches Idyll am Taubenberg.
An einem der letzten Hundstage hielt ich, vom Taubenberg kommend, im Gotzinger Wirtshaus kurze Rast bei kühlem Trunke.
Es saßen da noch drei Personen, ein Männchen und zwei Weiblein, in deren unmittelbarer Nähe ich Platz nahm. Sie waren mit dem Mittagessen beschäftigt und eben wurde der Nachtisch in Gestalt gut bayerischer Dampfnudeln aufgetragen.
Der eine weibliche, ältere Teil spießte sich eine Nudel auf die Gabel, nagte etwas mißmutig daran herum, bis schließlich dem Gehege der Zähne ein in unverfälschter Mundart von München-Ost gegebener Stoßseufzer entschlüpfte: »I woaß net, i bin schon so voi, daß i gar nix mehr abi bring.«

Das Männchen mit glattrasiertem Gesicht, kühn zurückgekämmten Haaren und wohl gepflegten Händen, meinte nachdenklich: »Das kommt davon, weil wir immer so spät frühstücken.«
Beneidenswerte Menschen, dachte ich im Stillen bei mir. Nachdem sich die Herrschaften noch Zigaretten angezündet hatten, beglich der Kavalier die Zeche mit 31 Mark und dann zog das Kleeblatt einträchtig von dannen.
Und wer waren diese Drei? Die Münchener kommunistische Stadtratgröße Herr Weigl, Frau – Mühsam und deren Schwester. Sie haben sich auf dem Einödhof von Berneck eingenistet und beehren täglich das Wirtshaus von Gotzing mit ihrem hohen Besuch.
Die bürgerhafte Gewohnheit der Sommerfrische ist doch ganz schön, nicht wahr Herr Stadtrat? Man braucht auch ausgiebige Erholung, wenn man das ganze Jahr über mit den Entrechteten und Enterbten leidet und gegen das »wohllebende« Bürgertum wettert, dessen Angehörige sich nur leider nicht alle einen solchen Landaufenthalt gestatten können; aber schließlich floriert nicht jedes Geschäft wie das eines kommunistischen Volksbeglückers.
Doch Herr Weigl ist ein Mann mit gutem Herzen; in kommunistischer Nächstenliebe tröstet er Traurige, und die verlassene Strohwitwe und edle Dulderin, Frau Mühsam, wird sicher von ihrem Schmerz um den unter der rohen Gewalt des weißen Terrors »seufzenden« Herrn Gemahl genesen.[8]

Mühsam war entsetzt über die »schmutzigen Anspielungen auf Weigels Trösteramt bei Zenzl«. Da er fürchtete, seine Frau sehe das Ganze als belanglose Äußerung dessen an, was im »Freistaat« Bayern allein als Gesinnung respektiert werde, bat er sie, sofort abzureisen. Er hatte längst erkannt, dass »die Bauernlümmel der Gegend« gegen den Kommunisten Weigel und seine Frau Zenzl, das »Revolutionärs-Mensch«, aufgeputscht werden sollten. Mühsam hielt mit seiner Meinung, wer hinter diesen Bespitzelungen und Beschmutzungen steckte, nicht hinterm Berg:

Mit diesen Halunken verbündet, ihr getreuer Schildhalter und Förderer, ist Ludwig Thoma! Er ist bereit, jeden Mord gutzuheißen, der an einem Menschen (oder dessen Angehörigen) verübt wird, der zur Obrigkeit, zu Pfaffen und Offizieren, zur Reaktion und Gesinnungsunterdrückung heute noch so steht, wie Thoma 25 Jahre lang dazu gestanden hat. Ein solches Maß an Ver-

lumpung ist doch wohl ungewöhnlich. Wedekind hat den Mann, auf dessen Redlichkeit ich geschworen hätte, richtig beurteilt.[9]

Nachdem ihr Mann 1934 im Konzentrationslager Oranienburg von der SS ermordet worden war, emigrierte Zenzl Mühsam 1934 zunächst nach Prag, dann nach Moskau. 18 Jahre ihres Lebens verbrachte sie in Internierungs- und Straflagern in Sibirien, bevor sie am 27. Juni 1955 nach Ostberlin zurückkehren konnte, wo sie 1962 78-jährig an Lungenkrebs starb.[10]

Else Lasker-Schüler – »scheint zu besitzen nichts von der Sprache Deutsch«

In seiner 1905 gegründeten Zeitschrift »Schaubühne«, die ab 1918 den Titel »Die Weltbühne« trug, bezeichnete der Herausgeber Siegfried Jacobsohn – und nicht nur dieser – Else Lasker-Schüler als die größte Dichterin Deutschlands. In der »Weltbühne« Nr. 27 vom 7. Juli 1921 veröffentlichte er eine anonyme Parodie »Else Lasker-Schüler von Hedwig Courths-Mahler«.

Es ging in dieser Parodie um ein unverhofftes Zusammentreffen von Lasker-Schüler und Courths-Mahler: »Letztere stand auf dem Altan eines Schlosses, dem sich ein Wagen näherte, aus dem Else Lasker-Schüler entstieg. Sogleich eilte Courths-Mahler ihr zum herzlichen Willkomm entgegen. Else sprang mit einem einzigen, furchtbar-wilden Satz auf die Schriftstellerin zu. Sie umarmten sich. Else Lasker-Schüler machte sich frei und schrie zweimal wie eine Eule und sprach: ›Ich will Sie Hadwiga Rheumare nennen. Sie sehen aus wie der Dichter Peter Baum. O, das war ein großer Dichter! Det will ich wull meenen!‹ Ich war entzückt von der Fülle der Gedanken, die die Dichterin in Einem Satz so prägnant auszudrücken verstand. Ich sagte: ›Ich danke Ihnen für Ihren Besuch, Prinzessin von Theben!‹ ... Bald saßen wir an der reizend geschmückten Tafel. Wir sprachen viel, jeder in seiner individuellen Art, und verstanden sogar zeitweise einander.

So verging eine angeregte Stunde. Dann schlug ich vor, daß wir uns in alte brokatene Schloßherrinnengewänder würfen und uns Arm in Arm photographieren ließen. Die Prinzessin wollte jedoch durchaus aufs Klavier, um sich dort einen Wigwam einzurichten. Sie kletterte auch wirklich hinaus, und begann mit leiser, geheimnistiefer Stimme zu singen:

Du! Hadwiga Rheumare
Tanzte vor Gottes Kindherz.
Da mußte ich lächeln.
Tausend Jahre bin ich nun Blüte
Am Aste Abend!
Aber der Wind pochte noch nicht
Den Tod an mein Herz – Singe! Du!

Ich brach in Weinen aus. Dann fragte ich sie, ob auch ich ihr etwas von mir hersagen sollte, aber sie sagte: Nein, und ein Glas Wasser möchte sie statt dessen! Ich ging selbst hinaus, um Himbeer hinein zu tun. Als ich wiederkam, war sie bereits fort.«

Else Lasker-Schüler reagierte mit einem empörten Brief an Jacobsohn, den dieser in vollem Wortlaut am 14. Juli in der »Weltbühne« Nr. 28 abdruckte. Eben jene Zuschrift griff Thoma in einem seiner Artikel für den »Miesbacher Anzeiger« auf. Am 22. Juli 1921 ließ er folgendes Pamphlet mit dem Titel »Unsere Muttersprache« erscheinen:[1]

Wir wissen kaum, wer die Lasker Schüler ist, und unsere Leser werden es auch
nicht wissen, aber der Jacobsohn in Berlin sagt, daß sie die größte Dichterin
Deutschlands ist, und der Judasohn sagt es auch.
Dann muß es wahr sein.
Damit man es deutlich sieht, veröffentlicht der Jacobson einen Brief von ihr.
Sie schreibt: »Ich frage Sie, wollen Sie meine Antwort abdrucken wörtlich? Ich
habe mich nie in ein Journal aufgedrängt. Sollte der Artikel aus Neid dieser
Frau sein, so kann ich Ihnen sagen nur, ich besitze nichts ...«
Die erste Dichterin Deutschlands scheint zu besitzen nichts von der Sprache
Deutsch. Wir haben es abgedruckt wörtlich, um es zu zeigen deutlich, daß
mauscheln so die Kladerjüdinnen,[2] die was kommen auf eine Postkarte hin
sofort.
Wir drucken es ab, damit der wirkliche Deutsche sieht, wie die Saubande
sogar mit seiner Sprache Schindluder treibt. Vor Jahrzehnten schon ist durch

den galizischen Nachschub die Presse zur gefährlichsten Sprachverderberin geworden und unzählige Fehler, Sinnwidrigkeiten, Häßlichkeiten, sind durch das Pressegesindel in unsere Muttersprache eingeschmuggelt worden. Seit zehn und mehr Jahren benützt die Bande ihre Zeitungsmacht, um den ganzen Bau der deutschen Sprache zu zerstören und an ihre Stelle das jiddische Gauner- und Verbrecherkauderwelsch zu setzen.

Nach der Revolution stürzten sich die Zigeuner mit ihren Schlampen über unsere ehrwürdige Muttersprache her, rissen sie in Fetzen und diese größte Dichterin Deutschlands zum Beispiel macht es sich zur Aufgabe, als Oberschlawinerin Satzstellung und Wortstellung zu verlausen.

In Berlin hockt das Gesindel zu Hunderten beisammen, das die Sprach-Syphilis einführt, in Frankfurt ist die »Frankfurter Zeitung« der Bazillenherd, der junge Nachwuchs ist schon zu Dreiviertel angesteckt.

Und das deutsche Volk macht feig und dumm die Neuzeit mit und ist gleichgültig gegen die Gefahr, mit der Reinheit der Muttersprache die reichen Schätze der Vergangenheit zu verlieren.

Im »Miesbacher Anzeiger« waren zur gleichen Thematik schon zwei Artikel erschienen: am 17. Februar 1921 »Muttersprache« und am 19. Mai 1921 »Sprachverhunzung«. Darin griff Thoma vor allem den Publizisten Maximilian Felix Ernst Harden (1861–1927) an, den Herausgeber der Zeitschrift »Die Zukunft«, bevor Else Lasker-Schüler das Opfer seiner Verhöhnung wurde.[3] Thoma stellte sich damit mehrmals bloß.

Wiederum machte Thoma keinen Unterschied zwischen dem »Phantombild der Juden« und Bekannten, die etwa für den »Simplicissimus« schrieben, wie dies auch für Else Lasker- Schüler zutraf. In seiner Häme scheint es Thoma ganz entfallen zu sein, dass in der von ihm und Hermann Hesse herausgegebenen Zeitschrift »März« Arbeiten der Dichterin und Rezensionen ihrer Bücher abgedruckt waren.[4] 1919/20 erschien eine erste, zehnbändige Gesamtausgabe der Werke von Else Lasker- Schüler. 1932 erhielt sie den Kleist-Preis; ein Jahr später verließ die Lyrikerin, Erzählerin und Dramatikerin Deutschland für immer und lebte bis 1945 in Jerusalem. Sie wurde auf dem Ölberg beigesetzt.

Ludwig Thoma
Der Jagerloisl
Eine Tegernseer Geschichte

Albert Langen, München

»Der Jagerloisl. Eine Tegernseer (!) Geschichte. Der lieben Mädi, zum 11. September 1920«.

VIERTER TEIL

LUDWIG THOMAS TESTAMENT

»Als Haupterbin setze ich ein Frau Maria
genannt Maidie von Liebermann«

Ludwig Thoma verfasste am 5. August 1921, drei Wochen vor seinem Tod, folgendes Testament:

München den fünften August Neunzehnhunderteinundzwanzig Am Vorabende meiner Operation lege ich hier bei vollem Bewußtsein meinen letzten Willen nieder und bitte meine Angehörigen, davon überzeugt zu sein, daß ich bestrebt war, Allen gerecht zu werden.
Als Haupterbin meines Vermögens setze ich ein Frau Maria genannt Maidie von Liebermann, die vor langen Jahren nur durch meine Schüchternheit nicht meine liebe Frau geworden ist und die jetzt durch widrige und widerliche Verhältnisse davon zurückgehalten oder daran gehindert wurde. Sie soll aber meinem Bruder Peter Thoma, ebenso meinen Schwestern Katharina Hübner und Bertha Zurwesten, einem jeden einzeln die Summe von zweihunderttausend Mark ausfolgen, die ich ihnen hiermit vermache. Es ist wohl zu diesem Zwecke nöthig, daß meine Erbin Frau von Liebermann mein Haus und Anwesen in Tegernsee verkauft, und es sollen meine Geschwister bis zu diesem Verkaufe oder zum mindestens ein Jahr lang mit der Auszahlung zu warten haben. Wird das Anwesen verkauft, so mögen ihre Forderungen vier Wochen später fällig sein. Von dem Erlöse des Anwesens müssen vertragsgemäß an die von mir geschiedene Frau Marion Thoma zur Abfindung ihrer sämtlichen Alimentationsansprüche zweimalhun- derttausend Mark bezahlt werden.
Von der Einrichtung meines Hauses soll meine Bibliothek nicht veräußert werden, dieselbe vielmehr Seiner Königlichen Hoheit Herrn Herzog Ludwig Wilhelm zufallen, den ich bitte sie neben der Bibliothek seines Großvaters im Tegernseer Schlosse aufzustellen. Aus der Bibliothek vermache ich aber die fünfzig Bände des Oberbayrischen Archives meinem befreundeten Herrn Hans Mayr, derzeit bei Fürst Eulenburg in Liebenberg. Und Mommsens Römische Geschichte soll Herr Pfarrer Kißlinger in Rappoltskirchen zufallen.

Die Einrichtung der unteren Wohnstube an Bildern, Jagdtrophäen und Gewehren vermache ich meinem Bruder Peter Thoma; er soll sie aber, damit alles beisammen bleibt, letztwillig oder noch zu Lebzeiten dem Herrn Herzog Ludwig Wilhelm überlassen. Meine Erbin Frau Marie von Liebermann wird die Möbelstücke, die von meiner Mutter her rühren und kleine Gegenstände, wie Teller Königs Ludwig II. meinen Schwestern überlassen. Sonst aber soll sie ausschließlich Erbin meines Vermögens, meiner Bezüge an Honoraren und Tantiemen sein und nur gehalten sein, meinem Bruder Peter Thoma jährlich zweitausend Mark in monatlichen Raten von einhundertsechsundsechzig Mark und sechzig Pfennigen, so lange er lebt, zu bezahlen. Die Nachkommen meines vorverstorbenen Bruders Max Thoma, die in San Diego leben und für die nach Lage der Verhältnisse der Erbteil kaum in Betracht kommt, setze ich auf den Pflichtteil, falls sie einen solchen zu beanspruchen haben. Meine Manuskripte gehören meiner Erbin Frau Marie von Liebermann und ich empfehle ihr, sich an Herrn Professor Hofmiller Josef in München zwecks Sichtung zu wenden.
Und nun schließe ich in der Hoffnung, daß ich es recht gemacht habe und bitte Alle um ein freundliches Andenken. Frau von Liebermann ist aus Frankfurt a/M und wohnt Stuttgart Olgastr. 110
Im rothen Kreuz geschrieben und gefertigt
Dr. Ludwig Thoma

Man kann sich unschwer vorstellen, wie groß die Betroffenheit der Geschwister Thomas bei der Testamentseröffnung war. Niemand hatte damit gerechnet, dass Thoma seine Geliebte als Haupterbin einsetzen würde. Was konnte ihn dazu bewogen haben? Seine Nichte Marie Louise Zurwesten schrieb jedenfalls: »Auf dem Krankenbett sagte er meiner Mutter, er habe eine große Dummheit gemacht, aber sowie er wieder gesund wäre, würde er alles in Ordnung bringen. Meine Mutter sah, wie es um meinen Onkel bestellt ist und konnte vor Schmerz keinen vernünftigen Gedanken fassen – leider.«[1]

Maidi von Liebermann wurde also die Haupterbin! Die Schwestern Bertha und Katharina, ebenso Marion Thoma akzeptierten den letzten Willen des Verstorbenen. Sein Bruder Peter aber konnte sich lange nicht damit abfinden. Er arbeitete noch bis 1922 als Jagdaufseher für Maidi von

Liebermann. Das geht aus einem Brief hervor, den sie am 10. Mai 1922 an Thomas alten Freund Rothmaier schrieb. Richard Rothmaier äußerte sich sehr distanziert in seinem Buch »Mein Freund Ludwig Thoma« zu dieser Erbschaftsgeschichte: »Das schöne Anwesen in der Tuften sowie die Werte aus seinem »literarischen Nachlaß waren in andere Hände übergegangen.«

Kurz nach Ludwig Thomas Tod schrieb Peter einen rührenden Dankesbrief an Rothmaier für dessen Anteilnahme am Tod seines Bruders. Er wollte Rothmaier bei einem nächsten Treffen noch viel über die letzten Monate seines Bruders erzählen, auch darüber, wie beliebt er gewesen sei, und über das schöne Begräbnis, das »Er« hatte, und darüber, daß täglich so viele Leute das Grab besuchten.

Anscheinend schrieb Peter noch einen weiteren Brief an Rothmaier, in dem er auf die neue Herrin auf der Tuften einging. Denn Maidi von Liebermann beantwortete am 14. August 1922 einen Brief Rothmaiers mit den Worten: »*Nichts* hat mich gekränkt, wie Sie dachten, nach Peters Brief.«

Seit dem 26. August 1922 hatte Maidi von Liebermann Thomas Bruder nicht mehr bei sich gesehen: »Es tut mir leid, aber er ist aufgehetzt durch falsche Freunde so unglaublich gegen mich gewesen in Geldangelegenheiten, daß ich seine Anwesenheit nicht vermisse. Ich denke nur immer, wenn Ludwig das wüßte. Aber so muß man halt sich selbst durchkämpfen so lange man noch Kraft u. Mut hat. –«[2]

Im Februar des folgenden Jahres meinte sie:

Was Peter betrifft, so hatte ich mir nach Ludwig's Tod auch ein anderes Bild von ihm gemacht, trotzdem ich damals schon von vielen Leuten vor ihm gewarnt wurde. Aber ich wollte nichts hören u. er war mein täglicher Gast ein ganzes Jahr lang. Plötzlich wendete sich aber alles. Er verlangte das Doppelte, was Ludwig ihm vermacht hatte, und da es für mich eine Unmöglichkeit war, wurde er sehr ausfallend. Seit dem Todestag [= Jahrestag von Ludwig Thomas Tod, d. Vf.] *sehe ich ihn nun nicht mehr, da er u. seine Freunde mich sogar da mit den geschäftlichen Sachen quälen wollten. – Nun hat er mich im Sommer verklagt, daß ich ihm einen Jägergehalt von 44.000 monatlich zahlen sollte. – Ich finde sein ganzes Benehmen unnötig roh und gemein, daß ich sprachlos bin u. nur wünsche daß er zur Vernunft käme. Er schreit hier überall von einem Millionengewinn herum, dabei bekomme ich monatlich so wenig vom Verlag, daß ich zwar das Haus erhalten kann, aber an meine Person nicht im geringsten denken kann. – Wenn Ludwig das alles wüßte, könnte Peter seine Stunden zählen. Für mich ist Peter u. sein Sohn für alle Zeit erledigt.³*

Es kam 1923 tatsächlich zum Prozess. Hans Mair, der Schriftleiter der »Münchner Zeitung«, der den sterbenskranken Ludwig Thoma seinerzeit aus der Klinik nach Hause gefahren hatte, berichtete am 6. April:

*Bis zur letzten Stunde hatten die Freunde Ludwig Thomas gehofft, daß dieser Streit nicht kleinlich ausgetragen, sondern großzügig erledigt würde. Aber seine Universalerbin, Frau Marie von Liebermann [...] ist mit dem Testament zu Gericht gegangen. [...] Wenn heute Ludwig Thoma aufstehen könnte, wäre dieser Prozeß in der ersten Minute entschieden; er würde auf den Tisch einschlagen und zornig sagen: »Nein, so war es nicht gemeint. Das ist nicht mein letzter Wille, daß mein Bruder für so viele Jahre treuer Dienste mit einem Stück Brot oder einem halben Mittagessen für den ganzen Monat abgespeist wird!« [...] Er würde überhaupt verwundert schauen, wenn er die Wirkungen seines Testamentes sähe. [...] Wenn er hörte, wie bitter die Bauern um den Tegernsee, in deren Mitte er zwanzig Jahre gelebt hat, über den Zustand denken, der sich ihnen heute darstellt. Ich habe es in den Ostertagen wieder erfahren: man darf nicht davon reden, sonst hört man harte Worte. – Aber es gibt für Thoma doch eine Entschuldigung, und die ist in seiner altbayerischen Bescheidenheit begründet: er hat, als er starb, seinen Mark- und Marktwert nicht gekannt; er hat nicht gewußt, wieviel er in Geld wert war, sonst hätte er's anders gemacht. Dies geht ja auch daraus hervor, daß er in seinem Testament annahm, seine Erbin müsse das Anwesen verkaufen, um die Legate auszahlen zu können. Inzwischen haben sich die Werte zugunsten der Frau von Liebermann und zum Schaden der Geschwister gewaltig verschoben, ohne daß die Erbin, dafür dankbar, daß sie mit einem Schlag in alle Herrlichkeit dieser Welt versetzt wurde, den Drang empfunden hätte, das grauenvolle Mißverhältnis aus freiem Entschluß zu beseitigen oder wenigstens zu überbrücken.
Das Testament stammt vom 5. August 1921. Am Abend vorher hat er mit mir am Ahorntisch im Bratwurstglöckl am Frauenplatz alle Einzelheiten bespro-*

chen, und so kannte ich seinen Willen bis zu den kleinsten Bestimmungen herab. An jenem Abend war er unglaublich weich und so voll Angst auf die folgenden Tage, daß man ihm nicht gerne widersprach. Aber später habe ich Freunde ins Vertrauen gezogen, und es hat nicht an Bemühungen, nur noch an der Zeit gefehlt, das Testament nach den Gesetzen des Blutes zu korrigieren. Als der Mann gefunden war, der es ihm in den letzten Stunden beibringen sollte, da starb er, am 26. August abends um halb 10 Uhr. Schon tags darauf begann sich das Testament »auszuwirken«, wie man heute sagt. Aber von diesen Dingen schweigt man besser, so lange man nicht gezwungen wird, zu reden. Es ist schon traurig genug, daß der Fall überhaupt öffentlich wurde. Und nun hat man gar noch hören müssen, daß ein Angriff auf dieses Testament »aus juristischen und moralischen Gründen abzuweisen sei«. Das hat wörtlich Herr Dispeker (der Vertreter der Frau Liebermann) gesagt. Wie man in diesem Zusammenhang von der Moral sprechen kann, das wird dem gesunden Verstand des Laien immer unerfindlich sein.

In der Verhandlung kam zur Sprache, dass Ludwig Thoma schon vor dem Krieg ein Testament abgefasst hatte, in dem er seinem Bruder unter seinen damaligen, viel bescheideneren Verhältnissen, die gleiche Summe auf Lebenszeit vermachte, die er ihm jetzt ausgesetzt hatte. Thoma habe auch noch kurz vor seinem Tod gesagt: »Dem Peter gib i an Jagaghalt, so lang er lebt.« Justizrat Kohl, der Vertreter Peter Thomas, legte dar, dass Frau von Liebermann ein Riesenvermögen von mehreren 100 Millionen Mark erworben habe, aber sie scheine das Geld sehr zu lieben: Als sie nämlich nach dem Tod Thomas bei dem Finanzamt in Miesbach in Steuersachen war, habe sie den Vorstand durch heftiges Weinen gerührt. Nach dem Verlassen des Amtes habe sie dann zu ihrem Begleiter lächelnd gesagt: »Ich glaube, ich habe meine Sache nicht schlecht gemacht.« Justizrat Dispeker machte zur Abweisung der Klage geltend, Ludwig Thoma habe seinem Bruder nicht ein Jägergehalt, sondern einen Tabak- und Tarockzuschuss zuwenden wollen. Mit dem Legat von 200000 Mark sei er reichlich bedacht. Diese Summe habe Peter Thoma übrigens sehr nutzbringend angelegt, sodass daraus 4 bis 5 Millionen [wir sind in der Inflationszeit, d. Vf.] geworden wären. Die literarischen Einkünfte betrügen laut Aufstellung des Verlages Langen für 1922 rund 972000 Mark.

Verlesen wurde ein Brief Thomas an Frau von Liebermann, in dem er schreibt, alles, was ihm gehöre, sei auch ihr eigen, und er schöpfe aus diesem Gefühl erst die richtige Kraft zu seiner Arbeit. – Ein Vergleich unter den Parteien wurde abgelehnt.

Am 24. Mai 1923 meldete die »Bayerische Staatszeitung«: »In dem Streit um die Versorgung des Bruders Ludwig Thomas ist vor dem Amtsgericht München eine Einigung erzielt worden, und zwar auf ein monatliches Gehalt von 120 000 Mark, die Frau Liebermann dem Peter Thoma auszuzahlen hat. Die Geldentwertung wird jeweils berücksichtigt.«

Die hohen Einkünfte aus dem literarischen Nachlass machten es Maidi von Liebermann möglich, die Legate für die drei Geschwister und Thomas geschiedene Frau Marion auszuzahlen, also 800 000 Mark, ohne dass es zu einem Verkauf des Grundstücks oder des Hauses auf der Tuften kommen musste. Peter Thoma versuchte, sein Legat gewinnbringend in der Holzindustrie anzulegen; das Werk aber machte Bankrott. Bertha und ihr Mann erwarben den kleinen Hof Kemmaden, den sie wegen der Inflation und zu großen Schulden nicht halten konnten. Frau von Liebermann erklärte sich »außerstande zu helfen«. Katharina, mit einem Beamten verheiratet, lebte in erträglichen Verhältnissen. Als sich jedoch Peter Thoma 1924 von seiner Ehefrau Gertraud trennte, übernahm – wie schon berichtet – Maidi von Liebermann die Bezahlung einer Rechnung, um dieser einen neuen Anfang zu ermöglichen.[4]

»Ich glaub' der Thoma wär' mit mir zufrieden«

Der Anfang war für Maidi von Liebermann im Haus auf der Tuften nicht leicht. Da sie sich zu Thomas Lebzeiten nicht hatte durchringen können, nach Tegernsee zu ziehen, nun aber sehr wohl das Erbe antrat, wandten sich viele Freunde Thomas gegen sie. Sie litt damals sehr, besonders auch, weil sich »die Herren vom Simplicissimus« feindlich gegen sie stellten. Obwohl Maidi von Liebermann erst 1921 von Stuttgart nach Tegernsee gezogen war, meldete sie sich beim dortigen Einwohnermeldeamt schon 1922 wieder ab und reiste zu ihrer Wohnung nach Berlin-Lützow. 1923 kehrte sie dann wieder an den Tegernsee zurück.

Durch Thomas plötzlichen Tod musste Maidi von Liebermann ihre weitere Gesangsausbildung zur Konzertsängerin in Stuttgart aufgeben. Sie war dort Schülerin der einst so »hochgefeierten« Kammersängerin Hoffmann-Oregin in der Sangesschule von Marg. Frez-Speiser. Schon als junges Mädchen hatte sie den großen Wunsch gehabt, Opernsängerin zu werden. Doch ihre Mutter wollte ihr diesen aus Standesgründen nicht erfüllen. Der Gesang bedeutete ihr nach wie vor sehr viel. So begann sie, auf Konzertreisen zu gehen, gab Liederabende und sang in Oratorien. Ihr einfühlsamer Begleiter auf dem Ihr einfühlsamer Begleiter auf dem Klavier war jedes Mal Michael Raucheisen.

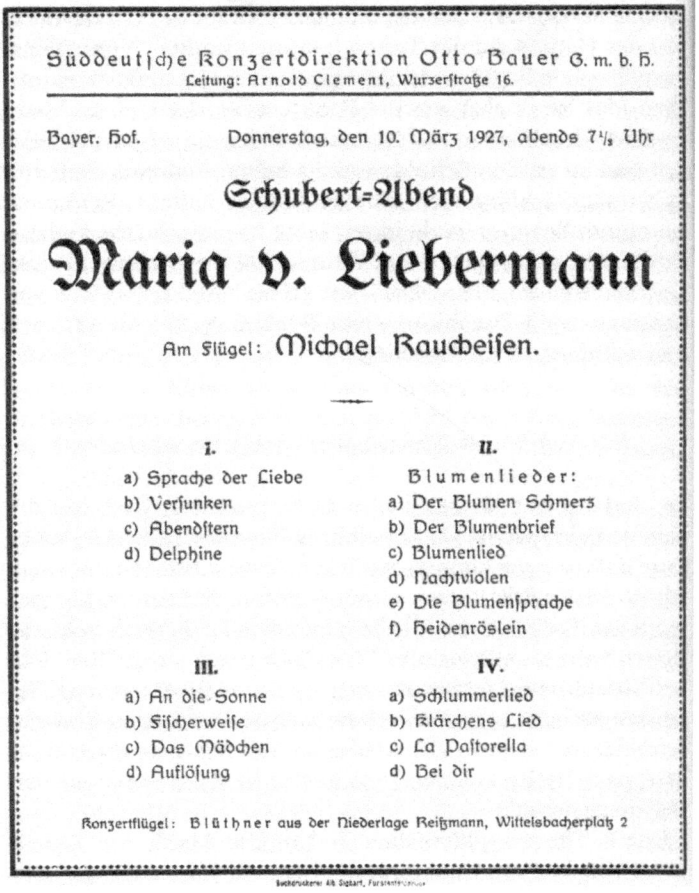

Im Jahr 1932 entschloss sich Maidi von Liebermann, aus dem Thoma-Haus eine Pension zu machen, um neben den Tantiemen aus Thomas Werk noch weitere Einkünfte zu haben. Sie vermietete allerdings nur an Freunde sowie empfohlene Gäste. Diese durften an Thomas großem eckigen Tisch in der Stube sitzen, in seinem Blumen- und Obstgarten ihren Mittagsschlaf halten und seine Bergtouren nachwandern. Die Zuckerstückchen, die die Gäste zum Kaffee bekamen, trugen den Aufdruck »Vielen Dank für Ihren Besuch. Gästehaus Ludwig-Thoma-Haus«.

Während des Zweiten Weltkriegs kamen jedoch auch ungebetene Gäste in ihr Haus. 1940 wurde es in ein Internat »umgestaltet« zur Aufnahme einer aus Münster/Westfalen evakuierten Schulklasse. Ab 1943 schikanierte der SA-Brigadeführer Hans Zöberlein, der »Glaube an Deutschland«-Autor, die Hausherrin nach Kräften, obwohl die »Nazi-Kunstwarte« Thoma kurzerhand in den Reihen ihrer ›Blut- und Boden‹-Dichter mitmarschieren ließen.[1] Zöberlein war mit seiner Familie im Thoma-Haus zwangseinquartiert worden. Seine Frau Elisabeth[2] verstarb tragischerweise am 29. Dezember 1944 auf der Tuften. Für Maidi von Liebermann sollte es aber noch schlimmer kommen. Sie musste sich mit aller Kraft in einem langen Prozess gegen die Enteignungsversuche des nationalsozialistischen Regimes wehren. Und sie war erfolgreich. Über die Zeit des »Dritten Reiches« sagte Maidi von Liebermann 1965 einer Journalistin, dass sie es bis heute noch als ein Wunder betrachte, dass Ludwig Thoma sie als die nichtarische Frau über seinen Tod hinaus beschützte: »Niemand wagte sich an mich heran, während mein Bruder in Buchenwald umgekommen ist.«[3] Völlig unbehelligt blieb sie allerdings nicht, denn es wurde ihr der Reisepass entzogen und viele »Freunde« zogen sich von ihr zurück.

Nach dem Zweiten Weltkrieg musste sich Maidi von Liebermann nach einem neuen Verlag für Thomas Werke umschauen. Da der bisherige Verlag Langen-Müller 1943 dem Zentralverlag der NSDAP Franz Eher Nachf. GmbH. München angegliedert worden war, wurde dessen Rechtsnachfolger der Freistaat Bayern. Gemäß dem Alliierten Kontrollgesetz von 1945 galt der Verlag Langen-Müller für »abolished«; das Verlagsvermögen wurde beschlagnahmt. Maidi von Liebermann entschied sich für den Piper Verlag, dem sie am 11. Dezember 1946 das Verlagsrecht an sämtlichen Werken Ludwig Thomas für alle künftigen Auflagen und Ausgaben übertrug. Der

Verlag sicherte ihr zu, in den kommenden drei Jahren jährlich mindestens 40 000 Exemplare der Werke Ludwig Thomas herauszubringen, allerdings immer vorausgesetzt, dass die Papierkontigentierung dies zuließe. Sollte es Frau von Liebermann-Wahlendorf jedoch gelingen, dem Verlag Papier zu beschaffen, so würde dieses vollständig für die Herstellung von Thoma-Auflagen verwendet werden. Im November 1947 erschien dann das erste Thoma-Buch im Piper Verlag. Es war »Agricola«, mit dem 50 Jahre zuvor die Karriere des Autors Ludwig Thoma begonnen hatte.[4]

Maidi von Liebermann fungierte übrigens schon 1927 als Herausgeberin der von Josef Hofmiller und Michael Hochgesang edierten Briefe von Ludwig Thoma. Sie hatte außerdem angenommen, dass selbst die von Thoma an seine Frau Marion geschriebenen Liebesbriefe in ihren Besitz gelangen müssten, was ihr aber nicht glückte. Gerd Thumser, ein guter Freund von Maidi von Liebermann, verlegte seine Arbeit »Ludwig Thoma und seine Welt« 1966 im Desch-Verlag, wo sie sich recht energisch um den Fortgang und die Ausstattung des Buchs kümmerte.

Maidi von Liebermann hatte, wie gesagt, den gesamten literarischen Nachlass geerbt. In seinem Testament empfahl Thoma, ihn von Josef Hofmiller sichten zu lassen. Da dieser aus gesundheitlichen Gründen dazu nicht mehr selbst in der Lage war, bat er den jungen Assessor Anton Keller nach Tegernsee zu fahren. Doch Maidi von Liebermann ließ ihn nicht ins Haus; sie wollte nicht gestört werden.

Maidi von Liebermann an ihrem 70. Geburtstag mit ihrem Sohn Edgar und dessen Tochter Irmin, 1954.

Als Fritz Heinle an seiner Arbeit »Ludwig Thoma – mit Selbstzeugnissen und Bilddokumenten« schrieb, fuhr er zu Maidi von Liebermann nach Tegernsee. Er traf sie Bohnen schnitzelnd mit einer blauen Schürze angetan im Haus auf der Tuften an. Nach anfänglichem Zögern durfte er als Gast bei ihr wohnen, um in aller Ruhe die mit Thoma-Briefen vollgestopften Kartons durchzusehen.

Bereits 1957, dem 90. Geburtstag des Dichters, hatte sich Frau von Liebermann einem bayerischen Senator gegenüber beklagt, dass Thomas handschriftlicher Nachlass 36 Jahre nach seinem Tod immer noch unverschlossen in ihrem Haus liege.⁵ Der damalige Oberbürgermeister der Landeshauptstadt München, Dr. Hans-Jochen Vogel hörte von der Sorge der Erbin und erwarb für die städtische Sammlung den Hauptteil des Nachlasses. Richard Lemp, der Leiter der Handschriftenabteilung der Monacensia, bekam den völlig ungeordneten Nachlass in seine Hände. Ludwig Thomas 100. Geburtstag im Jahr 1967 war für ihn eine gute Gelegenheit, in einer großangelegten Ausstellung über Leben und Werk erstmals in der Öffentlichkeit auch den Nachlass zu zeigen. Vor Allerheiligen 1966 durfte Richard

Dankeskarte von Maidi von Liebermann.

Lemp zur Vorbereitung der Ausstellung einige Tage im Haus auf der Tuften bei Maidi von Liebermann verbringen. Es war sein erster Besuch dort, der ihm in lebhafter Erinnerung blieb: »Das ganze Haus war bewohnt, und es herrschte eine gewisse künstlerische Unordnung, die den Eindruck machte, als sei der Hausherr gerade weggegangen. Alles war so geblieben, wie es Ludwig Thoma in seiner Sterbestunde hinterlassen hat.«

Die Hausherrin, damals 83 Jahre alt, führte in überraschender Frische das Regiment, unterstützt von der »völlig gekrümmten Minna Gottschlicht«, die schon dem »Herrn Dokta« gedient hatte.

Anlässlich des 50. Todestags Ludwig Thomas und des 100. Geburtstags seines besten Freundes Ignatius Taschner richtete die Handschriftenabteilung der Monacensia im Jahr 1971 eine Ausstellung in der Stuck-Villa aus. Erneut war Richard Lemp, der inzwischen das Vertrauen von Maidi von Liebermann gewonnen hatte, Gast in Tegernsee. Sie beschäftigte ihn mit verschiedenen Nachforschungen und dabei kamen sie auch auf den Speicher. Da in einer Ecke Bilder lehnten, wurde Lemp neugierig und er fand unter einer dicken Staubschicht ein ausdrucksstarkes zeitgenössisches Porträt von Ludwig Thoma, während unten im Haus ein recht nichtssagendes, posthumes Thoma-Porträt hing. Auf Lemps Freude über das bisher unbekannte Porträt Ludwig Thomas antwortete Maidi von Liebermann nur kurz: »Das nehmen sie mit und werfen es weg! Das ist nicht der gute Ludwig!« Maidi von Liebermann mochte tatsächlich nur ganz bestimmte Bilder ihres einstigen Geliebten. Der sich bäuerlich und derb gebende Dichter, der lederhosentragende Pfeifenraucher, der gefiel ihr nicht.

Die Ausstellung und ihr Erfolg bewegten Maidi von Liebermann so sehr, dass sie Richard Lemp bei einem weiteren Besuch, zusammen mit seiner Frau, auf der Tuften im Herbst 1971 sagte: »Wenn ich einmal nicht mehr bin, dann soll alles vom guten Ludwig zu Euch kommen.« Nach dem Tod der Maidi von Liebermann hielt ihr Sohn, Edgar W. von Wahlendorf, das Wort der Mutter und schenkte der Handschriftensammlung den Restnachlass Ludwig Thomas.

Im Jahr 1957 bahnte sich zwischen der Erbin des Dichters und der Landeshauptstadt München eine Verbindung an, die zur Sicherung der Tuften für alle Zeiten führte. 1964 rief der Stadtrat der Landeshauptstadt eine Stiftung ins Leben: »Die Landeshauptstadt erfüllt damit eine kulturelle Ehrenpflicht gegenüber Ludwig Thoma, der München stets als seine geistige Heimat ansah und zeitlebens enge Kontakte mit dem kulturellen, geistigen und gesellschaftlichen Leben Münchens unterhielt.« Die Allianz-Lebensversicherungs-Aktiengesellschaft hatte sich entschlossen, zu ihrem 75jährigen Geschäftsjubiläum 1965 der Stiftung 200000 Mark beizusteuern. Die Landeshauptstadt übernahm die Verpflichtung, das Thoma-Haus zu erhalten. Somit schenkte Marie von Liebermann des Dichters Haus der Stiftung. Außerdem erwarb die Stadt von ihr für eine Million einen Grundstücksanteil von knapp 10000 Quadratmetern, damit das Thoma-Haus wie bisher von unbebautem Land umgeben bleibt. Seit 1971 steht das Haus in städtischer Verwaltung.[6] Maidi von Liebermann und auf deren Wunsch hin weitere Personen ihres Umfeldes bekamen eine Leibrente zugesprochen.

Nachdem diese Stiftung ins Leben gerufen war, meinte Maidi: »Ich glaub' der Thoma wär' mit mir zufrieden.« Neben dem Thoma-Haus ließ sie ein Gästehaus bauen. Die ehemaligen Stallungen wurden in einem Wohnhaus umfunktioniert. Außerdem erwarb Maidi von Liebermann die »Moni-Alm«, eine Ausflugsgaststätte, auf dem Weg nach Enterrottach.

Maidi von Liebermanns Tod

Als Ludwig Thoma 1920 eine Grabstätte neben seinem so früh verstorbenen Freund Ludwig Ganghofera am Friedhof von Rottach-Egern erwarb, hatte er Maidi gefragt: »Magst auch einmal hin – altes Mütterchen? Denk Dir, am Tegernsee, daheim.« Kurz nachdem Ludwig Thoma begraben war, kaufte Maidi von Liebermann schon den Grabplatz neben ihm. Maidi sollte wirklich ein altes Mütterchen werden. Sie überlebte ihren »guten Ludwig« um 50 Jahre!

Zu ihren hohen runden Geburtstagen erschienen jedes Mal viele Gratulanten in Tegernsee. Zum 70. Geburtstag überraschte man sie mit einem Feuerwerk. Etwa 70 Gäste waren ins Thoma-Haus gekommen. Eine große Kiste mit der Aufschrift »Luftfracht« stand im Vorhaus. Darin sollte sich eine weitere Überraschung des Abends verbergen: der aus Südafrika erwartete Sohn Edgar. Aber der Scherz ging fehl; Edgar war schon ins Haus gegangen und hatte die Jubilarin begrüßt. Am Vorabend des Geburtstags hatten die Kammerspiele in München zu Ehren Maidi von Liebermanns das Schauspiel »Moral« von Ludwig Thoma aufgeführt.

An ihrem 80. Geburtstag trug Maidi eines ihrer etwa 300 Dirndlkleider. Ihr Haupt krönte ein Blütenkranz. Das Foto jenes Tages wurde dann 1971 für ihr Sterbebildchen verwendet.

Zum 50. Todestag Thomas, am 26. August 1971, war Maidi von Liebermann wiederum im Blickpunkt einer breiten Öffentlichkeit. In einer stilvollen Feier wurde des großen Dichters in Dankbarkeit und Anerkennung gedacht. Maidi von Liebermann stand zusammen mit dem Geistlichen Rat Josef Kronast am blumengeschmückten Grab Thomas. Als Vertreter der Stadt Tegernsee legte MdL Anton Staudacher zugleich im Namen seines Rottacher Kollegen Max Engelsberger einen Kranz nieder. Mit dem Andachtsjodler der »alten« Waakirchner Sänger endete die Feier, in deren Rahmen auch die Stadt München als Sachverwalterin des Thoma-Erbes einen Kranz niederlegte.

Viele Jahre litt Maidi von Liebermann an einer unheilbaren Krankheit und starb schließlich an einem zweiten Herzinfarkt in der Klinik Dr. Schlemmer in Bad Wiessee. Sie schloß die Augen für immer am 22. November 1971 im Alter von 87 Jahren. Ihrem letzten Willen entsprechend, wurde sie in München eingeäschert. Die Urnenbeisetzung, zu der dann die Todesanzeige in der Presse erschien, fand am 4. Dezember 1971 am Friedhof von Rottach-Egern statt. Es trauerten um Maidi Liebermann von Wahlendorf ihr Sohn Edgar mit seiner Frau Erika, die Enkelin Irmin Hammelbacher, geb. von Wahlendorf und Ehemann Kurt, die Urenkel Michele, Stephan und Nicola sowie Maidis Lebensgefährte Hans Förg. Die Trauerfeier der zeitlebens evangelischen Verstorbenen hielt der katholische Pfarrer Josef Kronast. Er tat dies auf Bitten der Enkelin. Nun ruht die Frau, die aus dem Leben des populärsten bayerischen Dichters dieses Jahrhunderts nicht wegzudenken ist, in einem Grab neben ihm.

War die geliebte Maidi durch Thomas frühen Tod nicht mehr seine Ehefrau geworden, so schätzte sie sich glücklich, sein Erbe bewahren zu dürfen.

ANHANG

Die Ludwig-Thoma-Medaille

Am 8. Dezember 1966 wandte sich der Schriftsteller Hans Hellmut Karst an den Münchner Stadtrat Herbert Hohenemser und teilte ihm mit, dass er den Wunsch habe, anlässlich des 100. Geburtstags von Ludwig Thoma am 21. Januar 1967 eine »Ludwig-Thoma-Medaille der Stadt München in Gold« zu stiften. Diese Stiftung sah Karst als ein Zeichen seiner »Dankbarkeit, dem Land Bayern, seinen Menschen und dem Mann am Tegernsee gegenüber«. Dem Ostpreußen Karst war Bayern nach dem Zweiten Weltkrieg nicht zuletzt durch Thomas Werke problemlos zur zweiten Heimat geworden.[1]

Inder Stadtratsvollversammlung vom 31. Mai 1967 wurde der folgende Beschluss über die Verleihung der Ludwig-Thoma-Medaille akzeptiert:
Ausgezeichnet werden:

»1. Persönlichkeiten, die auf den Gebieten der Kultur, Politik und Publizistik in ähnlich mutiger und offener Weise hervorgetreten sind wie Ludwig Thoma zu seinen Lebzeiten. Diese Medaille kann ebenso für ein Lebenswerk verliehen werden wie auch für eine einzige ungewöhnliche Tat. Die Träger dieser Auszeichnung sind weder auf München, noch auf Bayern oder Deutschland zu beschränken.
2. Persönlichkeiten, die sich um die Pflege, Erhaltung und Förderung des Lebenswerks von Ludwig Thoma besonders verdient gemacht haben.«

Auf ausdrücklichen Wunsch des Stifters und des damaligen Oberbürgermeisters der Stadt München, Dr. Hans-Jochen Vogel, wurde die erste Medaille an Marie Liebermann von Wahlendorf vergeben. In der Begründung des Kulturausschusses des Münchner Stadtrats heißt es dazu: »Durch die Verleihung der Ludwig-Thoma-Medaille soll Frau von Liebermann für den Mut geehrt werden, den sie 1933–1945 bewiesen hat, um Thomas Nachlaß und das Haus auf der Tuften am Tegernsee zu erhalten.«

Von 1967 bis 1989 wurde die Ludwig-Thoma-Medaille von der Stadt München an insgesamt 79 Persönlichkeiten verliehen. Hier sollen die Namen der weiblichen Preisträger genannt werden, die nach Maidi von Liebermann diese Auszeichnung erhielten:

1969 Trude Kolmann, die langjährige Prinzipalin des Theaters »Die kleine Freiheit«, »für ihr tapferes kulturpolitisches Wirken«;
1971 Franziska Bilek »für ihre unverwechselbare, mit bayerischer Tradition im Sinne Ludwig Thomas verbundene Zeichenkunst«;
Barbara Gallauner »für ein Lebenswerk als Darstellerin volkstümlicher Gestalten im Sinne Ludwig Thomas«;
Christa Berndl – »der Schauspielerin für die meisterhafte Darstellung von Bühnengestalten Ludwig Thomas«;
Ruth Drexel – »der Schauspielerin für die meisterhafte Darstellung volkstümlicher Gestalten im Sinne von Ludwig Thoma«;
Gisela Schneeberger – »der Schauspielerin, für ihre ungewöhnliche Fähigkeit, anrührend und zugleich unsentimental, genau beobachtete Münchner Menschen darzustellen«;

1989 kam die Diskussion in Gang, ob diese Medaille noch eine erstrebenswerte Auszeichnung sei. Inzwischen waren nämlich durch den Regensburger Historiker Wilhelm Volkert jene 167 Artikel kritisch ediert und kommentiert worden, die Ludwig Thoma anonym für den »Miesbacher Anzeiger« geschrieben hatte.[2] Die Verfasserfrage dieser Artikel war schon bald kein Geheimnis mehr. »[…] alle Beiträge (sind) nicht aus Erschöpfung, sondern aus lang geübter Lust am Umsichschlagen, vor allem aber aus vermeintlicher Notwehr […] geschrieben. Daß er anonym bleiben wollte und die Verfasserschaft öffentlich bestritt, knüpft an Usancen seiner journalistischen Frühzeit an.«[3] Es handelte sich um Aufsätze, »in denen antidemokratische und antisemitistische Grundpositionen mit geradezu hemmungsloser Polemik vertreten worden waren«.[4]

Von der Vergabe der »Ludwig-Thoma-Medaille« nimmt die Stadt München seit 1989 Abstand.

Literatur

Adler, Gemella K., Heimatsuche und Identität: Das Werk der baierischen Schriftstellerin Lena Christ, Frankfurt am Main 1981

Abret, Helga/Keel, Aldo, Im Zeichen des Simplicissimus. Briefwechsel Albert Langen/Dagny Björnson. 1895–1908, München 1987 Ahrens, Hanns, Die schöne Münchnerin, München 1969

Ahrens, Helmut, Ludwig Thoma – Sein Leben, sein Werk, seine Zeit. Pfaffenhofen 1983

Bauschinger, Sigrid, Else Lasker-Schüler, Heidelberg 1980

Benedix, Peter, Der Weg der Lena Christ. Neue, überarbeitete Auflage v. Ludwig Baur, München 1950

Björnson Gulbransson, Dagny, Das Olaf Gulbransson-Buch, München 1972

Braun, Helmut, Frauen um Ludwig Thoma, Rosenheim 1966, in: Wendelstein-Kalender 1967

Brehm, Friedl, Zehn haben neun Meinungen. Kritik und Kritiker bei Ludwig Thoma, Feldafing 1958

Berlinger, Joseph, Ludwig Thomas »Heilige Nacht«. Profane Gedanken zu einem religiösen Gedicht, in: Zwischen den Wissenschaften. Beiträge zur deutschen Literaturgeschichte. Hg. v. Gerhard Hahn und Ernst Weber, Regensburg 1994, S. 346–351 (= Festschrift für Bernhard Gajek zum 65. Geburtstag)

Chiavacci, Vincenz, Ludwig Ganghofer. Ein Bild seines Schaffens und Lebens, Stuttgart 1905

Das Passionsspielhaus und das Heimatmuseum, hg. v. d. Gemeinde Oberammergau, 1955

Denk, Lieselotte, Das unordentliche Leben der Lena Christ, in: Der Merkur zum Wochenende – Journal, 1980

Dewitz, Jean, Thoma et Je théatre populaire (Diss.), Nancy 1983

Drašček, Daniel, Wirbel um Ludwig Thoma, in: Literatur in Bayern, Nr. 17, Sept. 1989, S. 48–51

Ders. und Moser, Dietz-Rüdiger, Schon Korfiz Holm fand Ludwig Thoma »krachledern«, in: Literatur in Bayern, Nr. 21, Sept. 1990, S. 2–14

Eine eigene Geschichte, Frauen in Europa – Aufbruch, Vom Absolutismus zur Gegenwart, Bd. 2, hg. v. Bonnie S. Anderson und Judith P. Zinsser, Zürich 1993

Elsner, Gisela, Clara Zetkin, in: Frauen-Porträts aus zwei Jahrhunderten, hg. v. H.-J. Schultz, Stuttgart 1981, S. 158–171

Engelmann, Bernt, Erich Mühsam und Ludwig Thoma – ein Beitrag zur Entstehung des Nazismus, in: Schriften der Erich Mühsam-Gesellschaft, Heft 3 (1993), S. 74–86

Europäische Stammtafeln, hg. v. D. Schwennicke, Band IX, Familien des Früh- und Hochkapitalismus, Marburg 1987

Ewers, Hans Heinz, Das Cabaret, Berlin 1904

Familienchronik der Fa. Lang sel. Erben, Oberammergau (ungedruckt), Oberammergau 1925

Fenzl, Fritz, Ludwig Thoma – ein bayerischer Dichter der Jahrhundertwende (Diss.), München 1983

Ferner, Hans, Als junger Gartengestalter im Thoma-Haus am Tegernsee, in: Altbayer. Heimatpost, Nr. 11 / 1974

Gajek, Bernhard, Leserbrief in der Frankfurter Allgemeinen Zeitung vom 17.1.1990

Ders., Oberammergau und Ludwig Thoma. Überlegungen zur Bedeutung des Geburtsortes, in: Forschungen zur bayerischen Geschichte. Festschrift für Wilhelm Volkert zum 65. Geburtstag, hg. v. Dieter Albrecht und Dieter Götschmann unter Mitarbeit von B. Löffler, Frankfurt am Main 1993, S. 293–317

Ders., Stationen einer Jugend, in: Ludwig Thoma, Lausbubengeschichten, München / Zürich 1989, S. 107–194

Ders., s. auch unter Thoma, Ludwig

Ganghofer, Ludwig, Lebenslauf eines Optimisten, 3 Bde., Stuttgart 1921

Goebel, Anna, »Ein schöner Wahn, für Freiheit zu kämpfen«. Der bayerische Schriftsteller Georg Queri, in: Bayernspiegel Nr. 35, September / Oktober 1994, S. 13–16

Goepfert, Günther, Das Schicksal der Lena Christ, München 1971

Gritschneder, Otto, Angeklagter Ludwig Thoma, München ²1992

Gugel, Adelheid v., Lena Christ. Leben und Werk, München 1959

Günzler, Otto / Zwink, Alfred, Oberammergau, berühmtes Dorf – berühmte Gäste, München 1950

Haage, Peter, Ludwig Thoma, Bürgerschreck und Volksschriftsteller, München 1982

Hallgarten, Constanze, Als Pazifistin in Deutschland, Stuttgart 1956

Hallgarten, George W. F., Als die Schatten fielen, Berlin 1969

Hederer, Edgar, Ludwig Thoma, München 1941

Heine, Thomas Theodor, Ich warte auf Wunder, Stockholm 1942

Heinle, Fritz, Ludwig Thoma in Selbstzeugnissen und Bilddokumenten, Hamburg ²1985

Holitscher, Arthur, Lebensgeschichte eines Rebellen. Meine Erinnerungen, Berlin 1924

Holm, Korfiz, Farbiger Abglanz. Erinnerungen an Ludwig Thoma, Max Dauthendey und Albert Langen, München 1940

Hubensteiner, Benno, Ludwig Thoma 1867–1921. Ein Leben zwischen Literatur und Politik, in: Münchner Stadtanzeiger Nummer 51 u. 53 v. 10./17. Juli 1981

Imiela, Hans-Jürgen, Die Sammlung Kohl-Weigand, Heidelberg 1961

Ders., Max Slevogt, Karlsruhe 1968

Kaiser-Queri, Thea, Das bayerische Raritätenbüchl, Dachau 1963

Keel, Aldo (Hg.), Björnstjerne Björnsons Briefwechsel mit Deutschen 1859–1909, 2 Bde., Basel 1986/87

Keller, Anton (Hg.), Ludwig Thoma. Ein Leben in Briefen 1875–1921, München 1963

Key, Ellen, Über Liebe und Ehe, Berlin 1904

Klaus, Martin A., Spuren eines aggressiven Lebens. Vor 125 Jahren wurde Ludwig Thoma geboren, in: Süddeutsche Zeitung Nr. 20 vom 25./26. Januar 1992

Klinner, Helmut W., Ereignisse von einst, in: Bürgerinformation 10/91 u. 2/92, Oberammergau

Kreiler, Kurt, Erich Mühsam – Leben und Tod eines deutschen Anarchisten, Lübeck 1994 (= Schriften der Erich-Mühsam-Gesellschaft. Heft 6)

Koch, Ernestine, Albert Langen. Ein Verleger in München, München 1969

Kuhn, Annette (Hg.), Chronik der Frauen, Dortmund 1992

Lehner, Rudolf, Der Moralist Ludwig Thoma, in: Handbuch der Literatur in Bayern, hg. v. Albrecht Weber, Regensburg 1987, S. 359–371

Lemp, Richard, Ludwig Thoma. Bilder, Dokumente, Materialien zu Leben und Werk, München 1984

Ders., Ludwig Thoma. Vom Advokaten zum Literaten. Unbekannte Briefe, hg. u. komm. v. Richard Lemp, München 1979

Ders., s. auch unter Thoma, Ludwig

Liebermann, Maidi von, Erinnerungen an Ludwig Thoma, in: Bayerland 56, 1954, S. 188–190

Liebermann von Wahlendorf, Willy, Erinnerungen eines deutschen Juden 1863–1936, hg. v. Ernst Reinhard Piper, München 1988

Luberger, Karl, Geschichte der Stadt Penzberg, Penzberg 1985

Mühsam, Erich, Tagebücher 1910–1924, hg. v. Chris Hirte, München ²1995

Mühsam, Kreszentia, Der Leidensweg Erich Mühsams, Zürich/Paris 1935

Mühsam, Zenzl, Eine Auswahl aus ihren Briefen, hg. v. Chris Hirte u. Uschi Otten, Lübeck 1995 (= Schriften der Erich-Mühsam-Gesellschaft. Heft 9)

Müller-Stratmann, Claudia, Josef Ruederer (1861–1915). Leben und Werk eines Münchner Dichters der Jahrhundertwende, Frankfurt am Main 1994

Münzing, Ingeborg, »Ich glaub' der Thoma wär' zufrieden mit mir«, in: Abendzeitung vom 6./7. November 1965

Münzing-Ruef, Ingeborg, Ludwig Thoma in Finsterwald/Gmund, hg. v. d. Heimatfreunden Gmund, Gmünder Hefte Nr. 3, Gmund 1992

Murr, Stefan, Die heimlichen Schwestern, Bern/München/Wien ²1994

Nietsch, Eleonore, Femme et société dans l'œuvre du Ludwig Thoma (Diss.), Paris 1992. Dtsch. Ausgabe: Frau und Gesellschaft im Werk von Ludwig Thoma, Frankfurt am Main 1995 (= Regensburger Beiträge zur deutschen Sprach- und Literaturwissenschaft, hg. v. Bernhard Gajek).

Otto, Rainer/Rösler, Walter, Kabarettgeschichte, Abriß des deutschsprachigen Kabaretts, Berlin 1981

Perfahl, Jost (Hg.), Ludwig Thoma. Unbekanntes – Verstecktes – Entdecktes, München 1992

Peschken-Eilsberger M., Letzte Grüße von Thomas Theodor Heine, in: Literatur in Bayern, Nr. 33 (Sept. 1993), S. 21–24

Pikola, Rudolf, Karl Stieler, seine Zeit, seine Familie, sein Werk – Jubiläumsausgabe, Hausham 1984

Piper, Ernst, Ludwig Thoma und seine Verleger, in: Zwischen den Wissenschaften. Beiträge zur deutschen Literaturgeschichte. Hg. v. Gerhard Hahn und Ernst Weber, Regensburg 1994 (= Festschrift für Bernhard Gajek zum 65. Geburtstag), S. 352–358

Pöllinger, Andreas (Hg.), Der Briefwechsel zwischen Ludwig Thoma und Albert Langen. 1899–1908, 2 Bde., Frankfurt am Main 1993 (= Regensburger Beiträge zur deutschen Sprach- und Literaturwissenschaft, Reihe A/Quellen; Bd. 7, hg. v. Bernhard Gajek)

Prinz, Friedrich/Krauss, Marita (Hg.), München – Musenstadt mit Hinterhöfen. Die Prinzregentenzeit 1886–1912, München 1988

Pörnbacher, Karl, Ludwig Ganghofer: »Das Schweigen im Walde«, in: Handbuch der Literatur in Bayern, hg. v. Albrecht Weber, Regensburg 1987, S. 347–357

Ders., Ludwig Ganghofer, in: Lebensbilder aus dem Bayerischen Schwaben, Bd. 11, Weißenhorn 1976, S. 289–326

Reimann, Hans, Mein blaues Wunder. Lebensmosaik eines Humoristen, München 1959

Renk, Herta-Elisabeth, Die Überflüssige und ihre Heimat – zu Leben und Werk der Lena Christ, in: Handbuch der Literatur in Bayern, hg. v. Albrecht Weber, Regensburg 1987, S. 373–385

Rösch, Gertrud M., Frauen um Ludwig Thoma. Ein Beitrag zur Biographie des Autors (Zulassungsarbeit Masch. Regensburg), 1985

Dies., Ludwig Thoma als Journalist. Ein Beitrag zur Publizistik des Kaiserreiches und der frühen Weimarer Republik, Frankfurt a. M. 1989 (= Regensburger Beiträge zur deutschen Sprach- und Literaturwissenschaft, Reihe B/ Untersuchungen, Bd. 42)

Rothmaier, Richard, Mein Freund Ludwig Thoma, hg. v. Friedl Brehm, Altötting 1949

Schultes, Bertl, Ein Komödiant blickt zurück. Erinnerungen an Ludwig Thoma, das Bauerntheater und deren Freunde, München 1963

Slezak, Leo, Ludwig Thoma. Persönliche Erinnerungen, Wien 1921

So ein Saustall! Altbaierisches aus den finstersten Zeiten des Systems von Ludwig Thoma, Dietrich Eckart, Klaus Eck, hg. v. Wilhelm von Kloeber, München 1938

Stieler, Dora, Erdhauch, neue Gedichte, Stuttgart/Berlin 1916

Schwab, Irmgard, Familie und Gesellschaft bei Ludwig Thoma (Diss.), Eichstätt 1977

Simplicissimus. Eine satirische Zeitschrift. München 1896–1944 (= Katalog der Ausstellung im Haus der Kunst vom 10.11.1977–15.1.1978), München 1978

Thoma, Ludwig, Agricola. Bauerngeschichten. Textrevision und Nachwort v. Bernhard Gajek, München / Zürich 1986
Ders., Gesammelte Werke, hg. v. Richard Lemp, München 1968, 6 Bde. (zitiert: GW)
Ders., Andreas Vöst. Bauernroman. Textrevision und Nachwort v. Bernhard Gajek, München / Zürich 1988
Ders., Ausgewählte Briefe, hg. v. Josef Hofmiller und Michael Hochgesang, München 1927
Ders., Eine Fahrt von Tegernsee nach Stuttgart, in: GW Bd. 1, S. 379–392
Ders., Erinnerungen, in: GW 1, S. 57–236
Ders., Georg Queri, in: Leute, die ich kannte, GW, S. 284–286
Ders. – Ignatius Taschner. Eine Bayerische Freundschaft in Briefen, hg. u. komm. v. Richard Lemp, München 1971 (zitiert: R. Lemp, Thoma / Taschner)
Ders., Der Jagerloisl. Eine Tegernseer Geschichte. Textrevision und Nachwort v. Bernhard Gajek, München / Zürich 1989
Ders., Lausbubengeschichten. Aus meiner Jugendzeit. Textrevision und Nachwort von Bernhard Gajek, München / Zürich 1989
Ders., Magdalena. Volksstück in drei Aufzügen. Textrevision und Nachwort v. Bernhard Gajek, München / Zürich 1985
Ders., Moral, Komödie in drei Akten. Textrevision und Nachwort v. Bernhard Gajek, München / Zürich 1983
Ders., Münchnerinnen. Roman. Textrevision und Nachwort von Bernhard Gajek, München / Zürich 1984
Ders., Der Ruepp. Roman. Textrevision und Nachwort v. Bernhard Gajek, München / Zürich 1987
Ders., Sämtliche Beiträge aus dem »Miesbacher Anzeiger« 1920 / 21, kritisch ediert und kommentiert v. Wilhelm Volkert, München / Zürich 1989 (= Ludwig Thoma, Werke in Einzelausgaben, hg. v. Bernhard Gajek)
Ders., Die Sippe, Schauspiel in drei Aufzügen. Nachwort von Jean Dewitz, München 1991
Ders., Tante Frieda. Neue Lausbubengeschichten. Textrevision und Nachwort v. Bernhard Gajek, München / Zürich 1985
Ders., Der Wilderer und andere Jägergeschichten. Textrevision und Nachwort, v. Bernhard Gajek, München / Zürich 1984

Ders. und Georg Queri (Hg.), Bayernbuch – 100 bayerische Autoren eines Jahrtausends, München 1913

Ludwig Thoma zum 100. Geburtstag (Festschrift), hg. v. der Stadtbibliothek München 1967, bearb. v. Richard Lemp u. a., München 1968

Ludwig Thoma, Tuften 12, Tegernsee, hg. v. d. Presse- und Informationsstelle der Landeshauptstadt München, o. J.

Thumser, Gerd, Anekdoten um Ludwig Thoma. München, Eßlingen 1968

Ders., Ludwig Thoma und seine Welt, München 1968

Vignau, Ilka von, Werdenfelser Land, München 1984

Weiß Ferdl erzählt sein Leben, München 1951

Winkler, Willi, Dreinhauen, daß die Fetzen fliegen, in: Die Zeit, Nr. 35, 1989, Feuilleton, S. 42

Ziersch, Roland, Ludwig Thoma, Mühlacker 1964

Ziersch, Walther, Ludwig Thoma und die Münchner Stadt, Gauting 1936

Ders., Ludwig Thoma. Die Geschichte seiner Liebe und Ehe. Aus Briefen und Erinnerungen, hg. v. Walther Ziersch, München 1928

Zils, Wilhelm (Hg.), Geistiges und künstlerisches München in Selbstbiographien, München 1913

Zorn, Wolfgang, Bayerns Geschichte im 20. Jahrhundert. Von der Monarchie zum Bundesland, München 1986

Anmerkungen

Die hier aufgeführten Titel werden nur in Kurzform genannt; vgl. dazu das Literaturverzeichnis. Alle zitierten Briefe befinden sich – wenn nicht anders vermerkt – in der Handschriftensammlung der Münchner Stadtbibliothek/Monacensia. Die Briefe Ludwig Thomas an seine Frau Marion sind entnommen aus: Walther Ziersch, Ludwig Thoma, Die Geschichte seiner Liebe und Ehe. Auf Briefe, die schon in anderen Werken abgedruckt wurden, wird im Anmerkungsapparat nicht gesondert hingewiesen. Bei neu gelesenen und bisher unveröffentlichten Briefen wurden weder die Interpunktion noch die Schreibweise verändert.

Mutter und »Pflegemutter«, Schwestern und Schwägerinnen, S. 13–43
1 Siehe dazu vor allem R. Lemp, Ludwig Thoma, Bilder. Allgemein: H. Ahrens, Ludwig Thoma; P. Haage, Ludwig Thoma; F. Heinle, Ludwig Thoma; E. Nietsch, Femme et société; G. M. Rösch, Frauen um Ludwig Thoma. **2** B. Gajek, Oberammergau und Ludwig Thoma, S. 300. **3** Die in diesem Kapitel zitierten Stellen stammen, wenn nicht anders angegeben, aus: Ludwig Thomas »Erinnerungen«, Gesammelte Werke (= GW) Bd. I. **4** Wie Anm. 2, S. 308. **5** B. Gajek, Stationen einer Jugend, S. 113. **6** R. Lehner, Der Moralist Ludwig Thoma, S. 361. **7** Wie Anm. 5, S. 122. Wie Anm. 1, Lemp, S. 46. **8** An Maidi von Liebermann am 28.8.1919. **9** Wie Anm. 1, Rösch, S. 58. **10** M. A. Klaus, Spuren eines aggressiven Lebens, in: SZ, Nr. 20 vom 25./26. Januar 1992. **11** Ebd. **12** Wie Anm. 5, S. 117. **13** Wie Anm. 1, Rösch, S. 58. **14** Wie Anm. 1, Rösch, S. 12. **15** An Assessor Frankl am 28.11.1893. **16** A. Pöllinger, Langen/Thoma, S. 90. **17** R. Lemp, Vom Advokaten zum Literaten, S. 97. **18** Ebd., S. 182. **19** Angaben zu den Geschwistern und ihren Familien, soweit nicht bei R. Lemp, Ludwig Thoma in Bildern, angegeben, erhielt ich freundlicherweise zu *Katharina Hübner* vom Standesamt Allershausen (Frau Westermeier und Herr Wolfgang Kolb) und der Gemeinde Egenhofen (Frau Johanna Gommes); zu *Gertraud Thoma* und *Maximilian Thoma* von der Landeshauptstadt München, Einwohnermeldewesen, der Stadt Tegernsee (Herrn Alois Funk) und der Gemeinde Rottach-Egern (Frau Helga Moosmayer). **20** Wie Anm. 16, S. 388f. und 483. **21** R. Lemp, Thoma/Taschner, S. 58f. **22** Ebd., S. 64. **23** Ebd., S. 116f.

Verlegersgattin Dagny Björnson-Langen, S. 44–53
1 D. Björnson-Gulbransson, Das Olaf Gulbransson-Buch, S. 67. **2** Ebd., S. 67. – Nach dem vorhandenen Briefwechsel hatte Thoma Dagny Langen gegenüber keine Chance zum Intrigieren. **3** E. Koch, Albert Langen, S. 32. **4** A. Pöllinger, Thoma/Langen, S. 19. **5** Ebd., S. 583 u. S. 598; Brief an Thoma v. 21.6.1900. Vgl. dazu G. M. Rösch, Thoma als Journalist, S. 103f. **6** A. Pöllinger, Thoma/Langen, S. 584. **7** Ebd., S. 240 und S. 598. **8** Ebd., S. 583. **9** Ebd., S. 756; Brief an Thoma v. 21.5.1900. **10** Ebd., S. 157 und S. 458. Die Stadt Mafeking wurde von den Buren Anfang Mai 1900 besetzt, doch dem englischen General gelang es, am 17. Mai die Buren zurückzuwerfen. **11** Ebd., S. 189 und S. 527ff. Bei dem Zeitungsausschnitt dürfte es sich nach

Pöllinger um den Artikel »Das Heine-Denkmal« von Hans R. Fischer vom 18.3.1894 handeln. **12** Wie Anm. 4, S. 527. **13** Ebd., S. 562. **14** H. Abret/A. Keel, Im Zeichen, S. 225. **15** A. Keel, Björnson. Briefwechsel, S. 525f. **16** Vgl. wie Anm. 14, S. 7–154 u. wie Anm. 4, S. 832.

Clara Viebig, Mia Holm und andere, S. 55–57
1 A. Pöllinger, Thoma/Langen, S. 35 und S. 125. **2** Brief Thomas an Maidi Liebermann vom 16.5.1920. **3** Wie Anm. 1, S. 34f. **4** Ebd., S. 173 und S. 500f. **5** Ebd., S. 35. **6** Ebd., S. 504f.; Der Sammler, Jg. 69, Nr. 84, 14.7.1900, S. 5f. **7** Ebd., S. 167. **8** Wie Anm. 1, S. 489; siehe dazu Kapitel »Ricca Lang«, S. 183ff. **9** Siehe dazu Kapitel »Rosa Luxemburg«, S. 225ff. **10** A. Keller, Briefe, S. 115.

Hanna Sachs, S. 58–61
1 R. Lemp, Vom Advokaten zum Literaten, S. 9ff. **2** Ebd., S. 101f. **3** Ebd., S. 73. **4** Ebd., S. 97f. **5** Ebd., S. 105ff. Vgl. dazu G. M. Rösch, Ludwig Thoma als Journalist, S. 103f. **6** Ludwig Thoma, Sämtliche Beiträge aus dem »Miesbacher Anzeiger« 1920/21, S. 88ff. **7** Ebd., S. 92. Hier wird die Ehegesetzgebung des Kaisers Augustus in der Lex Julia de maritandis ordinibus (4 n. Chr.) und der Lex Papia Poppaea (9 n. Chr.) angesprochen.

Frau G., S. 62–65
1 Zum folgenden Kapitel vgl. Ludwig Thoma, Münchnerinnen, Nachwort von B. Gajek, S. 186–189 und A. Pöllinger, Thoma/Langen, S. 293f. und S. 666ff. **2** ++ hinter einer Eintragung wie »daheim«, »im Wald« verwendet Thoma stets für Intimverkehr. **3** Die Metapher »Kaninchen« benutzt Thoma für unerotischen Intimverkehr. **4** Ludwig Thoma, Münchnerinnen, Vorwort nach B. Gajek. **5** A. Pöllinger, Thoma/Langen, S. 165 und S. 482. **6** Arthur Holitscher (1869–1941), Schriftsteller und Journalist, der für kurze Zeit in der Redaktion des »Simplicissimus« tätig war. Er galt als Päderast, verheiratete sich aber 1912.

Madame Adrienne de Lancy, S. 65–68
1 Vgl. zum Folgenden A. Pöllinger, Thoma/Langen, S. 230f. u. S. 737–740. **2** Ebd., S. 358. **3** F. Fenzl, Ludwig Thoma, S. 186f. und S. 208. **4** C. Müller-Stratmann, Josef Ruederer, S. 303.

Hedwig Xylander, S. 68–70
1 Ludwig Thoma, Lausbubengeschichten, Nachwort von B. Gajek, S. 150; R. Lemp, Ludwig Thoma, Bilder, S. 80 und S. 82. **2** E. Nietsch, Femme et société dans l'œuvre de Ludwig Thoma, S. 23. **3** Brief Ludwig Thomas an Karl Rothmaier vom 9.1.1918. **4** Beide Gedichte in GW, Bd. 6, S. 513ff.

Frau Ehrmann, S. 71
1 Ludwig Thoma, Andreas Vöst, Nachwort von B. Gajek, S. 334; A. Pöllinger, Thoma / Langen, S. 767. **2** Siehe Thomas Brief an den Redaktionskollegen Reinhold Geheeb vom 21.8.1901, abgedruckt bei A. Pöllinger (wie Anm. 1), S. 767. **3** D. Björnson-Gulbransson, Das Olaf Gulbransson-Buch, S. 101. **4** R. Lemp, Vom Advokaten zum Literaten, S. 33.

Maria Trinidad de la Rosa – Marietta de Rigardo, S. 75–99
1 A. Pöllinger, Thoma / Langen, S. 828 und S. 839. **2** R. Otto / W. Rösler, Kabarettgeschichte, S. 53ff. **3** Text auf der Rückseite des Programmzettels »Im Siebten Himmel«. R. Lemp, Ludwig Thoma, Bilder, S. 97. **4** Meisterwerke aus Dresden, Gemäldegalerie Neue Meister, hg. von H. J. Neidhardt, S. 48f. **5** Imiela, Max Slevogt, S. 442. **6** »Liebe Marietta! Ich wollte gestern abend zu Dir kommen, aber meine Schwester und das schlechte Wetter haben mich abgehalten. Dafür werde ich morgen abend zwischen 7–8 Uhr kommen. Wie lange habe ich Dich nicht gesehen, meine Liebe! Gestern abend war ich mit meiner kleinen Schwester auf einem Ball, und wir haben viel getanzt. Wann sie nachhause fährt, weiß ich noch nicht. Sie erhält viele Einladungen und amüsiert sich. Und wir?! Bald? In der Art …? Ich küsse Dich, meine kleine Liebe mit der Kraft eines Mannes, der warten muß. Dein leidenschaftlicher Berlin.« **7** Wie Anm. 1, S. 76f und S. 711. **8** Wie Anm. 2, S. 47. Cheveaulegers = leichte Reiterei; wie Anm. 1, S. 76f. und S. 711. **9** L. Thoma, Der Vöst, Nachwort von B. Gajek, S. 277. **10** G. Thumser, Ludwig Thoma und seine Welt, S. 25. **11** F. Fenzl, Ludwig Thoma, S. 64ff. **12** Vgl. dazu auch I. Münzig-Ruef, Ludwig Thoma in Finsterwald / Gmund. **13** D. Björnson-Langen, Olaf Gulbransson, S. 101f. **14** Ebd. **15** Palette, Heft III, 1962. **16** G. M. Rösch, Ludwig Thoma als Journalist, S. 38 und S. 130f. **17** O. Gritschneder, Angeklagter Ludwig Thoma, S. 10. **18** Ebd., S. 52. **19** Ebd., S. 64. **20** W. Ziersch, Die Geschichte seiner Liebe und Ehe, S. 70. **21**

Siehe dazu G. M. Rösch, Frauen um Ludwig Thoma, S. 212f. Im Februar 1980 untersuchten Richard Lemp, ehemaliger Leiter der ehemaligen Handschriftenabteilung der Stadtbibliothek München und Verwalter des Ludwig-Thoma-Nachlasses, sowie Otto Gritschneder mit seiner Frau Margarete zusammen mit Chemierat Anton Dallmayer im Bayerischen Landeskriminalamt das »Stadelheimer Tagebuch« von Ludwig Thoma. Es sollte mit optisch-physikalischen Geräten herausgefunden werden, was an den Stellen des Tagebuchs steht, die gestrichen waren. Die gestrichenen Stellen bezogen sich fast ausschließlich auf Marion, damals Thomas Geliebte. **22** Wie Anm. 20, S. 57 und S. 69. **23** R. Lemp, Ludwig Thoma, S. 91. **24** R. Lemp, Thoma / Taschner, S. 78. **25** G. M. Rösch, Frauen um Ludwig Thoma, S. 35. **26** Ebd. **27** Ebd. S. 36ff. sehr ausführliche Schilderungen der Scheidungsverhandlungen. Wie dieser Ehebruchsbeweis aussah, ist nicht mehr nachzuweisen. **28** Thomas Brief an Marion vom 22.5.1906. **29** Thomas Brief an Haußmann vom 24.7.1906. **30** Thomas Brief an Ricca Lang vom 20.2.1906.

Der »Kuhhandel« um Marietta, S. 99–102

1 Th. Th. Heine, Ich warte auf Wunder. Vgl. dazu G. M. Rösch, Ludwig Thoma als Journalist, S. 326. **2** M. Peschken-Eilsberger, Letzte Grüße von Thomas Theodor Heine, S. 21. **3** Wie Anm. 1, S. 103–109 und S. 129f.

Marion Thoma, die Ehefrau, S. 103–119

1 A. Pöllinger, Thoma / Langen, S. 799. **2** R. Lemp, Thoma / Taschner, S. 80. **3** Ebd. **4** Wie Anm. 1, S. 396f. und S. 838f. **5** Brief Ludwig Thoma an Conrad Haußmann vom 21.1.1908. **6** Ludwig Thoma, Moral, Nachwort von B. Gajek, S. 93. **7** Ebd. **8** P. Haage, Ludwig Thoma, S. 107. **9** W. Ziersch, Die Geschichte seiner Liebe und Ehe, S. 87. **10** Wie Anm. 1, S. 400 u. S. 850. **11** Wie Anm. 2, S. 115. **12** B. Schultes, Erinnerungen an Ludwig Thoma, S. 38. **13** Ludwig Thoma, Münchnerinnen, Nachwort von B. Gajek, S. 205. Brief Thomas an Ganghofer vom 19.8.1910. **14** Vgl. dazu Europäische Stammtafeln. NF, hg. von D. Schwennicke, Tafel 47, Bd. IX, Familien des Früh- und Hochkapitalismus, Marburg 1987. Der Name Engelhard wird dort ohne t am Schluss geschrieben. **15** Vgl. dazu ausführlich G. M. Rösch, Frauen um Ludwig Thoma, S. 194ff. und S. 68f. **16** Brief Ganghofers an Thoma vom 25.8.1910. **17** Ebd. **18** Brief Thomas an Ganghofer vom 23.8.1910. **19** Ebd.

20 Wie Anm. 16. **21** Brief Thomas an Ganghofer vom 18.10.1910. **22** Wie Anm. 15, S. 83. Siehe dazu Ludwig Thoma, Die Sippe, München 1991, S. 71–73. Dort ist der Briefwechsel zwischen Thoma und Ganghofer den Ehebruch betreffend abgedruckt. **23** Wie Anm. 21.

Geschieden und doch unzertrennlich, S. 120–138

1 G. M. Rösch, Frauen um Ludwig Thoma, S. 123. **2** R. Lemp, Thoma / Taschner, S. 133f., Brief vom 20.11.1911. **3** R. Ziersch, Die Geschichte seiner Liebe und Ehe, S. 118. **4** Wie Anm. 1, S. 114. **5** B. Schultes, Erinnerungen an Ludwig Thoma, S. 61. **6** Altbayerische Heimatpost 11 / 74. **7** Wie Anm. 1, S. 115–117.

Die Geliebte: Marie Liebermann von Wahlendorf, S. 139–146

1 Ludwig Thoma, Berliner Eindrücke, in GW, Bd. 1, S. 367–378. **2** Ebd., S. 378. **3** G. M. Rösch, Frauen um Ludwig Thoma, S. 101.

Maidis Ehemann Willy Liebermann von Wahlendorf, S. 146–155

1 Alle Zitate in diesem Kapitel stammen aus: W. Liebermann von Wahlendorf, Erinnerungen eines deutschen Juden, S. 207–214. Mit freundlicher Genehmigung des Piper Verlages München.

Scheidungspläne in Stuttgart, S. 155–165

1 Siehe zu diesem Kapitel allgemein L. Thoma, Gesammelte Werke 1968, Bd. 1, S. 385ff.

Außerdem hoffe ich ja der jüdischen Rasse, S. 165–180

1 Siehe dazu Ludwig Thoma, Sämtliche Beiträge aus dem »Miesbacher Anzeiger« 1920 / 21, kritisch ediert und kommentiert von W. Volkert. **2** G. M. Rösch, Ludwig Thoma als Journalist, S. 312. **3** Wie Anm. 1, S. 17ff. **4** Wie Anm. 1, S. 93f.; dort Anm. 5 sowie S. 132 Anm. 4: Krakau (1849–1919 Österr.-Galizien) hatte 1920 21% jüdische Bevölkerung; Tarnopol (Ostgalizien) etwa 40% und Krotoschin, Kreisstadt in der bis 1918 / 19 preußischen Provinz Posen. Der jüdische Anteil ging zwischen 1849 und 1921 von 30% auf 1% zurück. **5** Ludwig Thoma, Der Ruepp, Nachwort von B. Gajek, S. 232. **6** Brief an Maidi von Liebermann vom 9.1.1919. Siehe auch A. Pöllinger, Thoma / Langen, S. 470 u. S. 699. **7** Wie Anm. 1, S. 5. **8** O. Gritschneder,

Angeklagter Ludwig Thoma, S. 138. **9** Ebd. **10** Siehe Dritter Teil dieses Buches; D. Drašćek, Wirbel um Ludwig Thoma, S. 51. **11** W. Liebermann von Wahlendorf, Erinnerungen eines deutschen Juden, S. 207. **12** A. Pöllinger, Thoma / Langen, S. 16f. = Brief Korfiz Holm an den Verleger Albert Langen, 15.9.1899. **13** Wie Anm. 5, Vorspann.

Friederika Lang, S. 183–192
1 Brief vom 16.4.1913 an Ludwig Thoma. **2** Frdl. Hinweis von Florian Lang, Oberammergau (Briefe vom 23.3. und 1.5.1995), der mir auch Einblick in die Familienchronik des Hauses von 1925 gewährte. **3** Siehe dazu auch A. Pöllinger, Thoma / Langen, S. 488f. und S. 53 in diesem Buch. **4** Das Stück »Witwen« wurde zu Ludwig Thomas Lebzeiten nie aufgeführt. Erst am 5.8.1958 fand die Uraufführung in einer Bearbeitung von Georg Lohmeier im Residenztheater in München statt. **5** Frdl. Hinweis von Archivar Helmut W. Klinner, Gemeinde Oberammergau, vom 22.3. und 18.4.1995. O. Günzler und A. Zwink, Berühmtes Dorf – berühmte Gäste, S. 137. **6** Siehe Kapitel »Frau G.«, S. 58. **7** Fritz Klimsch (1870–1960), Bildhauer, bekam 1894 den Großen Staatspreis und wurde Mitglied der Deutschen Künstlervereinigung, 1898 gründete er zusammen mit Walter Leistikow und Max Liebermann die Berliner Secession; der erfolgreiche Bildhauer erhielt 1921 eine Berufung für den Lehrstuhl für Bildhauerei an der Hochschule für freie und angewandte Kunst in Berlin. Im Ausstellungskatalog der 5. Kunstausstellung der Berliner Secession 1902 trägt die Büste die Bezeichnung »Dr. Thoma (Peter Schlemihl)«. Vgl. dazu A. Pöllinger, Thoma / Langen, S. 443 u. S. 697. **8** Th. Kaiser-Queri, Das Bay. Raritätenbüchl, S. 28. **9** Ludwig Thoma, Georg Queri, in: Leute, die ich kannte, GW, Bd. 1, S. 284–286. **10** Wie Anm. 5. **11** Wie Anm. 2 und 5.

Thinka Ganghofer, S. 193–200
1 V. Chiavacci, Ludwig Ganghofer, S. 105. **2** Ludwig Ganghofer, Lebenslauf eines Optimisten, Bd. 3, S. 413f. **3** Siehe Kapitel Marion, S. 94ff. **4** Thomas Brief an Taschner vom 22.3.1911. Siehe dazu R. Lemp, Thoma / Taschner, S. 139f. **5** Thomas Brief an Ganghofer vom 9.10.1910. **6** Stefan Murr, Die heimlichen Schwestern. **7** Ebd., S. 350. **8** Dieser Bub ist Dr. Bernhard Horstmann, Pseudonym Stefan Murr, wie Anm. 6. **9** Thomas Brief an Maidi vom

6.6.1921. **10** K. Pörnbacher, Ludwig Ganghofer, in: Lebensbilder, S. 324. **11** Frau von der Leyen, die Gemahlin von Prof. Friedrich von der Leyen, gen. »der Märchenpapst«. Frau Leyen war Künstlerin und porträtierte u. a. auch Thinka Ganghofer. **12** Maidis Brief an Thoma vom 25.6.1920. **13** Thomas Brief an Maidi vom 30.7.1920.

Helene Taschner und die »Taschnermäderln«, S. 200–207
1 Ignatius Taschner (1871–1913) ist der Schöpfer von Brunnen u. a. in Posen, Breslau, Berlin. Er schuf Bauplastiken, entwarf den Bauplan für Thomas Haus, illustrierte dessen Werke »Der heilige Hias« und »Wittiber«. **2** G. M. Rösch, Frauen um Ludwig Thoma, S. 210, Anlage Nr. 60. **3** H. Ahrens, Ludwig Thoma, S. 504. **4** P. Haage, Ludwig Thoma, S. 174. **5** Der damalige Leiter der Monacensia, Richard Lemp, veröffentlichte 1971 den Schriftwechsel, mit Kommentaren versehen, unter dem Titel: Ludwig Thoma – Ignatius Taschner. Eine Bayerische Freundschaft in Briefen.

Anna Herzenstein, S. 207–213
1 R. Lemp, Thoma / Taschner, S. 159. **2** Ebd., S. 160. **3** »Kadetten« – Konstitutionelle Demokratische Partei, 1905 als »Partei der Volksfreiheit« gegründet, 1917 am Sturz des Zarentums beteiligt, nach 1918 als Konterrevolutionäre verfolgt. **4** Wie Anm. 1, S. 161; P. Haage, Ludwig Thoma, S. 148. Vgl. dazu auch E. Nietsch, Femme et société, S. 53ff. In der deutschen Ausgabe dieser Arbeit sind alle 13 Briefe der Damen Herzenstein an Ludwig Thoma veröffentlicht.

Lena Christ, S. 213–217
1 G. Adler, Heimatsuche und Identität, S. 275. **2** P. Benedix, Der Weg der Lena Christ, S. 43. **3** A. v. Gugel, Lena Christ, S. 54. **4** G. Goepfert, Lena Christ, S. 80. **5** G. M. Rösch, Ludwig Thoma als Journalist, S. 304. **6** Weiß Ferdl erzählt sein Leben, S. 73. **7** Wie Anm. 2, S. 117. **8** Wie Anm. 4, S. 134. **9** H.-E. Renk, Die Überflüssige, S. 379. **10** Lieselotte Denk, Das unordentliche Leben der Lena Christ, Die Tochter der bayrischen Erzählerin erinnert sich, in: Der Merkur zum Wochenende – Journal, 1980.

Dora Stieler, S. 218–223
1 D. Stieler, Erdhauch, Stuttgart/Berlin 1914. 2 Freundlicher Hinweis von Monika Holl, Musikabteilung der Bayerischen Staatsbibliothek, München, vom 9.2.1995. Paul Graener komponierte u. a. die Opern »Hanneles Himmelfahrt«, »Friedemann Bach« und »Der Prinz von Homburg«. 3 R. Pikola, Karl Stieler, S. 78ff. 4 R. Lemp, Ludwig Thoma, Bilder, S. 9.

Asta Nielsen, S. 223–224
1 B. Schultes, Ein Komödiant blickt zurück, S. 95f. 2 Asta Nielsen (1881–1972) war vor allem in Deutschland einer der populärsten Stars des Stummfilms. Zu den bekanntesten Filmen der dänischen Schauspielerin zählten: »Die arme Jenny« (1911), »Die Suffragette« (1913), »Fräulein Julie« (1922) und »Hedda Gabler« (1925). 3 So ein Saustall! hg. von W. v. Kloeber, S. 145. 4 Das Tagebuch, hg. von Stefan Großmann. Großmann (1875–1935) war sozialistischer und pazifistischer Schriftsteller.

Rosa Luxemburg, S. 225–226
1 Simplicissimus Nr. 33, S. 4 (1899/1900) vom 11.11.1899. 2 Vgl. dazu allgemein Chronik der Frauen, hg. von A. Kuhn, S. 380–478. 3 Brief an Dagny Langen vom 28.4.1900; G. M. Rösch, Ludwig Thoma als Journalist, S. 187.

Amalie Mettenleitner, S. 226–229
1 GW, Bd. 4, 8.161–163. 2 F. Fenzl, Ludwig Thoma, S. 187. 3 E. Nietsch, Femme et société, S. 380ff. »Plutot hostile aux mouvement féministe de son époque, il ridiculise leur adeptes.« 4 Auch in GW, Bd. 1, S. 506–510: »Von Giftmischern«. Vgl. dazu A. Pöllinger, Thoma/Langen, S. 19 u. 405f.

Constanze Hallgarten, S. 230–233
1 K. Pörnbacher, Ludwig Ganghofer »Das Schweigen im Walde«, S. 350. 2 G. M. Rösch, Ludwig Thoma als Journalist, S. 131. 3 C. Hallgarten, Als Pazifistin in Deutschland, S. 29. (Vgl. dazu auch George W. F. Hallgarten, Als die Schatten fielen, S. 18.) 4 Ebd., S. 30. 5 Ebd., S. 30. 6 Vgl. dazu Ludwig Thoma, Sämtliche Beiträge aus dem »Miesbacher Anzeiger« 1920/21, hg. von W. Volkert, S. 425: »Mit Wasserpolacke wurde der polnische Schlesier bezeichnet, der schlecht deutsch spricht. Constanze Hallgarten stammte

aus Leipzig, die Familie Hallgarten aus Frankfurt am Main.« **7** Ebd., S. 44, S. 423f., S. 455. **8** Wie Anm. 3, S. 111.

Clara Zetkin, S. 233–235
1 G. M. Rösch, Ludwig Thoma als Journalist, S. 487–494. Der Artikel erschien in der »Augsburger Abendzeitung«, Nr. 293 vom 23.10.1895. **2** Ebd., S. 186 und S. 490. **3** G. Elsner, Clara Zetkin, S. 158–171. **4** Abgedruckt in: So ein Saustall! hg. von W. v. Kloeber, S. 49. **5** Dr. Oskar Cohn (1869–1934), Rechtsanwalt, seit 1912 MdR (seit 1917 USP); Ehemann der Clara Viebig, siehe dazu in diesem Buch S. 51. Karl Radek oder Radeck (1868–1939?), Redakteur, polnisch-russischer Sozialist 1918/19 im Umkreis des Spartakusbundes und der KP in Berlin tätig. Radek hieß eigentlich Sobelsohn. – Dr. Paul Levi (1883–1930), 1919 bis 1920 Führer der KP. In dem von Thoma am 15.6.1921 veröffentlichten Artikel »Mord und Rebbach« im »Miesbacher Anzeiger« nannte er den ermordeten Abgeordneten Gareis eine von »russischen Hetzern« beeinflusste Persönlichkeit: »Die bloß nachpappelte […], was ihm der Cohn und der Levi in Berlin oder Radeck […] vorsagte.« Siehe dazu W. Volkert, Ludwig Thoma, S. 333f.

Luise Zietz, S. 235–236
1 Eine eigene Geschichte, Frauen in Europa – Aufbruch, hg. von B. S. Anderson und J. P. Zinsser, S. 353. Chronik der Frauen, hg. von A. Kuhn, S. 394, 425, 427. **2** O. Gritschneder, Angeklagter Ludwig Thoma, S. 138.

Mathilde Wurm, S. 237–238
1 J. Berlinger, Ludwig Thomas »Heilige Nacht«, S. 348. **2** Ebd. **3** Ludwig Thoma, Sämtliche Beiträge aus dem »Miesbacher Anzeiger« 1920/21, hg. von W. Volkert, S. 81–84 mit Kommentar.

Kreszentia Mühsam, S. 238–242
1 G. M. Rösch, Ludwig Thoma als Journalist, S. 59ff. Vorbild für den Text war die Catinilarische Verschwörung in Rom, 63 v. Chr. **2** Bisher wurde Kreszentia erst ab 1913 mit Mühsam in Verbindung gebracht. Thoma spielt hier wohl auf die Tatsache an, dass sie wahrscheinlich zu einer gelegentlichen Elendsprostitution gezwungen war. Sie lebte 1910 mit Ludwig Engler

im Konkubinat. Frdl. Hinweis von Chris Hirte, Berlin, Brief vom 18.6.1995.
3 W. Zorn, Bayerns Geschichte, S. 68. **4** K. Mühsam, Der Leidensweg Erich Mühsams, S. 10. **5** Erich Mühsam Tagebücher 1910–1924, hg. von Ch. Hirte, S. 272ff. **6** K. Kreiler, Erich Mühsam – Leben und Tod eines deutschen Anarchisten, S. 11. **7** Wie Anm. 5, S. 275. **8** Fritz Weigel (geb. 1890), Mitglied der KPD-Stadtvertretung in München, lebte im Haushalt der Zenzl Mühsam. **9** Alle Zitate in diesem Absatz wie Anm. 5. Zu Wedekind vgl. G. M. Rösch, wie Anm. 1, S. 604: »Frank Wedekind, der ihn kannte und durchschaute, hat ihm schon vor Jahren, als er noch beim ›Simplicissimus‹ war, in seiner Satire ›Oaha‹ ein verdientes Denkmal gesetzt. Heuchlerisch, gemein und roh schilderte ihn Wedekind – und so wird sein Bild dastehen, bis man ihn vergißt.« **10** Vgl. dazu Mühsam, Zenzl, hg. v. Ch. Hirte / U. Otten, Lübeck 1994.

Else Lasker-Schüler, S. 242–244
1 Ludwig Thoma, »Miesbacher Anzeiger« 1920 / 21, kritisch ediert und kommentiert v. W. Volkert, S. 407ff. Vgl. dazu G. M. Rösch, Ludwig Thoma als Journalist, S. 317 u. 605. **2** Kladderjüdinnen = Jüdinnen, die sich mit Handel oder Anfertigung von Kleidern beschäftigen. **3** Wie Anm. 1, S. 150f. und S. 283ff. **4** S. Bauschinger, Else Lasker-Schüler – Ihr Wort und ihre Zeit, S. 316.

»Als Haupterbin setze ich ein«, S. 249–254
1 Brief von Thomas Nichte Marie Luise Zurwesten an die Artus-Filmgesellschaft in München vom 6.2.1979. Archiv Rottach-Egern. Frdl. Hinweis von Helga Moosmayer. **2** Brief an Karl Rothmaier. **3** Ebd. **4** Siehe dazu S. 34.

»Ich glaub', der Thoma wär' mit mir zufrieden«, S. 254–261
1 G. Thumser, Ludwig Thoma und seine Welt, S. 239. **2** Zu Zöberleins Werwolf-Kompagnie und die »Mordnacht von Penzberg« s. W. Zorn, Bayerns Geschichte im 20. Jahrhundert, S. 449 und S. 525. K. Luberger, Geschichte der Stadt Penzberg, S. 195f. **3** I. Münzing, »Ich glaub' der Thoma wär' zufrieden mit mir« (= Überschrift dieses Kapitels), in: »Abendzeitung« vom 6. / 7.11.1965. **4** Vgl. dazu E. Piper, Ludwig Thoma und seine Verleger, S. 356f. **5** Vgl. zum Folgenden R. Lemp, Ludwig Thoma, Bilder, S. 9–14. **6** »Ludwig

Thoma, Tuften 12, Tegernsee«, hg. von der Presse- und Informationsstelle der Landeshauptstadt München.

Die Ludwig-Thoma-Medaille, S. 262–263
1 Vgl. zum Folgenden: D. Drašćek und D.-R. Moser, Schon Korfiz Holm fand Ludwig Thoma »krachledern«, in: Literatur in Bayern, Nr. 21, September 1990, S. 2–14. **2** Ludwig Thoma, Sämtliche Beiträge aus dem »Miesbacher Anzeiger« 1920/21, kritisch ediert und kommentiert von W. Volkert, hg. von B. Gajek, München/Zürich 1989. **3** B. Gajek, Leserbrief in FAZ vom 17.1.1990. **4** Wie Anm. 1, S. 3.

Bildnachweis

Gemeindearchiv Rottach-Egern: S. 19
Münchner Stadtbibliothek/Monacensia: S. 12, 15, 18, 25, 39, 54, 58, 75, 77, 83, 92, 102, 105 (rechts), 111, 123, 127, 137, 143, 144, 145, 152, 193, 208, 211
Privat: S. 14, 78, 105 (links), 110, 138, 150, 185, 214, 216, 218, 245, 255, 257

Für die Zeichnungen von Olaf Gulbransson S. 87 und 100 danken wir Frau Jorun Hars Gulbransson für die Abdruckerlaubnis.

LUDWIG THOMA IM ALLITERA VERLAG

Münchnerinnen
Roman. Herausgegeben und mit einem Nachwort versehen von Bernhard Gajek

München um 1900: Paula wird von ihrem spießigen Ehemann Benno, der nichts als Geld und Spekulationsgeschäfte im Kopf hat, vernachlässigt. So flüchtet sie schließlich in die Arme von Franz, einem Studenten, und findet bei ihm die langersehnte Wärme und Liebe. Doch als ihrem Geliebten eine standesgemäße Heirat winkt, verlässt er Paula und sie bleibt verzweifelt, ohne Hoffnung und Glück zurück.

204 S., Paperback, ISBN: 978-3-86906-598-4

Der Ruepp
Roman. Textrevision und Nachwort von Bernhard Gajek
228 S., Paperback, ISBN: 978-3-86906-821-3

Moral
Komödie in drei Akten. Hg. und mit einem Nachwort von Bernhard Gajek
104 S., Paperback, ISBN: 978-3-86906-552-6

Münchner Karneval
Mit 58 Zeichnungen von F. von Reznicek und B. Wennerberg
84 S., Paperback ISBN: 978-3-86520-179-9

Die bösen Buben
Mit Illustrationen von Thomas Theodor Heine
92 S., Paperback, ISBN: 978-3-86520-248-2

Anna Diller:
Ludwig Thomas Versdichtungen
Band 1: Textedition

Anna Maria Diller legt jetzt erstmals eine vollständige, ausführlich kritisch kommentierte Edition der gesamten Lyrik Ludwig Thomas vor. In den über 700 Gedichten sind auch zahlreiche unter Pseudonym verfasste enthalten, darunter die mit »Peter Schlemihl« gekennzeichneten Verse. Ludwig Thomas lyrisches Schaffen wird damit erstmals in einem Band zusammengefasst und schließt in einzigartiger Weise ein Desiderat.

696 S., Paperback, ISBN: 978-3-86906-651-6

Ludwig Thomas Versdichtungen
Band 2: Kommentar
528 S., Paperback, ISBN: 978-3-86906-665-3

Ludwig Thomas Versdichtungen
Band 3: Kommentar und Anhang
528 S., Paperback, ISBN: 978-3-86906-666-0